西北大学学术著作出版基金资助

西北大学经济管理学院博士文库

RESEARCH ON THE INFLUENCE OF GOVERNMENT REGULATIONS ON THE CHANGE OF REGIONAL INDUSTRIAL STRUCTURE IN CHINA

政府行为对我国区域产业结构变迁的影响研究

宋文月◎著

中国经济出版社
CHINA ECONOMIC PUBLISHING HOUSE
北 京

图片在版编目（CIP）数据

政府行为对我国区域产业结构变迁的影响研究/宋
文月著. —北京：中国经济出版社，2021. 12（2023. 8 重印）
ISBN 978-7-5136-6778-4

Ⅰ. ①政… Ⅱ. ①宋… Ⅲ. ①政府行为—影响—区域
产业结构—研究—中国 Ⅳ. ①F127

中国版本图书馆 CIP 数据核字（2021）第 266005 号

责任编辑　张利影
责任印制　巢新强
封面设计　华子设计

出版发行　中国经济出版社
印 刷 者　北京建宏印刷有限公司
经 销 者　各地新华书店
开　　本　710mm×1000mm　1/16
印　　张　15. 75
字　　数　240 千字
版　　次　2021 年 12 月第 1 版
印　　次　2023 年 8 月第 2 次
定　　价　78. 00 元
广告经营许可证　京西工商广字第 8179 号

中国经济出版社 **网址** www.economyph.com **社址** 北京市东城区安定门外大街 58 号 **邮编** 100011
本版图书如存在印装质量问题，请与本社发行中心联系调换（联系电话：010-57512564）

| CONTENTS | 序

改革开放以来，我国经历了以扩大传统要素投入规模为特征的数量型经济增长方式带来的高速增长，但随着发展阶段的转变，传统要素红利的衰减使得粗放式增长方式难以为继。为实现高质量发展，我国亟须转变经济增长方式，提高经济增长效率，降低增长成本。产业结构变迁作为集约型增长的主要内涵，能够通过有效要素重置与技术进步提升各产业的产出效率与附加值，为经济增长释放更多的结构红利。党的十九大报告指出，人民日益增长的美好生活需要和不平衡不充分的发展之间的矛盾已成为我国社会主要矛盾。区域发展不平衡与产业结构失衡是“不平衡不充分发展矛盾”的重要体现，也是制约我国高质量发展的主要困境。区域产业结构变迁不仅决定了各地区的经济增长绩效，同时也是影响区域发展收敛的重要因素。因此，探究区域产业结构变迁的特征、原因及影响，对化解我国发展不平衡不充分矛盾有着重要启示作用。

后发追赶型经济体的产业结构变迁常伴随地区制度变革。尽管大多经济体能够成功由低收入阶段迈入中等收入阶段，进入以工业部门为主导的工业化阶段，但工业化国家以及新兴工业化国家能够实现持续的产业结构变迁与经济增长，而陷入“中等收入陷阱”国家的产业结构变迁出现过早去工业化与增长停滞。这体现出地区产业结构变迁方式与影响因素的差异。由于地区市场机制在转轨阶段尚未完善，政府作为制度的供给主体或经济活动的参与主体，不仅对发挥地区初始比较优势、培育动态比较优势有着重要影响，还是决定产业结构变迁的方向、速度以及质量的关键因素。结构主义关注到了非均衡增长与结构变迁背后的制度因素与市场作用的有限性，强调政府在改变经济结构、促进经济发展中的作用。新结构主义肯定了政府“帮扶之手”的作用，认为政府在提供制度激励和金融制度、法律制度以及软硬基础设施方面的服务是不可替代的。对处于转轨阶段的中国而言，地方政府在“晋升锦标赛”机制的激励下，积极采取相应措施影响地区产业发展与结构变迁。不同发展阶段、比较优势所引起的政府行为模式差异是造成区域产业结构变迁路径及其增长效应分化的重要因素。

宋文月是我指导的博士研究生，2020 年 7 月留校在西北大学经济管理学院任教，她长期关注经济增长质量与高质量发展问题，其博士论文的题目是“政府行为对我国区域产业结构变迁的影响研究”。在攻读博士学位期间，她围绕产业结构转型升级与区域经济发展差异等问题发表了系列文章，并于 2020 年 6 月顺利通过博士论文答辩。此后，在博士论文的基础上进行了扩展，形成了本书。

本书围绕区域产业结构变迁的特征、原因及影响，比较了结构变迁路径的区域差异，重点分析了政府行为对我国区域产业结构变迁及其增长效应的影响机制。主要内容包括：①通过构建反映区域产业结构变迁特征、原因及影响的综合评价体系，对我国区域产业结构的时序特征进行比较分析。②通过理论模型分析政府行为模式差异的形成机理，以及不同模式对我国区域产业结构变迁及其增长效应的影响机制。③一方面采用历史归纳与经验分析法，检验政府行为对我国区域产业结构变迁影响的阶段性特征，并分别从要素重置、技术创新以及产业集聚的视角，考察政府行为对区域产业结构转型、升级以及集聚的影响机制及差异。另一方面检验区域产业结构变迁路径分化的增长效应。④针对高质量发展阶段我国区域产业结构变迁的目标要求，提出优化政府行为、提升政府治理能力的政策建议。

本书具有以下特点：

（1）基于我国经济发展转型的视角研究我国区域产业结构变迁。不同于已有基于新古典经济假设的供求因素分析，本书关注市场机制尚未完善的后发追赶型的经济体的特征，基于政府与市场关系的演变，着重分析了不同政府行为对我国区域产业结构变迁及其增长效应的影响机制。与此同时，区域发展差异是影响经济发展质量的重要因素，本书基于区域产业结构变迁路径的分化，探讨了引起我国区域发展差异非收敛的结构因素，形成了一个“政府行为—区域产业结构变迁—经济增长”的内在机理的理论框架。

（2）从多维视角对区域产业结构变迁进行综合考察。一国内的区域产业结构的完整性较弱，区域间产业分工与市场需求的相关性更加紧密，尽管区域发展阶段、要素禀赋条件以及地理位置有一定的差异，但结构变迁面临的制度约束与发展目标相对统一。因此，本书不仅分析了区域产业结构变迁的差异，还考察了区域产业结构变迁的空间联系，并在对区域产业结构变迁的分析中，在传统分析三大产业结构变迁的基础上，细分了制造业行业与服务业行业结构，更加深入刻画了产业结构变迁的特征。

（3）研究政府行为在地区产业发展与结构变迁中的作用。后发追赶型经济体的市场机制尚未完善，政府在地区产业发展与结构变迁中发挥着重要作用，特别是在财税分权制度的影响下，地方政府对结构变迁的影响不容忽视。不同于已有从政府财税政策、产业政策以及公共福利等单一维度进行的研究，本书强调政府与市场的关系，全面分析了政府对地区初始比较优势的发挥与动态比较优势培育的影响，政府不仅会发挥其公共服务职能，通过构建创新机制、完善基础设施条件等间接影响结构变迁，还会通过财税政策、国有企业等直接影响要素重置与结构变迁。

我想就本书的创新，谈一些自己的看法：

（1）伴随着制度变革的后发追赶型经济体的产业结构变迁问题，本书区分了不同发展阶段与要素禀赋条件下政府行为模式的差异，对区域产业结构变迁及其增长效应的影响机制。由于后发追赶型经济体普遍存在非均衡的经济增长路径且市场机制尚不完善，解释发达国家结构变迁的模型不一定适用于发展中国家。发展经济学尽管关注了政府对地区产业发展与结构变迁的重要影响，但作为制度与公共服务供给主体，随着工业化进程的推进，政府会优化调整与市场的关系，政府行为对产业结构变迁影响具有一定的阶段性与区域差异。

（2）本书不仅分析区域产业结构变迁对经济增长与不同部门产出的贡献，还分析了区域产业结构变迁路径分化对地区发展差距的影响机制，考察了影响区域发展收敛性的结构性因素。对于一个存在较大地区差异的国家而言，尽管地区发展阶段、地理条件与要素禀赋条件有所不同，但地区产业生产与市场需求之间的联系更加密切。现有对产业结构变迁影响的讨论主要集中在对地区产出水平影响方面。

（3）从中国实际出发研究产业结构失衡及其政府作用。伴随着经济发展阶段的转变，我国的经济社会体制改革不断深化，亟须探讨我国自身发展的问题。一方面，我国产业结构失衡与区域发展不平衡问题是长期制约我国经济高质量发展的重要因素。探求影响产业结构变迁与区域发展的因素是化解“人民日益增长的美好生活需要和不平衡不充分的发展之间的矛盾”的关键切入点。另一方面，由于我国仍处于后发转轨阶段，市场机制尚不完善，政府对产业发展与结构变迁发挥着关键作用，但由于地区地理位置、要素禀赋、开放程度以及发展阶段等因素的差异，造成地区政府干预方式、程度以及目标也有所差异。

面对全球新一代的技术创新与产业变革，我国需推进制造业迈向中高端，构建现代产业体系。高质量发展既强调基于全球产业分工与国际市场需求引导下的产业升级，也注重产业协同发展与区域产业分工协作，以不断升级的要素禀赋和比较优势以及开放统一的市场环境，促进产业结构不断升级。为释放更多结构红利支持高质量发展，需要重塑产业政策的制定机制，优化产业政策措施，提升政府治理能力，构建我国新时代现代化产业体系。所以本书的出版对新时代中国经济发展和结构优化具有重要意义。

是为序。

西安财经大学副校长、教育部人文社会科学重点研究基地——中国西部经济发展研究院院长　任保平

2021 年 8 月于西安

尽管大多经济体能够成功由低收入阶段迈入中等收入阶段，进入以工业部门为主导的工业化阶段，但工业化国家以及新兴工业化国家能够实现持续的产业结构变迁与经济增长，而陷入“中等收入陷阱”国家的产业结构变迁出现过早去工业化与增长停滞。这体现出地区产业结构变迁方式与影响因素的差异。由于地区市场机制在转轨阶段尚未完善，政府作为制度的供给主体或经济活动的参与主体，不仅对发挥地区初始比较优势、培育动态比较优势有着重要影响，还是决定产业结构变迁的方向、速度以及质量的关键因素。对处于转轨阶段的中国而言，地方政府在“晋升锦标赛”机制的激励下，积极采取相应措施影响地区产业发展与结构变迁。不同发展阶段、比较优势所引起的政府行为模式差异是造成区域产业结构变迁路径及其增长效应分化的重要因素。因此，分析政府行为对我国区域产业结构变迁及其增长效应的影响机理，比较变迁路径的区域差异是探究不充分不平衡发展矛盾的重要视角。

本书围绕区域产业结构变迁的特征、原因及影响，比较了结构变迁路径的区域差异，重点分析了政府行为对我国区域产业结构变迁及其增长效应的影响机制。本书主要内容包括：

（1）区域产业结构变迁特征的评价分析。为明确我国新时代发展中不平衡不充分矛盾的具体表现，测度影响我国区域发展收敛的结构性因素，本书基于区域产业结构变迁的内涵，以及后发追赶型经济体政府与市场的关系特征，分别从区域产业结构变迁的特征、原因及影响三大方面选择相应指标，比较分析了区域产业结构变迁速度、质量、条件、环境以及增长效应等方面的特征与差异。

（2）区域产业结构变迁路径差异的形成机理及其增长效应的理论分析。

后发追赶型经济体的政府对产业结构变迁路径及其增长效应发挥着重要作用。本书基于不同发展阶段政府对产业结构变迁的必要性分析，采用多任务委托—代理模型阐述了差异化政府行为模式的形成机理，进一步构建综合反映产业间变迁与产业内变迁的多部门增长模型，分析不同政府行为模式对结构变迁路径及其增长效应的影响机制。

（3）政府行为对区域产业结构变迁影响的历史分析与实证检验。①通过回顾新中国成立以来政府行为对区域产业结构变迁影响的历史演进特征，为理论分析提供历史性证明。②采取“总—分”的实证检验思路，首先采用门限面板模型与动态面板模型分析了改革开放以来我国政府行为对产业结构变迁速度与质量影响的阶段性特征及区域差异。进一步基于产业结构变迁特征，分别检验了多重政府行为对以要素重置为基础的产业结构转型、以技术创新为基础的产业结构升级以及以专业化分工为基础的产业集聚的具体影响机制。

（4）政府行为对区域产业结构变迁的增长效应的影响检验。地区工业化程度的差异使得工业部门的收敛未能引起区域经济的显著收敛。①本书采取偏离份额法测度了改革开放以来各省产业结构变迁对地区经济增长影响的阶段性特征与部门差异。②提出区域经济增长差异波动的重要原因，即充分的工业化有利于实现相对平稳的经济增长，而不充分的过早工业化尽管有利于经济起飞，但也会引起后工业化阶段经济增速的大幅下降，产业结构变迁路径的分化是造成区域经济增长差异波动的原因，并加以验证。

（5）优化政府行为，推动产业体系现代化的政策建议。高质量发展强调基于全球产业分工与国际市场需求引导下的产业升级，注重产业协同发展与区域产业分工协作，是以不断升级的要素禀赋与开放统一的市场环境，推动产业结构不断升级。为释放更多结构红利支持高质量发展，需要重塑产业政策的制定机制，优化产业政策措施，提升政府治理能力，构建我国新时代现代化产业体系。

本书的主要研究结论有：

（1）在以传统要素为主、市场化水平与开放程度较低的地区，政府更倾向采取强制型干预措施。强制型的政府行为虽然可以通过干预要素配置加速工业化，但也会造成部门的产值比重与要素比重失衡，引起过早的不充分的工业化以及后工业化阶段经济增速的大幅下降。在以人力资本、技术创新等高端要素为主、市场化水平与开放程度较高的地区，政府更倾向实施诱致型干预措施，保障符合地区发展阶段、居民消费需求以及要素禀赋条件的产业结构变迁，使得地区生产要素能够自由流入生产率较高的部门，实现以就业结构与产值结构协同演变为基础的充分工业化以及可持续的经济增长。

（2）政府行为对区域产业结构变迁影响的历史性检验与实证检验结果表明，政府行为对产业结构变迁的速度、合理化和高级化均有显著影响，并呈现阶段性差异和区域差异。具体影响机制有：①政府不仅会直接影响区域产业结构转型，还会通过影响地区要素市场发育间接影响其转型效率，且政府直接干预和行政性市场进入壁垒的影响机制存在显著的部门差异与区域差异。②政府会通过直接影响创新要素投入，构建以企业为核心的创新机制以及有利于发挥后发优势的制度环境，影响以技术创新和技术扩散为支撑的产业结构升级。③在“晋升锦标赛”的影响下，政府的公共服务与财税政策是影响地区制造业集聚的重要因素，同时，对不同要素密集型制造业的集聚作用和分散作用有显著差异。

（3）区域产业结构变迁的增长效应的检验结果表明，改革开放以来，地区产业结构变迁对经济增长的贡献存在较大差异，发展水平较高的地区结构变迁的贡献较大。产业发展的空间相关性呈阶段转换特征，是引起区域经济发展差异波动的重要因素。地方政府干预较强的中西部地区，不充分的过早工业化现象较为严重；而东部地区的工业化程度较充分，更能有效促进经济增长。随着工业化的推进，地区产业结构高级化的正外部性减弱，而产业结构偏离程度引起的结构扭曲对其他地区产业结构的不利影响不断增强。

综上所述，伴随着制度变革的后发追赶型经济体的产业结构变迁问题，本书区分了不同发展阶段与要素禀赋条件下政府行为模式的差异，对区域产业结构变迁及其增长效应的影响机制。本书不仅分析地区结构变迁对经济增长与不同部门产出的贡献，还分析了区域产业结构变迁路径分化对地区发展差距的影响机制，考察了影响区域发展收敛性的结构性因素，并着眼于新阶段高质量发展的要求提出有利于构建现代化产业体系的政策建议。

| CONTENTS | 目　录

第一章 导论

第一节 研究背景与意义

一、研究背景

产业结构变迁作为集约型增长的主要内涵，为经济发展提供了持续动力。一方面，基于要素跨部门流动与重置的产业结构转型，是提高地区要素配置效率、促进经济增长的主要路径；另一方面，基于各产业产出效率与产业间协同发展水平提升的产业结构升级，是提高地区产业附加值、实现高质量发展的关键支撑。党的十九大报告指出，人民日益增长的美好生活需求和不平衡不充分的发展之间的矛盾已成为我国社会主要矛盾。其中“不平衡”是指经济社会体系结构的比例关系不合理及其对生产效率的制约，“不充分”则指发展不足、潜力释放不够造成的总量问题(李伟，2018)。区域发展不平衡与产业结构失衡是“不充分不平衡发展”矛盾的重要体现，也是制约我国高质量发展的主要困境(任保平，2012；钞小静，2011)。区域产业结构变迁不仅决定了各地区的经济增长绩效，同时也是影响区域发展收敛的重要因素。因此，探究区域产业结构变迁的特征、原因及影响，对化解我国发展不平衡不充分矛盾有着重要启示作用。

伴随着产业结构变迁，地区的制度环境也在不断完善，政府与市场的关系是制度变革的关键，政府不仅可以弥补市场失灵，还会影响要素配置与市场主体活动。由于地区市场机制在转轨阶段尚未完善，政府作为制度的供给主体或经济活动的参与主体，在地区要素市场的发育、产业技术创新活力、企业的营商环境以及市场的需求结构等方面，直接或间接影响了产业结构变迁的方向、速度以及质量。文一(2017)在分析我国工业化进程时指出，工业化的过程不是单纯依靠市场自发形成的，需要政府行为的支持。“有为”政府是加速“胚胎发育”机制下的工业化的关键。作为一个有序过程，工业化的每个阶段都需要政府充分发挥主导作用，才能形成有规模有效率的工业化，保障市场机制的有效性，避免投机性的资源出口。

对处于转轨阶段的我国而言，地方政府在“晋升锦标赛”机制的激励下，积极采取相应措施影响地区产业发展与结构变迁。在此过程中，发展阶段、比较优势以及地理条件等的差异会造成政府行为模式的不同，进而引起区域产业结构变迁路径及其增长效应的分化，造成非收敛的区域经济增长。因此，分析政府行为对区域产业结构变迁及其增长效应的影响机理、比较变迁路径的区域差异是探究不充分不平衡发展矛盾的重要视角。

二、研究意义

（一）理论意义

现代经济增长既是一个生产率增长的过程，也是一个经济结构不断调整的过程，作为供给侧结构调整的主要表现，产业结构变迁是影响经济增长效率的关键因素。首先，现有关于产业结构变迁特征的分析主要基于国别比较，对于一个存在较大地区差异的国家而言，尽管地区发展阶段、地理条件与要素禀赋条件有所不同，但地区产业生产与市场需求之间的联系更加密切。本书聚焦区域产业结构变迁的特征、原因及影响，在分析传统三大产业间结构变迁规律的同时考察了制造业与服务业内部结构的变迁特征，从而更加全面细致地分析产业结构变迁的特征与规律，多维度刻画了区域产业结构变迁的路径特征与差异。其次，已有关于产业结构变迁形成机理的讨论中，一类是基于新古典增长理论，在完全市场经济中要素能够自由流动与重新配置的条件下，对居民消费偏好与部门技术进步率差异影响的分析。但政府在地区工业化的模式与路径选择中发挥着决定性作用，难以满足新古典增长理论的分析假设。另一类是对以结构主义与新结构主义为代表的发展经济学的讨论，关注政府在地区产业发展与结构变迁中的作用。但对处于不同发展阶段、不同比较优势以及市场环境下，政府行为对产业结构变迁影响的阶段性与区域差异的分析较少。因此，本书聚焦伴随着制度变革的后发追赶型经济体的产业结构变迁问题，区分了不同发展阶段与要素禀赋条件下政府行为模式的差异，以及不同政府行为对区域产业结构变迁及其增长效应的影响机制。最后，现有对产业结构变迁影响的讨论主要集中在对地区产出水平的影响，本书不仅分析区域产业结构变迁对经济增长与不同部门产出的贡献，还分析了区域产业结构变迁路径分化对地区发展差距的影响机制，考察了影响区域发展收敛性的结构性因素。

经济结构的变迁问题是发展中国家共同面临的主要问题，特别是以工业化为代表的产业结构变迁是发展中国家实现经济起飞与跨越“中等收入陷阱”的关键支撑。但由于后发追赶型经济体普遍存在非均衡性的经济增长路径且市场机制尚不完善，发达国家结构变迁的模型不一定适用于发展中国家，辨析后发追赶型国家产业结构变迁的特征，探寻影响产业结构变迁的因素，比较不同产业结构变迁路径及其增长效应的差异有着重要意义。因此，本书基于发展中国家的转型发展背景，通过系统分析区域产业结构变迁的特征、原因及影响，构建“政府行为—区域产业结构变迁—经济增长”的分析框架，分析后发追赶型经济体政府行为引起的制度变革对经济结构变化的作用机理。

（二）现实意义

伴随着经济发展阶段的转变，中国的经济社会体制改革不断深化，亟须探讨我国自身发展的路径。一方面，作为后发追赶型经济大国，我国产业结构失衡与区域发展不平衡问题是长期制约我国经济高质量发展的重要因素。因此，探求影响产业结构变迁与区域发展的因素是化解“人民日益增长的美好生活需要和不平衡不充分的发展之间的矛盾”的关键切入点。另一方面，由于我国仍处于后发转轨阶段，市场机制尚不完善，政府对产业发展与结构变迁发挥着关键作用；同时大国经济下的区域产业分工布局使得区域产业结构变迁的路径选择与增长效应有所不同。特别是在财税分权体制的激励下，政府对地区产业发展与结构变迁发挥着重要作用。但由于地区地理位置、要素禀赋、开放程度以及发展阶段等因素的差异，地区政府干预方式、程度以及目标也有所差异。党的十九届四中全会提出了推进国家治理体系和治理能力现代化的要求。因此，甄别不同政府行为的绩效差异，是提升政府治理能力的前提。与此同时，推进制造业迈向中高端，构建现代经济体系是我国实现高质量发展的路径选择，其实质是产业结构变迁的方向与路径的优化。因此，比较我国区域产业结构变迁特征以及不同政府行为对区域产业结构变迁及其增长效应的影响机制，可以为推进国家治理体系和治理能力现代化、构建现代经济体系提供着力点，也可以为化解发展不平衡不充分矛盾提出有效的政策建议。

第二节 研究思路与方法

一、研究思路

本书主要沿着“文献归纳—现状分析—理论演绎—实证检验—政策构建”的思路展开。首先，对产业结构变迁的一般规律、影响因素及其对经济增长的影响等方面的文献进行梳理，系统分析产业结构变迁的特征、影响因素及增长效应，为本书提供研究思路。其次，通过构建综合评价体系，比较分析了我国区域产业结构变迁、原因及影响的时序特征，总结我国区域产业结构变迁的基本特征。再次，基于现状特征的分析，通过构建理论模型阐述了政府行为模式差异的形成机理、对产业结构变迁路径及其增长效应的影响机制。基于理论模型的分析，本书一方面回顾了新中国成立以来政府行为对产业结构变迁影响的阶段性特征以及政府行为演变规律，对理论演绎进行历史性证明；另一方面检验了政府行为对产业结构变迁影响的阶段差异与区域差异，并基于我国在后发追赶过程中不断深化的对外开放以及地区竞争的市场条件与制度环境，分别从要素重置、技术创新以及产业集聚三个视角，分析政府行为对区域产业结构变迁的影响机制，并进一步检验了区域产业结构变迁路径分化的增长效应。最后，基于高质量发展阶段的区域产业结构变迁的目标与约束，通过优化政府行为，提升政府治理能力，为构建现代化产业体系、化解发展不平衡不充分矛盾提出相应的政策建议。

二、研究方法

本书综合采取多种研究方法来阐述和论证研究主题，具体包括：

第一，归纳推理的方法。一是根据现有研究文献中的观点和现实经济的基本事实，采用归纳推理的方法归纳总结研究问题。二是对于新中国成立以来政府对产业结构变迁的影响进行历史演绎分析，归纳了我国区域产业结构变迁的阶段性特征以及政府行为演变规律，对研究假说进行历史性证明。

第二，统计分析和比较的方法。本书基于区域产业结构变迁的内涵与外延，构建了综合反映区域产业结构变迁特征、原因及影响等方面的评价体系，分别从区域产业结构变迁的条件、环境、变迁速度、结构转型、升级、集聚水平以及增长效应七大方面比较分析了我国八大区域产业结构变迁的特征，采取主成分分析法合成产业结构变迁指数，比较了我国区域产业结构变迁的时序特征差异。

第三，动态博弈分析方法与数理建模分析方法。一是采取多任务委托—代理模型。在财税分权的制度激励下，中央政府作为委托人，负责制定考核机制与宏观层面的发展战略；地方政府作为代理人，负责具体干预政策的实施。因此，本书基于中央与地方政府在产业结构变迁方面的任务要求，分析比较了不同发展阶段、不同条件约束下，政府为实现加速产业结构变迁或提高变迁质量目标所采取的干预模型的内在机理。二是采取多部门经济增长模型。作为新古典经济增长理论中分析产业结构变迁的重要理论模型，本书在传统的三大产业结构变迁模型中内嵌了制造业行业结构与服务业行业结构，并考虑了代表家庭消费结构升级的特征，从收入效应与相对价格效应两个方面分析强制型政府行为与诱致型政府行为对产业结构变迁的影响机理及其增长效应的差异。

第四，计量分析与经验分析方法。为了全面分析政府行为对区域产业结构变迁及其增长效应的多重影响机制，本书主要采取以下方法：

一是动态面板模型。由于政府行为与区域产业结构变迁之间关系可能受到核心变量内生性的影响，而且不同省份之间产业结构变迁与政府影响以及要素禀赋条件、市场环境等有较大差别，在模型设定中可能存在遗漏变量的问题，因此本书运用系统广义矩的估计方法(SYS-GMM)实证检验了政府行为对区域产业结构变迁的影响。

二是门限回归估计方法。当回归分析中系数估计值不稳定，即需要将整个样本划分为若干个子样本分别进行回归时，需要运用门限回归进行估计分析。随着发展阶段的转变，政府行为对产业结构变迁的影响机制有所差异，产业结构变迁对经济发展水平的影响会随着工业化程度的提升而有所不同。本书采取门限回归分析方法，分析政府行为对产业结构变迁及其增长效应的门限作用机制，比较了政府行为对区域产业结构变迁影响的阶段性特征。

三是中介效应与调节效应分析方法。中介效应主要用于测度解释变量通过中介变量间接作用于被解释变量的程度。调节效应是指调节变量影响解释变量与被解释变量的关系及其强弱时，可以引入调节变量与解释变量的交互项。本书利用中介效应与调节效应分析政府行为通过中介变量（调节变量）——要素市场发育程度对产业结构变迁的影响，检验了政府行为对产业结构转型的影响路径，探讨了不同地区政府行为对地区要素市场的干预程度及其对产业结构转型的作用机理。

四是三阶段最小二乘法。当用两个方程进行估计时，可能存在显著的内生性问题。而使用单一方程估计时，由于忽略各方程之间的联系，可能导致估计效率的损失。三阶段最小二乘法能够有效解决潜在的内生性问题并充分利用扰动项之间的联系。本书采取三阶段最小二乘法，检验了区域制造业与服务业结构升级过程中的相互作用机制，比较分析了区域非农产业间协同发展程度的差异。

五是空间面板回归估计方法。由于地区产业集聚与地区经济发展均有很强的空间效应，本书在分析产业集聚视角下政府行为对产业结构空间变迁的影响以及区域产业结构变迁的增长效应时，采取空间面板回归方法，考察了核心变量与被解释变量影响关系的空间相关性，检验了政府行为对产业空间变迁，以及结构变迁路径分化的增长效应的空间相关性。

六是偏离—份额分析法。为分析结构变迁对地区经济增长的影响，可采用偏离—份额分析法，从劳动生产率增长中分解出结构变迁效应，包括静态结构变迁效应、动态结构变迁效应，以及生产率增长效应。本书分阶段测度了 1978—2016 年我国各地区结构变迁对经济增长以及非农产业产出的贡献，比较了产业结构变迁对地区经济增长的影响的阶段性特征。

第三节 研究内容与框架

一、研究内容

本书围绕政府行为对区域产业结构变迁及增长效应的理论机制与经验检验展开研究。首先，通过构建反映区域产业结构变迁特征、原因及影响的综合评价体系，对我国区域产业结构的时序特征进行比较分析。其次，通过理论模型分析政府行为模式差异的形成机理，以及不同模式对区域产业结构变迁及其增长效应的影响机制。再次，一方面采用历史归纳与经验分析法，检验政府行为对我国区域产业结构变迁影响的阶段性特征，并分别从要素重置、技术创新以及产业集聚的视角，考察政府行为对区域产业结构转型、升级以及集聚的影响机制及差异；另一方面检验区域产业结构变迁路径分化的增长效应。最后，针对高质量发展阶段我国区域产业结构变迁的目标要求，提出优化政府行为、提升政府治理能力的政策建议。

本书章节安排如下：

第一章，导论。首先，通过介绍研究背景和意义，引出本书的核心问题。其次，分析本书的研究思路和主要研究方法，以及研究内容和研究框架。最后，总结本书的创新点。

第二章，文献述评。本章主要从产业结构变迁的一般规律与典型事实、产业结构变迁的影响因素与作用机理，以及产业结构变迁对经济增长的影响等三大方面梳理相关文献，系统分析产业结构变迁的特征、原因及增长效应。其中，着重分析了后发追赶型经济体政府行为的特征，及其对产业结构变迁的影响。基于对已有文献的述评，分析现有研究的不足，并结合相关文献提出本书的理论分析框架，为分析政府行为对区域产业结构变迁及其增长效应的影响提供理论基础。

第三章，区域产业结构变迁的典型特征与差异比较。本章基于区域产业结构变迁的内涵与特征，结合后发追赶型经济体制度环境，分别从区域产业结构变迁的特征、原因及影响三大方面选择相应指标，对区域产业结构变迁的速度与质量、变迁的条件与环境以及变迁的增长效应等七个方面的时序特征进行比较分析。同时采用主成分分析法，构建地区产业结构变迁综合指数，全面评价我国区域产业结构变迁的时序特征与区域差异。

第四章，区域产业结构变迁路径差异的理论模型。针对后发追赶型经济体政府行为对产业发展与结构变迁的重要作用，本章首先分析了不同发展阶段政府行为对区域产业结构变迁的必要性。其次采取多任务委托—代理模型，分析了不同发展阶段、不同条件约束下，政府为加速产业结构变迁或提升产业结构变迁质量所采取的干预模式的形成机理。最后采取多部门增长模型，比较了不同政府行为影响下区域产业结构变迁的路径差异。

针对后发转轨型经济体在转轨阶段存在的制度变革与结构变迁，通过构建“政府行为—区域产业结构变迁—区域经济发展”理论框架，系统分析后发追赶型经济体制度变革对结构变迁的影响机理。

第五章，政府行为对区域产业结构变迁影响的历史回顾与实证检验。基于上一章对不同发展阶段政府行为模型的差异及其对产业结构变迁影响机理的模型分析，本章通过回顾新中国成立以来政府行为对区域产业结构变迁的影响的历史演进特征，总结了我国产业结构变迁的阶段性特征与政府行为的演变规律，并进一步采取面板门限模型与动态面板模型，实证检验政府行为对区域产业结构变迁速度以及有效性影响的阶段性特征及区域差异。

第六章，政府行为对产业结构转型的影响及区域差异——基于要素重置视角的分析。本章聚焦结构变迁基本路径的、以要素重置为基础的区域产业结构转型，首先分析比较了区域产业结构转型的时序特征与部门差异。其次基于要素重置的视角，分析了政府直接干预与行政性市场进入壁垒等政府行为对产业结构转型的直接影响，以及通过影响地区要素市场对产业结构转型的间接影响机理与理论假说。最后采用中介效应模型与调节效应模型检验政府行为、要素市场与产业结构转型的内在机理及区域差异。

第七章，政府行为对产业结构升级的影响及区域差异——基于技术创新视角的分析。本章聚焦开放条件下基于技术创新与扩散的区域产业结构升级，首先分析比较了我国区域产业结构升级的时序特征与部门差异。其次提出开放条件下，政府通过构建学习型社会，培育创新驱动力对产业结构升级的直接影响机理与间接影响机理；分析了政府通过影响地区创新要素供给、企业创新活力以及地区对外合作的技术溢出水平对区域产业升级以及不同产业协同发展机制的作用机理。最后采取动态面板模型和三阶段最小二乘法检验政府行为对产业结构升级以及非农产业间协调发展机制的影响及区域差异。

第八章，政府行为对产业结构空间变迁的影响及区域差异——基于产业集聚视角的分析。本章聚焦地区间竞争的制度环境下以产业集聚为特征的区域产业结构空间变迁，首先分析了各地区劳动密集型、资本密集型以及技术密集型等不同要素密集型制造业的集聚特征与阶段性差异。其次分析了在“晋升锦标赛”机制的制度背景下，地方政府公共服务、企业税收强度、优化营商环境等行为对地区不同要素密集型产业集聚的影响机理。最后采取空间面板模型与动态面板模型检验了政府行为对不同要素密集型产业集聚的影响及区域差异。

第九章，政府行为促进区域产业结构变迁的增长效应分化。本章首先利用中国人均产出和劳动生产率以及产业产出与就业结构的变异系数说明了我国区域发展与产业结构变迁的差异，并进一步采取偏离—份额分析法测度了1978年至2016年各省区域结构变迁对经济增长以及非农产业增长的贡献。其次对区域产业结构变迁的增长效应分化进行机理分析并提出理论假说。最后采取面板门限模型与空间面板模型，检验了区域产业结构变迁对经济发展影响的阶段性特征，以及区域产业结构变迁路径分化对区域发展差异的影响。

第十章，优化政府行为推动现代化产业体系建设的政策建议。本章结合我国区域产业结构变迁在转型、升级与集聚等方面的发展约束，提出高质量发展阶段我国区域产业结构变迁的具体目标，并从优化政府行为、提升政府治理能力的视角提出促进区域产业结构变迁、构建现代化产业体系的具体政策建议。

第十一章，结论与展望。概括总结本书的主要结论，同时根据本书的研究内容简要说明本书的缺陷，为未来的研究提供思路。

二、研究框架

本书在完成导论部分的论述之后，结合已有研究的贡献提出本书的研究思路，通过构建综合评价指标体系，对我国区域产业结构变迁特征、原因及影响进行现状分析。随后分别对我国政府行为对区域产业结构变迁不同维度的影响机理进行分析判断。首先，采取多任务委托—代理模型以及多部门增长模型等理论模型，刻画了不同政府行为的形成机理以及对区域产业结构变迁及其增长效应的作用机制，提出本书主要的理论判断。其次，在经验检验中，一是采用历史归纳法，梳理了新中国成立以来，我国政府行为对区域产业结构变迁影响的阶段性特征以及政府行为的演变规律，为研究假说提供历史性证明。二是采用系统广义矩估计、中介效应分析、门限效应回归、空间效应分析、三阶段最小二乘法、偏离—份额分析法等计量经济学方法，检验了政府行为对产业结构变迁影响的阶段差异与区域差异，并基于我国在后发追赶过程中不断深化的对外开放以及地区竞争的市场条件与制度环境，分别从要素重置、技术创新以及产业集聚三个视角，分析政府行为对区域产业结构变迁的影响机制。三是检验了区域产业结构变迁路径分化的增长效应，探究了影响区域发展收敛的结构性因素。最后，明确高质量发展阶段我国区域产业结构变迁的目标约束，并从优化政府行为、提升政府治理能力方面提出促进区域产业结构变迁、构建现代化产业体系的政策建议，并运用归纳法得出全书结论。

全书总体框架与技术路线见图 1-1。

第四节 创新之处

本书深入探究了政府行为对区域产业结构变迁及其增长效应的影响机理，并基于我国在后发追赶过程中不断深化的对外开放以及地区竞争的市场条件与制度环境，分别从要素重置、技术创新以及产业集聚三个视角，分析了政府行为对区域产业结构转型、升级以及空间变迁的作用机理与地区差异，进一步讨论了区域产业结构变迁路径分化的增长效应，从而提出以政府行为的优化促进政府治理能力的提升，通过构建现代化产业体系，以充分的结构变迁实现区域协调发展的政策建议。本书创新之处体现在以下三个方面：

（1）基于中国经济发展转型的视角。不同于已有基于新古典经济假设的供求因素分析，本书关注市场机制尚未完善的后发追赶型的经济体的特征，基于政府与市场关系的演变，着重分析了不同政府行为对区域产业结构变迁及其增长效应的影响机制。与此同时，区域发展差异是影响大国经济发展质量的重要因素，本书基于区域产业结构变迁路径的分化，探讨了引起我国区域发展差异非收敛的结构因素，形成了一个“政府行为—区域产业结构变迁—经济增长”的内在机理的理论框架。

（2）对区域产业结构变迁的综合考虑。一国内的区域产业结构的完整性较弱，区域间产业分工与市场需求的相关性更加紧密，尽管区域发展阶段、要素禀赋条件以及地理位置有一定的差异，但结构变迁面临的制度约束与发展目标也相对统一。因此，本书不仅分析了区域产业结构变迁的差

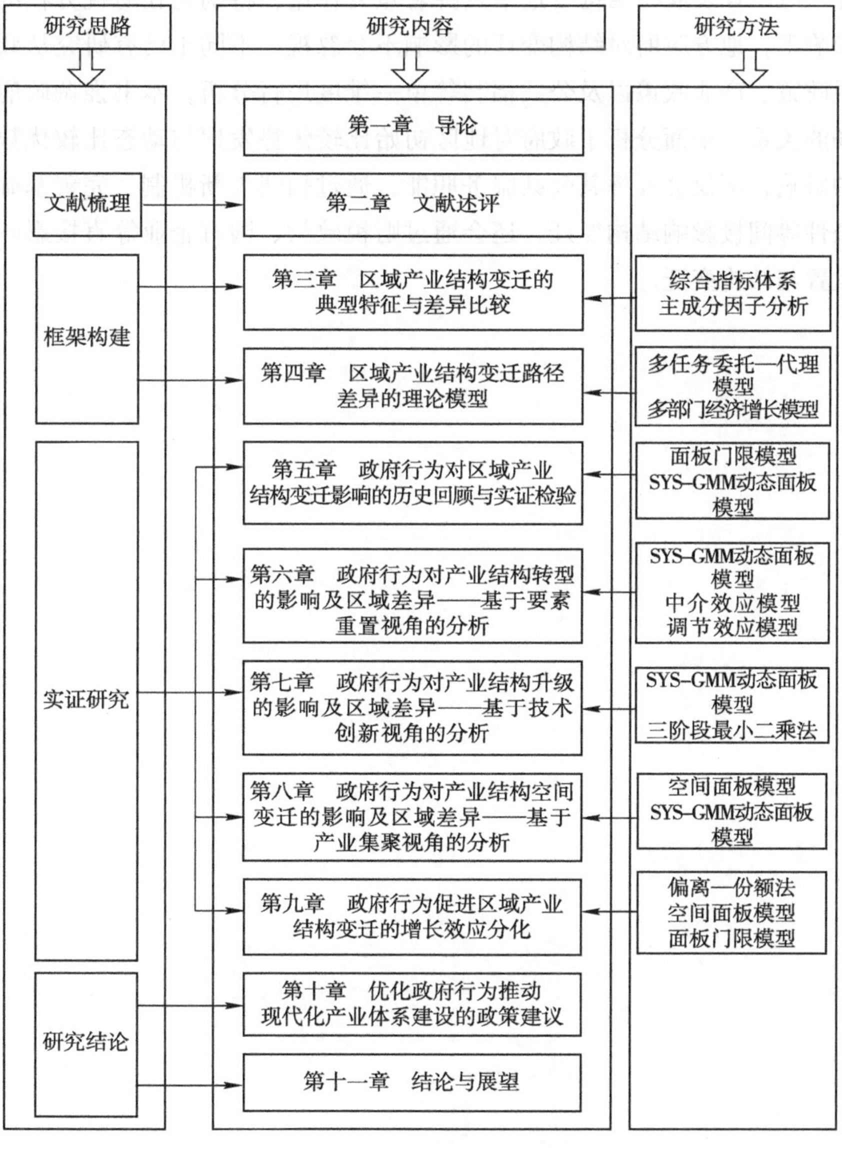

图 1-1 全书总体框架与技术路线

异，还考察了区域产业结构变迁的空间联系，并在对区域产业结构变迁的分析中，在传统分析中三大产业结构变迁的基础上，细分了制造业行业与服务业行业结构，更加深入刻画了产业结构变迁的特征。

（3）对政府行为的分析。后发追赶型经济体的市场机制尚未完善，政府在地区产业发展与结构变迁中发挥着重要作用，特别是在财税分权的制度影响下，地方政府对结构变迁的影响不容忽视。不同于已有研究从政府财税政策、产业政策以及公共福利等单一维度进行分析，本书强调政府与市场的关系，全面分析了政府对地区初始比较优势发挥与动态比较优势培育的影响，不仅会发挥其公共服务职能，通过构建创新机制、完善基础设施条件等间接影响结构变迁，还会通过财税政策、国有企业等直接影响要素重置与结构变迁。

第二章 文献述评

产业结构变迁作为经济发展的重要动力一直是国内外研究者关注的重点。对后发追赶型经济体而言，产业结构变迁是国家实现经济起飞和跨越“中等收入陷阱”的重要支撑。地区的制度环境伴随着产业结构变迁不断完善，政府与市场的关系是制度变革的关键，政府不仅可以弥补市场失灵，还会影响要素配置与市场主体活动。因此，政府行为对产业结构变迁的方向、速度以及效率等都有重要影响。本书主要从产业结构变迁的一般规律与典型事实、影响因素与机制以及结构变迁对经济增长的影响三大方面梳理相关文献，系统分析产业结构变迁的特征、原因及影响，其中着重分析了后发追赶型经济体政府行为的特征，及其对产业结构变迁的积极影响与消极影响。通过对相关文献的述评，构建本书的分析视角与理论分析框架，为政府行为、区域产业结构变迁及其增长效应提供理论基础。

第一节 产业结构与产业结构变迁

一、产业结构的内涵与外延

以往研究中，诸多学者将产业结构等同于经济结构，但随着研究的深入，产业结构主要是指国民经济产业间以及产业内行业间或微观企业间的组成结构及比例关系，主要反映结构均衡情况的产业之间的比例关系以及结构效益的各产业之间的关联方式，不仅表现为要素的部门配置比例，还体现为各产业的产出组合。

产业划分维度的差异使得产业结构具有多重外延，主要包括：一是农业、工业以及服务业的传统三大产业的要素配置与产业产出的比例关系。二是劳动、资本以及技术等不同要素密集型产业的要素配置和产出的比例关系。三是低技术、中等技术、高技术产业等不同技术水平产业的要素配置和产出的比例关系。四是主导产业、新兴产业以及战略产业等不同属性产业的要素配置与产出比例。五是基于产业所处产业链的不同位置与产品形态的划分，初级产品、中间产品与最终产品产业的要素配置和产出比例关系。

已有关于区域产业结构变迁的分析中，指出区域产业结构变迁除了具有结构变迁的一般特征外，还由于区域产业分工和经济联系的影响，呈现一定的特殊性。丁四保等(2003)认为区域层面的产业结构变化与区域间的关系密切相关。孔令池(2015)强调区域产业结构以社会生产分工为基础，各区域基于区域内优势重点发展的产业有所差异。同时，区域产业结构变化的规律符合“核心—边缘”理论，即处于“核心”的地区具有更优的产业结构，并会向外转移低级产业，而处于“边缘”的地区会跟随“核心”地区的产业转移，优化自身的产业结构，并为“核心”地区提供初级的产品和服务。

二、产业结构变迁维度的划分——转型、升级与集聚

Caselli 和 Coleman(2001)认为结构转变是指农业部门在经济中的地位下降。Herrendorf(2013)认为结构转变是指三次产业部门间的经济活动与资源配置的变化。Timmer 和 Szirmai(2000)认为结构变化是指资源在各部门间的重新配置。基于上述内涵的界定，产业结构变迁是指产业结构的动态变化，即各产业之间和产业内部各部门之间的比例关系的变化，主要表现为各类生产要素在不同产业部门间的重新配置与各产业产出相对比例的变化。产业结构变迁的实质是随着要素禀赋的变化，要素在不同产业与部门间的流动与重新配置。一方面表现为生产要素在不同产业间的优化配置以及产业产出比重的变化，另一方面体现为要素跨区域的流动引起产业结构空间变迁。现有关于产业结构变迁的特征的分析主要有两大视角：一是产业结构变迁的时序特征，主要包括结构转型与产业结构升级两个方面；二是产业结构变迁的空间特征，主要是指产业转移与产业集聚。

作为产业结构变迁的基本路径，产业结构转型是指各类生产要素在不同产业间再配置的过程。钞小静和任保平(2011)提出产业结构转型不仅是我国经济增长数量迅速增长的基础动力，同时也是促成经济增长质量水平提高的关键。作为传统产业结构变迁理论的主要研究内容，产业结构转型侧重分析封闭经济条件下的产业投入与产出的比例关系的变动。产业结构转型通常表现为地方经济中的支柱产业转化，其本质是要素的重新组合和配置，以及相应的市场组织、产出结构以及技术变动。

作为产业结构变迁的目的，产业结构升级以有效的产业结构转型为基础，但产业结构转型并不一定促进产业结构升级。产业结构升级更强调各产业技术含量与创新水平的提升。Gereffi(1999)和Kaplinsky(2000)最早提出产业升级的概念，认为产业升级是指企业的生产逐渐向高技术、高附加值产品转变的过程。Hirschman(1958)认为产业升级是指学习、吸收以及创新能力提高所引起的区域内产业专业化程度、产品附加值以及产业前后向关联程度的全面提升。与此同时，产业结构升级还注重各产业的协同发展，强调要素在不同产业间优化配置与技术创新的扩散，使得高产出效率、高附加值的产业比重不断提升，并通过新旧产业更替和转化实现产业结构高度化、高效化与协调化。因此，产业结构升级侧重分析开放条件下的产业结构变迁以及地区产业在全球价值链与分工地位的提升。产业结构升级具体表现在以下四个方面：一是在要素结构上，由劳动密集型产业占主导向资本、技术密集型产业占主导演进；二是在工业中，由制造初级产品的产业为主向中间产品、最终产品为主的方向发展；三是从低附加值向高附加值升级；四是企业生产方式由粗放型向集约型转变(黄群慧，2014；安礼伟，2011；刘志彪，2009；张培刚和张建华，2007)。

此外，作为产业结构空间变迁的核心体现，产业集聚反映了地区产业结构专业化程度。Marshall(1890)首次分析了产业集聚问题，认为外部经济常源于工业地区分布。胡佛(1948)的产业集聚最佳规模论将集聚经济分为内部规模经济、地方化经济和城市化经济三类，考察了产业集聚的自动强化作用和自动限制作用。Krugman(1990)通过构建“中心—外围”模型，详细分析了经济集聚的机制。

第二节 产业结构变迁的理论演进

一、产业结构变迁的一般规律总结

古典经济增长理论主要对不同国家的产业产值与就业结构变化进行统计分析，总结产业结构变迁的一般特征。威廉·配第(1690)比较了欧洲各国的社会经济状态，发现部门间的收入差异引起劳动力由低收入部门转移至高收入部门。基于配第的研究，克拉克(1940)进一步分析了一些国家各部门的就业人数随着收入水平的变化，以劳动力在农业、制造业以及服务业部门之间的转移衡量产业结构转型，并提出了“配第—克拉克定律”，即随着经济发展，农业就业份额不断减少，制造业的比重则先增后降，而服务业的比重会持续增长。库兹涅茨(1955，1957，1973)提出反映收入差异与经济发展关系的“倒U形曲线”假说，总结了产业部门的产值比重与就业比重的时序变化规律，即产值与就业总量的高速增长会随着各产业产出与要素投入比重的变化呈现阶段差异，但由于技术创新对各产业的影响有所差异，会造成部门产出增速差异与生产结构的变化。同时，不同消费品的需求弹性的差异以及对外贸易中比较优势的变化也对产出结构变化有重要影响。随着经济的发展，农业生产部门逐渐向非农部门转变，工业部门也会向服务业部门转变。鲍莫尔(1967，1994)认为随着人均收入水平的提升，居民对农业产品的需求最先达到饱和，对第二产业产品的需求会优先增长并逐渐趋于稳定，而对第三产业的需求则不会饱和。与此同时，需求因素决定了产业结构变迁的方向，供给侧的技术进步与生产率提高也对产业结构变迁有重要影响。W. G. Hoffmann(1931)通过分析制造业中消费资料和生产资料工业的净产值关系，以霍夫曼系数划分了工业化阶段，在初期是以轻工业为主，随着工业化的推进，重化工业的比重不断增加。他认为，经济发展是一个从消费品工业为主转变为资本品为主的过程。

随着工业化的推进，成熟的工业化国家迈入以服务业为主的后工业化阶段，针对该阶段的产业发展与结构变迁的特征，丹尼尔·贝尔(1973)提出了“后工业社会理论”，描述了当经济发展达到比较发达的水平时，工业比重会逐步下降，而服务业则逐步成为经济的主体部门的“后工业化事实”。格鲁伯与沃克也提出了“第三产业内部结构理论”，将第三产业分为生产者服务业、消费者服务业与政府服务业三类。Fuchs(1968)的“服务经济理论”则系统分析了服务业的稳定性问题。

二、产业结构变迁的新古典增长理论观点

新古典增长理论对产业结构变迁的特征以及影响机制的分析主要采取基于完全市场机制假设下的多部门经济增长模型。具体分析视角有以下几个：

一是基于需求侧视角的恩格尔效应。代表学者通过引入非位似偏好的消费函数，认为收入弹性因素是推动产业结构变迁的主要力量。消费结构会随着收入水平的提升而改变，逐渐由农业产品向制造业、服务业产品，以及由必需品向奢侈品转变。Foellmi 和 Zweimuller(2008)根据恩格尔需求等级设定了消费偏好，随着新产品的不断引进，起初具有较高收入弹性的奢侈品会逐渐成为只有较低收入弹性的必需品。

二是基于供给侧视角的鲍莫尔效应分析。代表学者认为技术变迁的部门差异造成替代效应，部门间技术进步率的差异会造成产出增长率的不同，在生产要素可替代的产业部门间，生产要素会从技术进步率高的部门向技术进步率低的部门转移。Baumol(1967，1985)认为由于部门生产率与劳动力具有可替代性，生产率增长会带来劳动力节约效应，造成该部门的劳动力份额下降，生产率增长缓慢的部门会吸收经济中较高份额的劳动力，使得劳动力由农业向制造业，进而向服务业转移。Ngai 和 Pissarides(2007)认为部门间的全要素生产率差异会引起结构变化，当最终产品之间的替代性较低时，劳动力会从高技术水平部门向低技术水平部门转移；反之，则会从低技术水平部门向高技术水平部门转移。

三是基于对外开放视角的贸易因素分析。上述研究主要是在封闭经济条件下进行的，而随着全球贸易的不断深化，学者也聚焦对外开放对产业结构变迁的影响。Matsuyama(2009)首次将多部门增长模型扩展到开放经济中，构建了一个两国三部门模型。加入对外开放因素可以更好地刻画制造业占比的倒 U 形特征。Betts 等(2011)提出出口导向型发展战略是造成韩国制造业占比迅速提高的主要原因。Herrendorf 等(2013)发现韩国的制造业真实产出份额未出现倒 U 形变化，且消费份额与产出份额的绝对水平

与趋势变动均有较大差异。Uy 等(2013)利用一个两国三部门模型框架分析了收入效应、价格效应和国际贸易三种机制对韩国经济结构变迁的影响。Yi 和 Zhang(2010)构建了一个包含两个经济体、三个部门的开放经济模型来解释生产率和贸易成本给韩国制造业带来的冲击。章潇萌、杨宇菲(2016)构建了一个两国三部门模型，分析了对外开放对我国产业结构转型路径的影响，解释了我国制造业占比的迅速增长和持续偏高与对外开放有关。张建华、何宇、陈珍珍(2018)研究了开放经济下国际贸易冲击对经济体产出结构和消费结构的影响，发现开放条件下经济体产出结构和消费结构比封闭条件下表现出更显著的分化趋势。

四是基于制度视角的政府作用分析。由于完全市场机制假设难以满足，关于政府对产业发展与结构变迁的作用的研究成为重要分析视角。有学者通过引入政府支出乘数对不同所有制结构的影响，考虑非市场因素对产业结构变迁的影响。Brandt 和 Zhu(2010)通过构建三部门模型，考察了国有与非国有部门之间存在的资本市场扭曲。张开、龚六堂(2017)构建了制造业和服务业部门的两部门 DSGE 模型，以分析政府消费型支出和投资型支出的结构性效应。

三、产业结构变迁的发展经济学观点

不同于新古典经济学，发展经济学注重发展中国家与发达国家的经济结构差异，关注发展中国家的市场机制尚不完善的情况。结构主义认为资源难以实现最优配置，生产要素在不同部门的收益存在结构性差异。认为经济结构是外生决定的，强调市场失灵以及政府在改变经济结构、促进经济发展中的作用。产业结构变迁通过要素再配置实现生产率的提升。赤松要(1935)基于日本的工业成长模式以及东亚经济体间产业分布情况，提出了“雁行理论”，即随着技术成熟与生产要素的变化，率先发展地区的竞争优势会减弱，继而通过技术转移与产业转移，进行新一轮的产业创新发展。罗宾斯坦—罗丹(1943)认为对市场不完善的发展中国家而言，价格机制难以充分反映市场信息，应通过“大推进”式的工业化，迅速扩大经济规模。刘易斯(1954)认为国民经济包括传统农业部门和现代城市工业部门，并认为经济发展是扩张的资本部门从传统部门吸收剩余劳动力的过程。钱纳里(1956)运用一般均衡性质的结构变化模型，将结构变迁分为初

级产品生产、工业化以及发达经济三个阶段，并认为需求、贸易以及不同产品间替代效应与生产率增速的差异是影响产业结构变迁的主要因素。赫希曼(1958)的“不平衡增长理论”是指为了突破贫困恶性循环，发展中国家应该集中资本发展“引致投资最大”的产业，并通过产业间的前后向联系，带动其他产业发展。罗斯托(1960)提出主导产业及其扩散理论和经济成长阶段理论，认为现代经济增长是主导产业部门依次更替的过程。率先创新的产业能够形成增长极效应，并以产业间的技术扩散带动整体结构变动，加速经济增长。普雷维什(1962)将世界经济划分为以发达国家为主的工业中心以及以发展中国家为主的初级产品出口中心，并提出“中心—外围”的非均衡结构理论。赛尔昆(1989)分析了从农村经济向城市经济的结构转变模型，提出结构变迁是影响经济增长速度和模式的重要因素。

林毅夫(2010)在新结构主义中提出发展中国家的经济应基于比较优势发展产业和技术。充分发挥比较优势，不仅能够降低产业生产成本，提高产品竞争力，还有利于积累资本，为自主创新和产业升级提供物质基础。有效市场与有为政府是发挥比较优势的重要因素。其中，有效的市场能够保障企业选择符合地区比较优势的产业与技术；有为的政府能够发挥“帮扶之手”的作用，为产业发展提供基础设施与公共服务(林毅夫，2017)。

第三节 产业结构变迁的市场影响因素

已有文献中关于地区产业结构的影响因素主要分为地区的要素禀赋、需求结构的导向、地区间的经济联系以及地区生产集中程度四大类。本书结合新古典经济增长理论与结构主义关于产业结构变迁的影响因素分析，分析了市场需求、要素重置以及技术创新与进步等市场因素对产业结构变迁的影响。

一、需求侧因素分析

已有文献关于需求因素对产业结构变迁影响的讨论主要基于增长模型的理论分析。逐渐提高的人均收入使得消费者的必需品需求减少，高收入弹性产品需求扩大。根据“恩格尔定律”，假定农业、制造业与服务业的需求收入弹性分别小于、等于和大于 1，则农业产值与就业比重会下降，制造业呈倒 U 形变化，服务业持续上升。

有学者基于不同产品收入弹性差异的影响的多部门增长模型，引入非位似偏好，分析了产品收入需求弹性的差异会通过引起消费结构变化，造成要素在产业部门间的流动（Kongsamut，Rebelo and Xie，2001；Comin Lashkari and Mestieri，2015）。Kongsamut 等（2001）采用非一致性偏好，分析了家庭对农业、工业和服务业产品消费所获效用的部门差异，证明了农业部门份额逐渐降低，服务业部门份额会相应升高，工业部门份额基本保持不变。Matsuyama（2009）假定高收入者购买高价商品会促使其价格下降，使得低收入者可以负担起该类商品，从而产生“向下涓滴效应”，而高价商品的价格降低会促使高收入者可以负担起更高价格的商品，从此带动新产业的发展。李尚骜和龚六堂（2012）将偏好结构内生化，认为内生偏好结构的变化会引起居民消费结构以及产业结构的变迁。Alonso－Carrera 和 Raurich（2015）认为价格效应是产业结构升级的主要驱动因素。于泽（2014）认为经济发展水平的提升降低了居民的恩格尔系数，促进产业结构由低端向高端变迁。颜色、郭凯明、杭静（2018）基于多数国家投资品和消费品的产业增加值构成差别较大且呈现趋势性变化的特征事实，建立了一个多部门一般均衡模型，分析了需求结构变迁影响产业结构转型的经济机制，并采取数值模拟证明了需求结构变迁对中国产业结构转型和生产率提高的影响显著，其大于鲍莫尔效应但小于恩格尔效应。

二、供给侧因素分析Ⅰ：要素重置

（一）理论分析

在供给方面，产业结构变迁的发生机理主要表现为产品间互补和替代关系以及技术进步率差异。产业部门生产率水平与技术进步率的差异不仅会影响要素跨部门、跨地区重置，还会改变各产业的产出效率与附加值。鲍莫尔（1967）认为，产业间的替代弹性和各部门的产出增长速度是结构变迁的主要影响因素。Acemoglu（2008）发现部门间要素密集度的差异是决定产业结构转化的主要因素。作为产业结构变迁的根本机制，要素重置是指生产资料在市场机制或政府活动的影响下跨部门、跨区域的流动与再配置。在相同的生产技术下，同一生产要素在不同国家或地区之间的回报率存在较大差异，即资源并非总能实现最优配置（Rogerson，2008；Bartelsman et al.，2010）。劳动、资本等传统要素在非均衡条件下在不同产业部门的产出效率有显著差异，会引起要素的流动与重置，若能转移到边际生产率更高的部门，则有利于提高资源配置效率（Hsieh and Klenow，2009）。

（二）实证研究

关于中国要素重置与产业结构变迁的研究中，经济增长前沿课题组（2003）认为资源配置的变革与产业结构调整的累积效应是提升中国经济增长质量的重要因素。现有关于要素配置效率的研究主要有以下两个方面：

一是对要素重置或导致要素错配的因素分析。张杰等（2011）认为中国地区的要素市场普遍存在扭曲，要素市场的市场化进程普遍滞后于产品市场并存在较大的区域差异。曾先峰、李国平（2011）认为限制工业资源再配置的直接原因是资本和劳动力的配置扭曲。曹玉书、楼东玮（2012）利用具有错配系数的传统增长核算框架，发现要素流动障碍和资源错配不仅影响经济短期的产出总量及其产出比例，也影响长期产出组合方式。罗德明、李晔、史晋川（2012）构建了一般均衡模型，利用校准模型参数定量测度了由于各种政策扭曲产生的要素错置导致的效率损失。邵宜航、步晓宁、张天华（2013）研究发现1998—2007年中国工业企业资源配置效率呈现先改善后恶化的态势。戴魁早、刘友金（2016）利用要素市场扭曲指数采用多种面板计量方法，考察了要素市场扭曲对产业创新的影响。严成樑（2016）发现1978—2013年劳动力在产业间再配置对经济增长的贡献率为25.37%。李欣泽、黄凯南（2016）构建了包括资本和劳动要素的异质性多部门资源配置模型，测算了我国工业部门的资源错配系数。焦勇、杨蕙馨（2019）构建了包括政府干预、产业结构扭曲的非平衡增长模型，利用省级面板模型，采取PLS检验、PGMM模型与反事实检验等测度了政府干预对产业结构扭曲的影响。

二是采用数据包络分析（DEA）和随机前沿分析（SFA）方法分析要素配置扭曲对全要素生产率的影响。刘伟和张辉（2008）为测度产业结构变迁对经济增长的贡献，从要素生产率分解出技术进步与产业结构变迁。张军、陈诗一（2009）通过估算工业分行业的随机前沿函数，发现改革开放以来工业行业结构变迁引致的部门间要素重置促进了工业总体生产效率的提升，推动了工业经济的增长。姚战琪（2009）通过比较我国经济总体和工业部门的生产率增长和要素再配置效应发现，要素在部门内与部门间的错配和扭曲限制了要素总配置效应。Hsieh 和 Klenow(2009，2012)利用中国工业企业微观数据揭示了资源配置效率的差异，可以解释中国和美国全要素生产率 49%的差异性，减少要素错配扭曲可使中国每年 TFP 增长率超过 2%。赵春雨、朱承亮、安树伟(2011)利用跨产业面板数据，通过 DEA 方法测度了我国不同行业的劳动、资本要素的配置效率。吕健(2012)采用空间面板数据模型发现，工业化引致高增长是由于劳动力资源由落后的农业部门转移到劳动生产率增速较高的工业部门所形成的“结构性加速”，但由于劳动等要素由工业部门转入劳动生产率增速较低的第三产业，导致经济增长速度回落，形成了“结构性减速”。李玉梅(2017)借鉴马塞尔增长源分解模式，检验了我国产业结构变迁中的“逆库兹涅茨化”效应问题。由农民工回流及农业劳动份额增长而引起的“逆库兹涅茨化”效应没有被发现，由劳动力从工业转移到服务业而引起的“逆库兹涅茨化”效应显著。

三、供给侧因素分析Ⅱ：技术创新与进步

(一) 理论分析

产业结构升级的核心是产业生产能力与竞争力的不断提升，产业升级与产业间协同发展是产业结构升级的基础。多数学者关注了技术创新与进步对结构升级的影响。

Utterback 等(1975)基于产品视角分析了创新对产业结构升级影响的具体路径。Chandler(1980)认为创新不仅会改变产业部门生产率，还会引起生产要素向高生产率部门转移和重置。Nelson 等(1982)通过“NW 模型”分析了技术创新和产业结构升级的动态演化机理。Maurer(1996)指出创新对产业结构转型升级的促进较为缓慢，但技术变革和产业动态发展的互促机制能加速变革经济系统结构。Kleeper(2002)认为技术创新会推动过程创新与产品创新，在促进产业规模扩张的同时加剧新旧产业市场竞争，形成新的产业系统。Altenburg 等(2008)发现创新系统有利于提升产业竞争力，能够促使产业结构更加合理。徐朝阳、林毅夫(2009)认为工业革命的主要作用是影响必需品和非必需品部门的相对技术进步速度，进而影响相对价格，从而决定社会经济的转型过程。Metcalf(2014)认为新技术会引致新兴产业，新的生产要素组合有利于产业结构转型升级。

（二）实证研究

在对我国技术进步与产业结构升级的检验中，黄茂兴、李军军(2009)发现技术选择和合理的资本深化能够促进产业结构升级，提升劳动生产率。傅元海、叶祥松等(2014)研究表明，自主创新能够促进制造业结构趋于合理，但不能促进其升级，基于消化吸收外资技术的自主创新有利于制造业结构的高度化与合理化。只有提升高端产业核心技术创新能力才能推动制造业转型升级和附加值提升。张银银、黄彬(2015)提出了基于技术轨道、市场轨道以及全产业链等三条创新驱动产业结构升级的路径。杨智峰、汪伟、吴化斌(2016)通过数值模拟发现轻重工业技术进步率的相对变化是中国工业产出结构变化的动因。林春艳、孔凡超(2016)发现技术创新和引进有利于本地区产业结构合理化，但模仿创新能够促进产业结构高级化，且均有长期溢出效应。王海兵、杨蕙馨(2016)发现创新驱动与产业发展体系在长短期的相互作用有别，并在不同检验方法下具有相当的稳健性。Swigcki(2017)发现部门偏向的技术变革是影响结构变迁的重要因素。赵晓男、代茂宾、郭正权(2019)从产业供给端和需求端两个视角分析了中国三个层面的结构动态变化，发现中国产业结构优化主要体现为产出供给端上的位置提升，中国科技创新促进产业结构升级主要发生在产出供给端；在简单贸易和GVC层面，出口贸易创新不足限制了产业结构升级，同时产业结构水平不高也限制了出口贸易中科技含量的提高。

四、产业结构空间变迁的影响因素

以上需求与供给因素的分析主要针对产业结构转型升级等时序特征，本书进一步分析产业结构的空间变迁的影响因素。

（一）理论分析

产业结构的空间变迁对地区产出集中度以及区域间经济联系有重要影响。马歇尔(1890)认为共享的劳动力市场、具有溢出性的知识以及中间品投入是产业集聚的主要原因。韦伯(1909)在工业区位论中将影响产业区位布局的因素分为“集聚”和“分散”因素，技术设备发展、劳动力的组织发展以及整体经济组织良好的适用性是影响产业集聚的重要因素，其中劳动力成本对集聚的影响大于运输成本。勒施(1948)市场区位论利用区位理论以最大利润原则为基础来分析区位问题，认为最佳的区位选择是收入和成本的差额最大点，即利润最大点。新经济地理学强调集聚在区位选择中的作用，比较优势理论认为区域间产业结构的差异源于区位条件、要素禀赋、自然资源等区域先天条件的不同。资本外部性的相对规模、劳动力迁移动力以及交通成本是经济活动区域配置的决定性因素。为追求利润最大化，产业会从不处于利润的空间边界之内的区域转移到利润的空间边界之内（Fujita et al.，1999；Hayter，1997；Mccann and Sheppard，2003；Baldwin et al.，2003；Ellison et al.，2010）。克鲁格曼（1990）构建了“中心—外围”模型，提出经济的集聚取决于集聚力和分散力的大小，其中需求关联和成本关联的循环积累因果效应是集聚力，集中在一个区域内的企业彼此之间争夺消费者的竞争将产生一种分散力。此外，Fujita 和 Thisse（2002）、Ludema 和 Wooton（2002）等认为公共部门的税收政策、财政支出也是影响经济集聚的重要因素。

（二）实证研究

在对我国产业空间转移的实证分析中，戴宏伟（2006）认为由于生产要素禀赋的不同，各地区产业结构存在极大差异，产业梯度与要素禀赋的差异会造成要素跨区域流动以及区域经济合作，进而引起产业转移。魏后凯（2003，2008）认为产业转移的实质是企业空间扩张和企业的再区位及区位调整的过程。转出地的推力因素、来自转入区的拉力因素是产业转移的外部环境因素。安虎森（2009）强调市场规模、劳动力成本、产业关联、知识关联等是影响产业转移的重要因素。朱希伟、陶永亮（2011）研究发现中国各行业的空间集中程度不高，城市规模普遍偏小且“均等化”现象明显。何龙斌（2012）研究发现我国四大地区产业转移表现为除东北地区单向转出外，其余地区均为相互转移，从净流量来看表现为其他地区向西部转移。王先庆（2013）认为，产业转移的基础是不同经济空间存在的“成长差”以及不同区域产业主体之间的相关“利益差”，特别是“利益差”使得各类产业向着能获取最大利益的区域不断转移。罗胤晨、谷人旭（2014）发现我国资源依赖型产业的空间集聚程度相对较低，而资本和技术密集型产业较高，且制造业有显著向东部沿海地区集中的特征。邓若冰、刘颜（2016）检验发现我国工业集聚和经济增长具有明显的空间依赖性，并呈现出“东高西低”的格局；工业集聚对经济增长具有显著的促进作用。刘友金、曾小明（2016）运用探索性空间数据分析技术和空间计量模型检验表明长江三角洲、环渤海地区工业的集聚水平与范围不断提升和扩大。孙晓华、郭旭、王昀（2018）构造了体现规模与方向性的产业转移指数，发现不断扩大的地区要素成本差异，造成沿海发达地区制造业呈现出向周边次发达地区转移，中西部落后省份的生产要素则向区域经济中心汇聚的态势。

第四节 产业结构变迁的政府影响因素

产业结构变迁是造成地区经济差异的关键变量，是后发经济体实现经济起飞以及跨越“中等收入陷阱”的重要支撑。对于后发追赶型经济体而言，由于市场机制尚未完善，政府在地区产业发展与结构变迁中发挥着重要作用。

一、后发经济体的政府行为特征

后发追赶型经济体的政府在转轨阶段发挥着重要作用。发展经济学中代表观点均从不同视角强调了政府在经济发展与结构变迁中的重要作用。斯蒂格利茨（1998）提出，除了传统要素和人力外，对交易费用与协调成本有重要影响的社会资本也是影响经济增长的重要因素。新结构主义认为，经济发展需要有为的政府发挥弥补外部性、完善基础设施等领域的作用（林毅夫，2014）。演化经济学认为，经济发展是以学习和生产结构的共同演化为基础的，“发展型政府”既能为学习主体创造条件，还可以培养有效的组织能力（黄凯南，2017）。无论是发挥后发优势还是培育自主创新能力，国家创新体系的构建都需要以政府为代表的非市场因素的支撑。

诸多学者在探究中国作为后发追赶型经济体的长期高速增长的因素时，关注了政府行为的作用。钱颖一（1998）认为中国特色的联邦主义强调了中国地方政府在行政分权和财政分权激励下对维护市场、推动经济增长的重要作用。周黎安（2004）、周业安（2008）、王文剑和覃成林（2008）、张五常（2009）以及方红生和张军（2014）等均强调了地方政府在经济增长中扮演重要角色。高鹤（2006）认为不同的财税分权形式和地区经济结构的约束下，在不同时期，有“强化市场型”“勾结型”和“掠夺型”等多样化的政府行为类型，从而造成地区市场化和改革水平差异，形成不同的经济转型。周黎安（2007）提出作为制度创新的核心力量，地方政府在以经济增长为基础的“晋升锦标赛”的影响下，积极采取措施推动地区经济发展。王永钦、张晏等(2007)认为尽管政治集权与经济分权激励了地方政府发展经济，并促进了地区市场化和民营化，但也扩大了城乡收入差距，加剧了市场分割等。张军(2008)指出，在分税制的影响下，地方政府追逐财政收入最大化是中国经济的市场化和工业化进程加快的原因。“中国经济增长与宏观”课题组(2007，2008)认为政府支持下的低价工业化机制是支撑我国经济增长的关键，政府会通过干预要素市场，在发挥比较优势的同时，激励企业加速资本积累。非平衡的赶超战略是工业化与城市化的主要推动力。姚洋、杨汝岱等(2014)认为中性政府和贤能体制是我国经济取得良好发展的重要保障。地方政府间的竞争释放了地方发展的动力，但过度竞争与地方保护也造成了效率损失。

二、政府行为对产业结构变迁的积极影响

除了要素重置与技术创新进步对产业结构转型升级有重要影响外，政府所提供的硬基础设施与软基础设施对产业结构变迁也有重要影响，特别是对地区产业空间变迁的集聚力量、分散力量具有决定性作用。

(一)理论分析

关于政府对产业结构变迁的影响，尚未形成一致观点，一部分学者认为政府对产业结构转型升级具有积极作用。Baldwin(1969)认为政府应利用产业政策适当地引导和保护本国或者本地新兴产业通过“干中学”推动创新升级，实现产业技术追赶。林毅夫(2002)认为有为的政府应以要素禀赋结构的升级为目标，不仅要激励企业选择符合地区比较优势的产业，还需完善硬、软件公共基础设施，突破产业技术升级的初始资本约束，并将相关的外部性内部化，降低不确定性和潜在风险。文一(2017)认为工业化的过程不是单纯依靠市场自发形成的，需要政府发挥积极作用。“有为”政府是展开和加速“胚胎发育”机制下工业化的关键，同时，作为一个有序过程，工业化的每个阶段都需要政府全面发挥主导作用，保障工业化的规模和效率，保障市场机制的有效性，避免投机性的资源出口。此外，发挥政府公共服务的外部性，有利于提高经济效率，适度的政府干预可以通过弥补市场失灵，促进全要素生产率的提高，不仅可以利用公共投资弥补信息不对称下的效率损失，增加要素获取信息的能力，提高经济效率，还能

利用政府研发补贴激励企业研发，促进产业结构变迁（Hu，2001；Aerts and Czarnitzki，2004）。鞠建东、刘政文（2017）分析了产业结构调整中可能存在的市场失灵，证明地方政府可以通过恰当的动态产业政策改善社会福利。

（二）实证研究

关于政府干预有效性的检验主要包括对政府研发补贴、财税政策以及产业政策的影响方面。郭晔、赖章福（2011）发现货币政策在东部地区的产业结构调整效应很强，货币和财政政策在中部地区的产业调整效应很弱。Aghion 等（2012）发现有利于优化企业竞争机制的产业政策能提高企业生产率。钟春平等（2013）表明政府补贴会改变生产要素的相对价格，影响资源跨部门重置。宋凌云和王贤彬（2013）发现政府补贴可以显著地加速产业结构变迁，但政府补贴的结构变动效应未能发挥出长期效应。舒锐（2013）利用政策偏度来测度产业政策中的税收优惠和研发补贴，发现产业政策能促进工业行业产出增长。储德银等（2014）采用动态面板模型，研究发现税收政策能够促进产业结构升级，财政科教支出具有产业结构升级效应，所得税能够推动产业结构调整。孙早和席建成（2015）使用中国钢铁行业数据，发现政府补助和税收减免等措施能提升市场化程度较低地区的企业全要素生产率。邱兆林（2015）实证研究发现研发投资倾斜能够促进全要素生产率的提升。贾敬全等（2015）发现减少国债发行和支出、控制行政支出均有利于产业结构升级，但经济发展与运输支出会制约产业结构升级。王昀、孙晓华（2017）利用联立方程模型研究表明，政府补贴有利于提高企业研发投资。韩永辉、黄亮雄、王贤彬（2017）利用产业相关的地方性法规和地方政府规章设置产业政策的虚拟变量，实证表明产业政策促进了地区产业结构合理化和高度化，其对结构优化升级的促进作用取决于地区市场化水平以及地方政府能力。李强（2017）表明地方产业创新政策能够显著提升地区产业结构合理化和高级化程度，但影响程度与市场化程度和地方政府能力密切相关。郭玥（2018）通过构建中国情境下的政府创新补助信号传递机制模型发现，创新补助会显著促进企业研发投入和实质性创新产出的增加，而非创新补助对企业创新无显著影响。创新补助对民营企业、正处于成长期的企业的研发创新均具有显著激励作用。曹平、王桂军（2018）指出选择性产业政策通过财政补贴、税收优惠和市场准入机制等措施提高了被扶持企业新产品的创新能力，延长了企业的创新生存时间。此外，在对产业集聚的影响方面，金煜、陈钊、陆铭(2006)发现经济开放、市场容量、城市化、基础设施的改善和政府作用的弱化有利于工业集聚。黄玖立和李坤望(2006)发现，对外贸易的地理优势和由此获得的各种政策优惠与倾斜是东部地区产业集聚的重要因素。梁琦和吴俊(2008)认为财政转移对产业地理集聚有显著影响。

三、政府行为对产业结构变迁的消极影响

(一)理论分析

有别于强调有为政府对地区产业发展与结构变迁的积极影响的分析，有学者认为政府作为“攫取之手”会阻碍地区产业结构变迁。一是在“晋升锦标赛”机制的影响下，地方政府间的竞争会形成地方保护主义，造成国内市场分割与地区经济封锁，进而导致地区产业结构趋同(周黎安，2007)。Young(2000)认为地方政府对要素与商品流动的限制，造成地区发展违背比较优势，扭曲产业结构。二是政府干预会引起资源错配，尤其是要素市场的扭曲会导致总体效率损失。政府干预会对产业结构升级产生负面效应(安苑和王珺，2012；褚敏和靳涛，2013)。三是在制定和实施产业政策过程中，政策制定和实施主体存在有限利益、不完全信息以及自身利益最大化的偏好，会导致政策无效与政府失灵。同时，政策实施过程还会存在因制定者与执行者的目标差异造成的偏向性扭曲(吴意云、朱希伟，2015)，以及限制竞争、替代市场等措施造成的效率损失(江飞涛、李晓萍，2015)。更重要的是，封闭和不透明的政策制定过程以及各部门的利益竞争与协调困难会造成产业政策的根本性缺陷(江飞涛，2017)。

(二)实证研究

在对我国产业结构变迁与产业集聚的实证分析中，谭真勇等(2009)研究表明，地方政府实行的干预经济行为会影响产业集聚的地理分布。贺灿飞和潘峰华(2011)发现财税分权有利于制造业分散布局。胡晨光等(2011)指出，“有为政府”能够在多个层面对产业集聚和经济集聚圈形成产生影响。丁建军(2011)提出政府的政策干预措施对产业集聚格局有关键性影响。袁志刚和解栋栋(2011)认为各种制度性障碍和要素价格扭曲导致资源难以实现最优配置。安苑等(2012)发现地方政府财政行为和行政管理支出

的波动会抑制产业结构升级，其中行政管理支出的波动性的不利影响更大。罗德明等(2012)发现偏向国有企业的产业政策限制了低效国有企业的淘汰效率，甚至引发恶性扩张。褚敏、靳涛(2013)研究发现地方政府主导的发展模式不利于产业结构升级。毛其淋(2013)证明转型时期的要素市场扭曲显著抑制了工业企业TFP的提高以及要素配置效率。李世杰等(2014)认为中国在转轨时期的制度变迁，使得政府在产业集聚的发展中发挥重要作用。刘友金、曾小明(2016)利用空间杜宾模型发现空间溢出效应、市场规模、在公共产品上的财政支出、税收政策和产业外部性对工业分布有显著影响。程俊杰(2016)认为，产业政策会刺激企业集中到少数政府偏好产业，从而加剧产能过剩。孟辉和白雪洁(2017)指出过高的政府补助会导致企业为寻求补贴而生产，降低资本配置效率。杨继东、罗路宝(2018)发现重点产业政策会因地区间竞争而扭曲资源空间配置。钱雪松、康瑾(2018)利用2009年十大产业振兴规划出台进行自然实验，发现十大产业振兴规划这一冲击导致实验组企业全要素生产率显著下降。

第五节 产业结构变迁对经济增长的影响

产业结构变迁不仅是影响地区经济增长的重要因素，也会影响区域发展差距的收敛性。产业结构调整有利于改善资源配置效率，推动经济增长(Chenery et al.，1989)；同时，制度也会通过影响资源配置效率影响经济增长(North，1994)。诸多学者分析了产业结构演进对经济增长的影响(Peneder，2003；Dekle and Vandenbroucke，2012；de Vries et al.，2012；刘楷，2015)。

一方面，在对我国产业结构变迁对经济增长的影响研究中，刘伟、张辉(2008)发现随着市场化程度的不断提高，技术进步对经济增长的贡献会逐步大于产业结构变迁。陈佳贵和黄群慧(2006)认为，工业结构升级必须伴随技术集约化、高加工度，才能实现经济增长效率提高。干春晖、郑若谷(2009)发现生产率的增长主要来自产业内部，特别是第二产业内部，劳动力在产业间流动具有“结构红利”陷阱，资本的产业间转移存在“结构负利”。张军、陈诗一等(2009)通过TFP分解发现由工业结构改革带来的行业间要素重置是使工业生产率提高的重要因素。付凌晖(2010)构建了

“产业结构高级化角度值”，并发现结构高级化有利于经济增长。干春晖、郑若谷、余典范(2011)发现产业结构合理化和高级化进程对经济增长的影响有显著阶段性特征。袁富华(2012)认为长期增长过程中出现的增速和减速与产业结构变迁及人口结构调整有关，导致增长具有结构性加速与结构性减速的特征。彭冲、李春风、李双玉(2013)发现产业结构合理化的冲击具有弱逆周期性。刘伟、蔡志洲(2015)认为伴随着产业升级的工业化是现代化的基本推动机制。于斌斌(2015)认为我国城市经济增长动力已由产业结构调整转换为全要素生产率提升，并且产业结构“服务化”倾向的高度化特征是导致我国经济发展进入“结构性减速”阶段的重要因素。傅元海、叶祥松、王展祥(2016)检验发现制造业结构高度化抑制了经济增长效率提升，但合理化有利于经济增长效率提升，这与中国制造业不断升级却一直处于全球价值链低端的事实吻合，制造业结构高度化却没有伴随高附加值化是重要原因。宋建、郑江淮(2017)基于“服务业之谜”事实，验证了鲍莫尔非平衡增长模型提出的“效率—结构—速度”之间的关系，发现我国工业生产率相对上升导致服务业价格相对提高和就业份额提升，进而引发了经济增速放缓。

另一方面，在影响区域经济增长差异的因素分析中，代表性观点有以下四个：一是要素决定论，强调劳动力、资本以及技术等生产要素配置结构与生产效率对地区经济增速差异的影响(蔡昉、王文德、都阳，2002；王小鲁、樊纲，2004；傅晓霞、吴利学，2006；许召元、李善同，2006；张文武和梁琦，2011)。二是制度决定论，认为发展战略的区域效应(蔡昉、王德文，2002；林毅夫、刘明兴，2003；林毅夫、刘培林，2003)以及地区政府的差异行为(张军、高原，2007；徐现祥、李郇，2007；田伟、田红云，2009)造成的非均衡政策是引起区域经济增长差异的重要因素。三是对地理因素的考察，指出地理位置和自然条件对地区全球贸易参与度和全球价值链分工有着决定性影响，进而造成区域发展的差距(王广华、陆铭、陈钊，2005；李斌、陈开军，2007)。四是基于经济结构变迁视角，分析了中国地区经济增长差异演变的结构性因素，强调产业结构变迁对中国地区经济发展差异的影响大于物质资本投资、人力资本投资和技术差异(范剑勇、朱国林，2002；石磊、高帆，2006；严成樑，2016)。

第六节　国内外研究的评价及其对本书研究视角的启示

通过对国内外关于产业结构变迁一般特征的理论探究，影响产业结构变迁的需求、供给与政府行为等因素的分析，以及产业结构变迁对地区经济增长的影响等相关领域研究的梳理，可以看出，产业结构变迁问题的研究一直是理论经济学研究的重点。现有研究存在的突出问题主要表现在以下几个方面：

（1）已有理论和实证研究大多聚焦三大产业的结构变迁，或侧重分析工业部门中不同要素密集型行业结构变迁，对产业间结构以及产业内结构变迁特征的综合分析和研究相对较少。因此，本书基于行业维度的产业结构，将制造业行业结构与服务业行业结构内嵌至传统三大产业结构变迁的理论分析中，并基于制造业与服务业结构的差异，分析产业结构变迁对经济增长影响的阶段性差异。

（2）现有关于产业结构变迁路径特征的分析中，主要强调地区产业结构的合理化、高度化等时序特征的差异，或是分析地区产业集聚水平与空间转移的联系，缺乏基于发展阶段、比较优势与制度环境等条件背景的综合讨论，以及对变迁的时序特征与空间特征的整体分析。此外，现有关于产业结构变迁的比较集中于国别比较，针对一国内区域产业结构变迁的比较研究较少。对于一个存在较大地区差异的国家而言，尽管地区的发展阶段、地理条件与要素禀赋有所不同，但地区产业生产与市场需求之间的联系更加密切，因此，本书基于产业结构变迁的条件与环境，从高度化、合理化与专业化三方面刻画产业结构变迁的路径特征，并进一步分析结构变迁对地区经济增长的影响，全面分析比较区域产业结构变迁的特征、原因及影响。

（3）现有关于产业结构变迁影响因素的讨论，主要是基于新古典多部门模型所涉及的居民消费偏好以及产业部门的产出效率与技术进步的影响差异。同时，针对政府在产业结构变迁中的有效性分析，也主要集中为财税政策与产业政策等因素对产业产出效率或产业结构合理化等单一方面的影响机制的分析，系统探究政府经济职能与公共服务职能对不同产业部门的影响差异的比较分析有限。因此，本书针对后发追赶型经济体产业结构变迁与制度变革的特征，基于政府行为在发挥地区比较优势以及培育动态比较优势方面的关键作用，讨论政府行为对区域产业结构变迁的内在作用机制。

（4）现有关于区域发展差距的分析，侧重要素禀赋、地理因素以及制度环境的影响。区域发展差异与产业结构变迁均是长期动态演变的过程，现有研究关于两者的讨论较少。本书集聚大国经济中出现的区域发展失衡以及工业化进程不充分等结构性问题，系统分析了由于发展阶段与比较优势的差异所造成的政府行为的不同，进而对区域产业结构变迁及其增长效应进行比较分析。

第三章　区域产业结构变迁的典型特征与差异比较

大多已有研究关注产业结构变迁的一般特征的总结以及阶段性特征与国别差异的分析，对于一国区域间的产业结构变迁的研究相对较少。不同于产业结构的国际比较，区域产业结构不仅强调区域内部各产业的发展水平、投入产出比例的优化，同时也注重国民经济体系的区域分工与产业联系。由于区域产业结构变迁及其增长效应有显著的阶段性特征，地区要素禀赋、制度环境、发展阶段等都对结构变迁的方向、速度以及有效性有着重要影响。因此，区域产业结构变迁不仅是各区域经济增长质量提升的关键因素，还对区域经济增长收敛性有着重要影响。为了全面刻画我国区域产业变迁的特征，测度影响我国区域发展收敛的结构性因素，明确我国新时代发展所面临的不平衡不充分矛盾的具体表现，本章基于区域产业结构变迁的内涵，结合后发追赶型经济体政府市场关系的特征，分别从区域产业结构变迁的特征、原因及影响三个方面选择相应指标，对区域产业结构变迁的速度与质量、变迁的条件与环境以及变迁的增长效应等七个方面的时序特征进行比较分析，并采用主成分分析法，构建地区产业结构变迁综合指数，全面评价我国区域产业结构变迁的特征。

第一节　区域产业结构变迁评价的理论依据

本章梳理区域产业结构变迁的内涵、外延以及基本特征，为构建综合评价的逻辑框架与具体指标选择提供理论基础。

一、区域产业结构变迁的内涵与外延

不同于产业结构变迁的国际差异，一国内的区域产业结构的完整性较弱，区域间产业分工与市场需求的相关性更加紧密，产业结构变迁面临的制度约束与发展目标也相对统一，但区域发展阶段、要素禀赋条件以及地理位置有一定的差异。区域产业结构变迁不仅强调地区产业结构转型升级，以及地区产业在全球价值链中的升级与参与度，同时还需兼顾区域产业分工，注重产业在区域间的转移与集聚，强调区域间的协同互补发展。然而由于各区域的地理位置、要素禀赋以及发展阶段等均有一定差异，工业化程度也有所不同，作为国民经济体系的一部分，区域产业结构的完整性较弱，地区的主导产业、支柱产业也有所不同。因此，区域间产业分工以及区域经济联系对区域产业结构变迁有重要影响，不仅表现为区域间劳动、资本等要素流动对各地区产业发展规模与效率产生影响，还会通过区域间产业分工影响产业结构变迁的速度和质量。与此同时，分税制的确立使得地方政府在“晋升锦标赛”的激励下积极采取相应干预措施推动地区产业发展与结构变迁，政府既会通过财税政策、产业政策等市场活动直接影响地区要素供给与企业产出水平，还会通过基础设施供给水平以及营商环境等公共服务，造成区域制度环境与开放水平的差异，间接影响地区产业结构变迁。

区域产业结构的动态变化既涉及区域内部产业的要素配置比例与产出比例的变化，还包括由于产业区域间的转移和集聚引起的空间分布结构的变化。具体包括以下三个方面：

一是区域产业结构转型，反映了区域要素投入与产出在不同产业间的重置过程，表现为要素的跨部门流动、产业规模的相对比例变化，即地区各产业部门的产值与要素投入比重的变化。从工业化进程的角度来看，产业结构转型可以分为由农业为主向以制造业为主的转型，以及由制造业向服务业的转型两大阶段。产业结构转型的方向不仅受地区要素禀赋结构、比较优势以及技术水平的影响，还与地区的市场机制有效性与政府干预强度密切相关。因此，产业结构转型并不一定带来经济增长。有效的产业结构转型能够使有限的要素自由流动到生产率和生产率增长率较高的产业，而失效的产业结构转型尽管实现了要素跨部门流动，但重置效率较低，甚至未能重置高生产率的部门。

二是区域产业结构升级，是指基于有效的产业结构升级，强调要素能够有效重置到生产率高的产业部门，同时生产率高的部门所占比重会不断扩大。一方面是基于传统要素的有效配置，强调地区要素禀赋的升级与比较优势的优化；另一方面是在各产业生产率水平提升的基础上，强调具有更高技术水平、更高附加值产业比重的扩大，产业结构逐渐由以劳动密集型产业为主向资本、技术密集型为主转变。作为产业结构变迁的目标，产业结构升级是为了突破边际收益递减，不断提高企业在全球或区域产业分工中的地位，延伸产业链，由中间加工制造环节向创新和售后环节延伸，由初级产品向最终产品转变，提高产业产出的附加值，降低生产成本和代价，从而实现高质量经济增长。

三是区域产业集聚，区域产业结构是基于国民经济分工的产业空间布局，产业的转移与集聚是国民产业结构空间变迁的主要体现。对于一个区域而言，地区的产业集聚水平反映了产业结构的空间变迁。区域产业集聚不仅反映了区域产业结构的专业化程度，还体现了区域间产业发展联系。区域产业结构的专业化程度越高，越能有效发挥地区企业生产的规模效应与外部性，降低企业交易成本，促进技术扩散和资本溢出。

二、区域产业结构变迁的主要特征

基于区域产业结构变迁的内涵与外延，其是一个动态过程，具有变迁的速度与变迁的质量两个方面的特征，其中反映变迁有效性的是区域产业结构变迁的质量特征，主要包括产业结构转型、升级以及集聚水平。

（一）区域产业结构变迁速度

产业结构变迁的速度对地区工业化进程具有重要意义，结构变迁与发展的相对水平影响了地区结构变迁对经济发展的贡献。产业结构变迁速度一方面表现为不同部门产出与就业的绝对变化速度，特别是非农产业部门比重的扩张与发展阶段之间的协同性，决定了地区工业化的水平。由于收入水平决定了居民消费需求，而城市化进程影响了要素流动效率，脱离地区市场需求与要素供给能力的过快的工业化以及过快的去工业化不仅不利于地区发展，还会加剧地区经济结构失衡。另一方面表现为产业部门间的产出份额与就业比重的相对变化速度，其对结构变迁成本有重要影响，鲍莫尔提出的“服务业成本病”就是强调部门产值比重的相对增速引起要素成本的变化，进而产生结构变迁的成本。因此，区域产业结构变迁既需要关注各产业的产出份额与要素投入的变化，还需要关注不同产业的产值与要素投入的相对发展。

（二）区域产业结构变迁质量

区域产业结构变迁的质量主要表现在三个方面：一是区域产业结构转型水平。要素跨部门的流动与重置是产业结构转型的基础，地区要素资源重置到高产出效率、高附加值的产业部门的水平反映了区域产业结构转型的有效性。因此，产业投入结构和产出结构的耦合质量体现了地区要素重置效率与产业间协调程度。二是区域产业结构升级水平。结构升级主要体现为地区各产业产出效率的提升以及产业间的协同发展机制的优化。产业产出效率以及附加值的提升是产业结构升级的基础。高附加值、高技术进步率的部门的就业与产值的比例越大，表明地区产业结构升级水平越高。因此，产业结构高度化是产业结构升级的重要体现，测度了地区产业附加值水平与专业化程度。三是区域产业结构集聚水平。为寻求比较优势更强、制度环境更优的地区，通过区域间转移，重新布局形成产业结构集聚。区域产业集聚体现了区域在国民经济分工中的地位与产业空间布局情况以及地区产业的专业化程度。集聚水平越高，越能有效发挥地区企业生产的规模效应与外部性，降低企业交易成本，促进技术扩散和资本溢出。

区域产业结构变迁的特征不仅反映了地区各产业要素投入与产出份额的变化，还体现了地区产业产出效率与附加值的变化以及产业规模和专业化程度。

三、区域产业结构变迁的影响因素

区域要素禀赋条件、发展阶段以及地区的制度环境不仅决定了地区产业结构变迁的方向、速度以及有效性，还影响着区域产业结构变迁对经济增长的贡献。要素禀赋条件是影响区域产业结构变迁速度与质量的根本原因。劳动力、资本以及自然资源等传统要素的供给总量直接决定了产业规模。要素配置结构的变化是产业结构变迁的微观基础，要素重置效率决定了产业结构变迁的质量。同时，人力资本与技术创新等高端要素对地区产业结构升级有决定性作用，要素质量的提升是地区实现由比较优势向竞争优势转变的关键，也是地区产业产出效率、技术复杂度以及附加值提升的重要动力。

制度环境通过影响市场机制、市场组织以及对外开放程度等方面影响区域产业结构变迁的速度、方向与有效性。对后发追赶型经济体而言，经济起飞阶段的资本、技术等资源供给相对稀缺，充裕的劳动力主要集聚在农村农业部门，同时地区市场机制尚未有效发挥配置资源的作用，需要政府发挥其经济职能，释放要素红利，发挥比较优势，并促进市场主体多元化发展，释放企业活力。随着发展阶段的提升以及工业体系的不断完善，政府既要深化改革，优化政府与市场的关系，充分发挥政府的公共服务职能，逐渐由替代市场机制转为补充市场机制，弥补市场失灵，降低企业的交易费用和创新风险，还需扩大开放，推动地区企业融入全球价值链，释放地区的后发优势，不断培育竞争优势。

四、区域产业结构变迁的增长效应

结构主义认为，产业结构变迁不仅是经济发展的一个方面，还是促进经济增长的重要动力。基于要素重置的产业结构转型能够直接提高地区传统要素的产出效率，即有效的产业结构转型能够提高要素的配置效率，提升产业产出水平。同时，基于技术进步与技术扩散的产业结构升级对扩大生产可能性边界、实现规模报酬不变甚至递增有重要意义，是提高地区全要素生产率的关键。不容忽视的还有，产业结构的空间转移与集聚能够加强区域产业分工协作，充分发挥各地区的比较优势，增强区域间经济联系和产业分工，全面优化国民经济结构。因此，区域产业结构变迁不仅会影响各地区经济增长的数量积累与规模扩张速度，还会影响区域增长差异的收敛性。

第二节　区域产业结构变迁综合评价

由于地区要素禀赋、地理条件与主导产业的差异，造成产业结构变迁对地区经济增长的贡献有所差异。现有关于结构变迁的比较主要集中在国际视角，并采取传统农业、工业与服务业或是制造业内部不同要素密集型行业的产业结构划分方式，对于国内区域间产业结构变迁的特征分析较少，关于产业间结构变迁与产业内结构变迁的综合分析也相对有限。因此，本书在比较分析国内区域产业结构变迁的特征差异时，一是在产业结构的划分方面全面考察了传统三大产业结构、制造业以及服务业的行业结构，具体包括劳动、资本与技术密集型制造业的行业结构，以及生产性与消费性服务业结构，从而更加详细地反映区域产业结构变迁的特征。二是不仅选取多重指标详细分析产业结构变迁的速度与质量，还检验了影响产业结构变迁的条件与环境。特别是针对后发追赶型经济体，政府行为对产业发展与结构变迁有重要作用，要在考虑地区要素禀赋条件影响的同时兼顾地区制度环境的作用。三是基于产业结构变迁的绩效，考察了区域产业结构变迁的增长效应。本书主要从区域产业结构变迁的特征、原因及影响三个方面选取相关指标，综合评价产业结构变迁的时序特征与区域差异。区域产业结构变迁评价逻辑机理框架如图 3-1 所示。

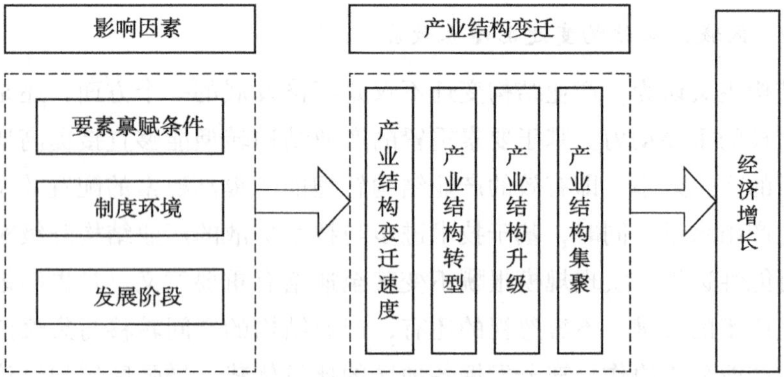

图 3-1　区域产业结构变迁评价逻辑机理框架

一、区域产业结构变迁综合评价指标选择

（一）区域产业结构变迁特征的指标选择

基于前文关于区域产业结构变迁的三个维度的划分，本书主要从变迁速度、结构转型、结构升级以及结构集聚四个方面选取指标分析区域产业结构变迁的过程特征。一是区域产业结构变迁的速度，包括两个方面。鉴于地区第二产业，特别是制造业不仅是产业发展的引擎，还是工业化进程的核心，其增长速度能够较好地反映地区产业结构变迁的速度，本书选择“工业增加值增速”反映地区产业结构变迁的绝对速度。同时，鉴于产业结构变迁的相对速度既反映了非农产业的相对发展水平，还是由工业化阶

段向后工业化阶段转变的直接体现，本书选择“第二产业增加值增速与第三产业增加值增速之比”反映地区第二产业的相对增速。综合以上两个方面，考察地区产业结构变迁的速度与地区工业发展水平。

二是区域产业结构转型。要素跨部门流动与重置是产业结构转型的核心，产业结构转型的有效性体现为要素能够重新配置到产出效率较高的部门。本书分别选择反映地区产业产值与就业结构差异的产业结构偏离度，以及衡量产业投入结构和产出结构的耦合质量的产业结构合理化指数，综合反映地区产业结构转型水平。基于制造业与服务业内部结构的划分，本书构建制造业结构的偏离度与服务业结构偏离度，反映制造业与服务业的产值结构与就业结构的差异。

$$E_M = \sum_{i=1}^{n}\left|\frac{Y_{im}/L_{im}}{Y_M/L_M} - 1\right| = \sum_{i=1}^{n}\left|\frac{Y_{im}/Y_M}{L_{im}/L_M} - 1\right| \tag{3.1}$$

$$E_S = \sum_{i=1}^{n}\left|\frac{Y_{is}/L_{is}}{Y_S/L_S} - 1\right| = \sum_{i=1}^{n}\left|\frac{Y_{is}/Y_S}{L_{is}/L_S} - 1\right| \tag{3.2}$$

其中，E_M、E_S分别表示地区制造业与服务业的结构偏离度，Y_M、Y_S分别表示制造业与服务业的产值，L_M、L_S分别表示制造业与服务业的就业，i 表示行业，n 表示制造业(服务业)的产业部门数。

与此同时，参考干春晖等(2011)的做法，采用泰尔指数，分别构建制造业结构合理化指数与服务业结构合理化指数。

$$TL_M = \sum_{i=1}^{n}\left[\left(\frac{Y_{jmi}}{Y_{jm}}\right)\cdot \ln\left(\frac{Y_{jmi}}{Y_{jm}}\Big/\frac{L_{jmi}}{L_{jm}}\right)\right] \tag{3.3}$$

$$TL_S = \sum_{i=1}^{n}\left[\left(\frac{Y_{jsi}}{Y_{js}}\right)\cdot \ln\left(\frac{Y_{jsi}}{Y_{js}}\Big/\frac{L_{jsi}}{L_{js}}\right)\right] \tag{3.4}$$

其中，TL_M、TL_S分别表示制造业结构合理化与服务业结构合理化，i 表示制造业(服务业)行业，j 表示地区，Y_{jmi}、Y_{jsi}表示 j 地区制造业、服务业 i 行业的增加值，L_{jmi}、L_{jsi} 表示 j 地区制造业、服务业 i 行业的就业人数。Y_{jm}、Y_{js}分别表示 j 地区制造业与服务业的总增加值，L_{jm}、L_{js} 表示 j 地区制造业与服务业的总就业人数。

三是区域产业结构升级。作为地区产业结构变迁的目标，产业结构升级强调地区各产业产出效率与技术水平的全面提升，并注重地区高产出效率与高附加值产业比重的扩大。因此，参考经典研究，本书一方面选择技术密集型制造业与资本密集型制造业产值的相对比例以及生产性服务业与消费性服务业就业的相对比例，分别反映制造业与服务业产业结构升级水平，即地区产业内较高附加值、较高产出效率部门的相对比重。另一方面选择衡量地区产业比例关系和产业生产率水平的变化的产业结构高度化指数来反映要素重置效率与产业间协调程度，考察区域产业结构升级水平。具体计算参照安苑、宋凌云(2016)和刘伟(2008)的研究，公式如下：

$$H_{mit} = \sum_{j=1}^{J} S_{mijt} \cdot F_{mijt} \tag{3.5}$$

$$H_{sit} = \sum_{j=1}^{J} S_{sijt} \cdot F_{sijt} \tag{3.6}$$

其中，H_{mit}表示 i 地区 t 时间的制造业结构高度化，H_{sit}表示 i 地区 t 时间的制造业结构高度化，i、t 和 j 分别表示地区、时间和行业，J 表示行业总数，S_{sijt}表示 t 时间 i 地区 j 行业的增加值占所有行业产值的份额，F_{sijt}表示 t 时间 j 行业的劳动生产率。

四是区域产业结构集聚。作为产业结构空间变迁的体现，区域产业结构集聚水平反映了区域产业的专业化程度。对处于工业化阶段的地区而言，制造业集聚是地区产业结构集聚的关键。对进入后工业化阶段的地区而言，服务业集聚则对地区的产业专业化水平有重要影响。因此，参考已有研究，本书利用区位熵，考察不同地区不同要素密集型制造业的区域集中度，以及不同服务业的区域集中度，全面反映区域产业结构变迁的集聚效应。具体计算方法如下：

$$LQ_{ik} = (e_{ik}/e_i)/(E_k/E) \tag{3.7}$$

其中，e_{ik}表示 i 地区 k 部门的就业人数，e_i 表示 i 制造业行业的就业人数；E_k 表示全国 k 部门的总就业人数，E 表示全国制造业行业的就业总人数。

（二）区域产业结构变迁原因的指标选择

要素禀赋条件与地区制度环境是影响区域产业结构变迁的重要因素。随着要素投入与产出结构的变化，产业结构变迁对地区经济增长的影响存在显著的阶段性差异。因此，本书分别从区域要素禀赋条件、制度环境以及发展阶段三个方面选择相关指标。

首先，要素禀赋条件是区域产业结构变迁的最根本影响因素，要素的数量与质量决定了地区产业结构变迁的速度与有效性。为全面反映地区的传统要素与创新要素的数量与质量，本书分别选择以下指标：①在衡量地区劳动力时，选择反映地区劳动力质量的“人力资本”，具体根据6岁及以上人口受教育年限加权而得。其中文盲记为0年，小学记为6年，初中记为9年，高中记为12年，大专及以上记为16年。2015年增加的中职并入高中文化水平。②在衡量地区资本要素情况时，分别选择反映地区资本存量与投资水平的“资本深化”的资本要素情况。具体是将劳动资本存量表示为“地区实际资本存量与地区社会从业人员数的比值”，其中资本存量的计算，本书采取永续盘存法，将各省固定资本形成总额指标作为估计我国省际资本存量的当年投资流量，并用投资价格指数对当期投资流量进行平减，折算成不变价价格(单豪杰，2008)。地区的投资率则选择“地区固定投资占比”表示。③在衡量地区技术创新要素时，选择作为核心创新主体的“企业创新能力”反映地区技术进步与技术创新潜力，结合后发追赶型经济体的技术创新路线，选择“规模以上工业企业开发新产品经费与技术改进消耗吸收经费支出总和”反映地区企业创新能力。

其次，在衡量影响区域产业结构变迁的制度环境方面，基于后发追赶型经济体政府与市场关系的特征，结合我国改革开放以来的制度变迁情况，一是选择反映地区参与国际产业分工、利用国际要素与消费市场水平的“对外开放程度”，即地区进出口总额占地区生产总值的比重；二是选择地区的非国有化程度反映地区的市场化改革进程，即地区非国有及国有控股工业企业产值占比；三是政府对经济活动的直接干预强度也是影响地区产业结构变迁的重要因素，选择地方财政一般预算支出占地区生产总值比重来衡量政府规模。

最后，在反映区域发展阶段方面，本书用地区实际人均生产总值来表示，具体为地区生产总值与地区年末常住人口数的比值，并根据平减指数调整为1978年价格。其中地区生产总值与地区年末常住人口数均源于国家统计年鉴。此外，城市化与工业化是地区发展阶段的重要结构性特征，地区产业结构变迁与城市化进程之间有重要关系，因此本书选择地区年末常住人口数占地区年末总人口数的比重反映地区“城市化”水平。具体计算方法参照周一星与田帅(2006)利用第五次人口普查数据中对1982—2000年的城市化水平的修正做法，对2005年以前的常住人口数据进行修正。

(三) 区域产业结构变迁影响的指标选择

在产业结构变迁的影响分析方面，本书一方面从劳动生产率与全要素生产率两个方面反映区域产业结构变迁的增长效应。其中，测度传统要素产出效率时，分别选择以真实生产总值(1978 年不变价格)除以地区就业人数表示的“劳动生产率”以及以真实生产总值(1978 年不变价格)除以地区资本存量测度的“资本生产率”。全要素生产率的增长的测度，采用 DEA 方法，分别以真实生产总值作为产出，以就业人口和资本存量作为投入，利用 Malmquist 指数计算出各省份 1994—2016 年的全要素生产率增长率，并分别以对应产业增加值作为产出，以产业的就业人员和资本存量作为投入。另一方面为反映地区内各产业的增长水平，本书基于三大产业的视角，利用各地区各产业的就业占比与产值占比的相对比例反映各地区各产业的“比较劳动生产率的水平”，测度各地区各产业的相对产出水平。

本章基础数据来源于 1994 年至 2016 年的《中国统计年鉴》《中国工业经济统计年鉴》以及各省统计年鉴等。

二、区域划分与行业结构说明

(一) 区域划分

为详细比较我国区域产业结构变迁的特征及差异，本书参考经典文献的做法，将 30 个省份(除港澳台、西藏外)划分为八大区域，即北部沿海地区(北京、天津、河北、山东)、东部沿海地区(上海、江苏、浙江)、南部沿海地区(广东、福建、海南)、长江中游地区(湖南、湖北、江西、安徽)、黄河中游地区(山西、河南、陕西、内蒙古)、东北地区(黑龙江、吉林、辽宁)、西南地区(广西、云南、贵州、四川、重庆)以及西北地区(甘肃、青海、宁夏、新疆)。

(二) 行业划分

本书对 30 个省份的 20 个制造业行业以及 14 个服务业部门进行划分。首先，参照傅元海(2014)、孔令池(2019)对于各地区制造业行业的划分，地区制造业分为：①劳动密集型制造业：农副食品加工业；食品制造业；饮料制造业；烟草制造业；纺织业；造纸及纸制品业。②资本密集型制造业：石油加工及炼焦业；非金属矿物制品业；黑色金属冶炼及压延加工业；有色金属冶炼及压延加工业；金属制品业；通用设备制造业；专用设备制造业；仪器仪表及文化、办公用机械制造业。③技术密集型制造业：化学原料及化学制品制造业；医药制造业；化学纤维制造业；交通运输设备制造业；电气机械及器材制造业；通信设备、计算机及其他电子设备制造业。

其次，根据国民经济行业分类（GB/T 4754—94），将服务业分为两种：①生产性服务业：交通运输业；仓储和邮政业；金融、保险业；信息传输、软件和信息技术服务业；租赁和商务服务业；科学研究和技术服务业。②消费性服务业：批发和零售贸易、餐饮业；房地产业；居民服务、修理和其他服务业；教育；卫生和社会工作；文化、体育和娱乐业；公共管理、社会保障和社会组织；水利、环境和公共设施管理业；其他。区域产业结构变迁指标体系如表 3-1 所示。

表 3-1　区域产业结构变迁指标体系

维度指标	基础指标	变量	属性
产业结构变迁速度	工业增加值增长率	*CR*1	正
	第二产业相对于第三产业的增长率	*CR*2	正
产业结构转型质量	制造业结构偏离度	*E*1	逆
	制造业合理化指数	*TL*1	逆
	服务业结构偏离度	*E*2	逆
	服务业合理化指数	*TL*2	逆
产业结构升级质量	技术密集型制造业/资本密集型制造业	*H*1	正
	制造业结构高度化指数	*H*2	正
	生产性服务业/消费性服务业	*H*3	正
	服务业结构高度化指数	*H*4	正
产业结构集聚质量	劳动密集型制造业区位熵	*LQ*1	正
	资本密集型制造业区位熵	*LQ*2	正
	技术密集型制造业区位熵	*LQ*3	正
	消费性服务业区位熵	*LQ*4	正
	生产性服务业区位熵	*LQ*5	正
产业结构变迁条件	人力资本	*H*	正
	资本深化	*KTL*	正
	投资率	*IVS*	正
	企业创新能力	*ZC*	正

续表

维度指标	基础指标	变量	属性
产业结构变迁环境	对外开放程度	*OPEN*	正
	非国有化程度	*NSOE*	正
	政府规模	*GOV*	正
	真实人均生产总值	*GDPPC*	正
	城市化	*UR*	正
产业结构变迁的增长效应	全要素生产率增长率	*TFPCH*	正
	劳动生产率	*PL*	正
	资本生产率	*PK*	正
	第一产业比较劳动生产率	*Lp*1	正
	第二产业比较劳动生产率	*Lp*2	正
	第三产业比较劳动生产率	*Lp*3	正

三、区域产业结构变迁评价过程

为完全涵盖所有指标信息，本书对模型进行如下处理：

（1）对逆向指标进行正向化处理。本书采用叶宗裕（2003）的正向化过程，产业结构合理化指数和结构偏离度正向化。

$$TL_{it}^{*}=\max\{TL_{it}\}-TL_{it}$$

$$E_{it}^{*}=\max\{E_{it}\}-E_{it}$$

（2）对评价指标 X_{ij} 的标准化处理：$y_{ij}=\dfrac{X_{ij}-\min(X_{ij})}{\max(X_{ij})-\min(X_{ij})}$。其中，$y_{ij}$ 是 X_{ij} 标准化处理后的标准值。

（3）对七个维度的基础指标分别进行标准化指数的加总，得到各方面指标值：$X_i=\sum_{i=1}^{n}\overline{y_{ij}}$。

（4）基于 7 个方面指标，对 30 个省份 1994—2016 年的指标情况分别进行主成分分析，指定提取三个主成分因子，并根据成分得分系数矩阵与方差贡献率得到各省每年的主成分以及产业结构变迁总指标的时序波动情况，并进一步将 30 个省份划分为北部沿海、东部沿海、南部沿海、长江中游、黄河中游、东北、西南以及西北八大区域，分别进行加权分析，权重为各省生产总值占区域总生产总值的比重。

第三节 区域产业结构变迁时序特征的比较分析

通过对1994—2016年各省产业结构变迁特征、原因及影响的30个指标的综合分析与评价，得到七个方面指标的时序变动特征，进一步将各省国民生产总值占所属区域国民生产总值的比重作为权重，得到八大区域各维度的时序特征。

一、区域产业结构变迁各维度时序特征的比较分析

（一）区域产业结构变迁速度的时序特征

本书以工业化进程中工业部门的绝对增速与相对增速来反映地区产业结构变迁速度的情况。如图3-2所示，总体上来看，各区域的结构变迁速度在1994—2016年经历了先下降后上升再下降的倒N型波动过程，在1994—1999年不断下降，2000—2008年波动上升，但从2010年开始大幅下降。综合反映出我国工业绝对增速与相对增速的产业结构变迁速度的时序波动，我国工业化进程在1994—2000年变迁速度缓慢，在2000年至2008年加速变迁，随着服务业比重的上升，2008年之后结构变迁的速度再次放缓。

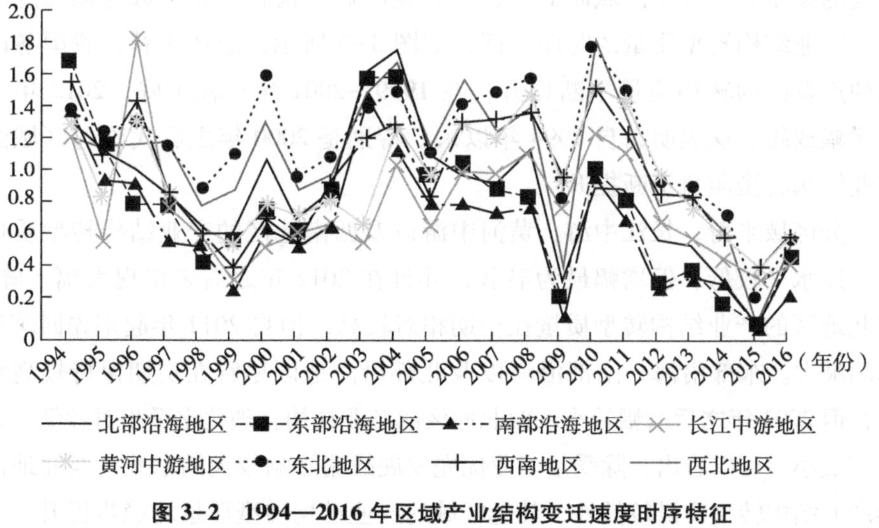

图3-2 1994—2016年区域产业结构变迁速度时序特征

分区域来看，在工业化初始程度相对较高的地区中，初始开放程度相对较高的东部沿海、南部沿海以及北部沿海地区的产业结构变迁速度适中，其中，东部沿海地区的变迁速度较快，并自2003年、2004年率先开始持续下降。而受重工业影响较深的东北地区、黄河中游地区以及西北地区在2000年前相对较高，2000年之后的增长幅度较小，2009年之后的降幅较大。此外，长江中游地区的产业结构变迁速度尽管在1994—2008年相对较低，但是2008年之后的降幅最小。西南地区的产业结构变迁速度在1994—2007年的波动幅度较小，结构变迁相对稳定，但2008年后的降幅较大。

可以看出，开放程度较高、收入水平较高的沿海地区，由于地区的工业化程度较高，逐渐进入以服务业为主导的后工业化阶段，地区工业部门的发展逐渐趋稳，第二产业的主导作用有所减弱。但对于中西部地区，严重受重工业优先发展战略影响的区域的产业结构变迁虽然较快，但稳定性较差，增速波动显著；而受影响较弱的地区尽管在初期产业结构变迁速度提升缓慢，但是稳定性较高，增速的波动较弱。

（二）区域产业结构转型质量的时序特征

产业结构的合理化程度反映了区域产业结构转型质量，不仅表现为要素投入结构与产出结构的耦合程度的提升，即产业结构的合理化指数的提升，还表现为产业就业结构与产出结构的协同程度的提高，即产业结构偏离度的减小。综合了区域制造业、服务业产业结构合理化指数与偏离度的区域产业结构转型质量的时序特征，如图3-3所示，总体来看，我国各区域的产业结构转型质量不断提升，在1999—2001年小幅下降，2012年之后增幅放缓。这表明，自1994年以来，特别是2000年之后我国各区域的产业结构转型质量不断提升。

分区域来看，长江中游、黄河中游以及西南地区的产业结构转型质量在初期水平较低，但增幅最为显著，并且在2012年之后未出现大幅下降。东北地区的产业结构转型质量在初期相对较高，但自2011年起率先回落且降幅最大。东部沿海、南部沿海以及北部沿海地区尽管在初期保持较高水平，但2003年之后增幅较小。西北地区的产业结构合理化水平相对较低，且增幅最小。可以看出，除受重工业优先发展战略影响较大的东北与西北地区的产业结构转型质量较低外，其他区域的产业结构转型质量均稳步提升。其中，长江中游、黄河中游以及东部沿海地区的产业结构转型质量相对较高。

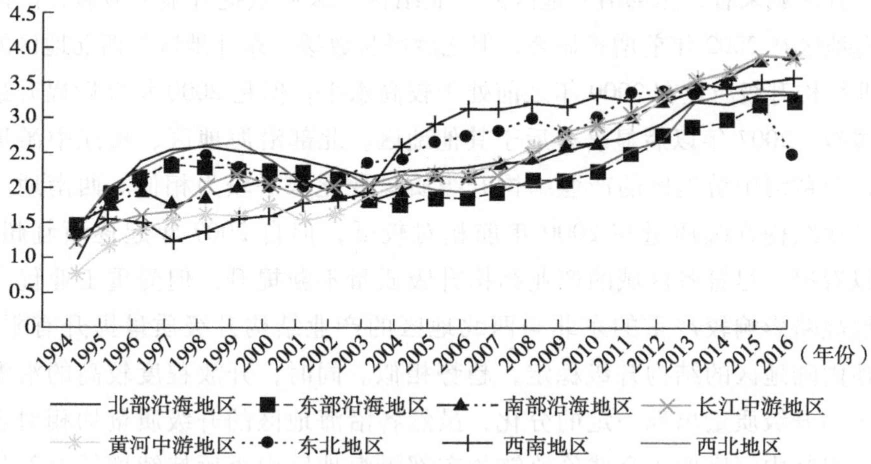

图 3-3　1994—2016 年区域产业结构转型质量的时序特征

（三）区域产业结构升级质量的时序特征

产业结构升级质量体现了地区产出水平与产业比例的耦合关系，表现为不同产出效率的相对比重。综合反映了产业结构高度化与相对比重的产业结构升级质量的时序特征，如图 3-4 所示。与产业结构转型情况相似，我国各区域的产业结构升级质量基本保持不断提升的态势，仅在 2002 年至 2004 年小幅下降，这表明我国各区域产业结构升级质量不断上升，各地区的高生产率、高附加值的部门的比重不断提高。

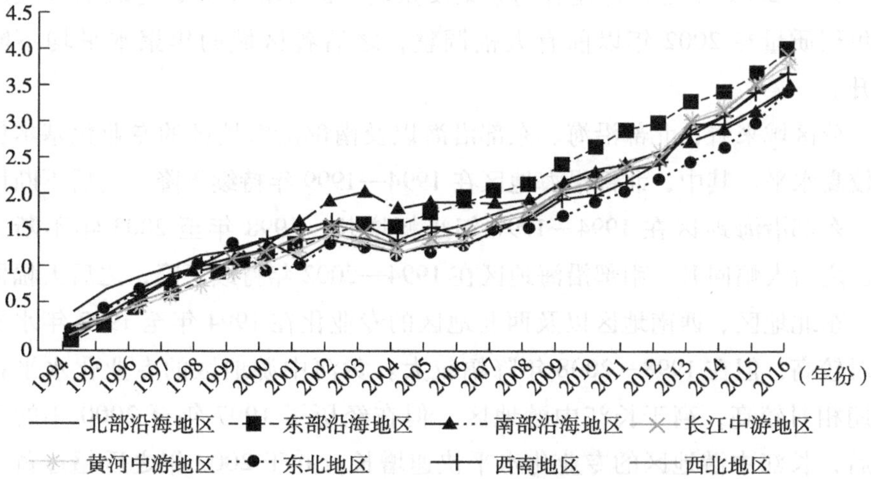

图 3-4　1994—2016 年区域产业结构升级质量的时序特征

分区域来看，东部沿海地区的产业结构升级质量提升最为显著，南部沿海地区在2002年前增长显著，但之后增长放缓。东北地区与西北地区的产业结构升级质量在2000年之前处于较高水平，但是2000年以后提升最为缓慢，2007年以后显著落后于其他地区。北部沿海地区、长江中游地区以及黄河中游地区的产业结构升级质量变化水平较为相似。西南地区的产业结构升级质量在2000年前相对较低，但自2007年起逐渐赶超。可以看出，尽管各区域的产业结构升级质量不断提升，但受重工业优先发展战略影响较严重的东北与西北地区的产业结构升级质量提升有限，其他内陆地区的结构升级稳定，趋势相似。同时，开放程度较高的沿海地区的升级质量出现一定的分化，虽然各沿海地区的升级质量均相对较高，但其中深度融入全球价值链的东部沿海地区由落后持续增长至领先地位，南部地区经历了领先增长和逐步放缓的变化，北部沿海地区的升级质量适中。

(四) 区域产业结构集聚质量的时序特征

产业集聚作为产业结构变迁的空间变迁过程，是规模效应的基础和主要实现路径，是地区产业发展专业化和规模化的体现。综合了地区不同要素密集型制造业的区位熵以及不同类型服务业的区位熵的集聚效应的时序特征，如图3-5所示。总体来看，除北部沿海与南部沿海地区外，其他区域的产业集聚质量在1994—1997年出现小幅上涨，之后各区域均下降，并在2002年之后各地区的集聚质量均不断小幅上升，这表明区域产业集聚质量在2002年以前有大幅调整，之后各区域的集聚水平均不断上升。

分区域来看，北部沿海、东部沿海以及南部沿海地区的专业化基本保持较高水平。其中，北部沿海地区在1994—1999年持续下降，之后不断回升。东部沿海地区在1994—1997年小幅增长，1998年至2003年不断下降，之后大幅回升。南部沿海地区在1994—2002年持续下降，之后大幅回升。东北地区、西南地区以及西北地区的专业化在1994年至1997年水平相对较高，但在1998—2008年降幅较大。黄河中游地区的专业化水平在初期相对较高，高于长江中游地区，但在经历了1997年至2000年的下降后，长江中游地区的专业化水平快速增长，并于2009年之后超过黄河中游地区。可以看出，我国沿海地区由于产业转移出现过集聚效应下降

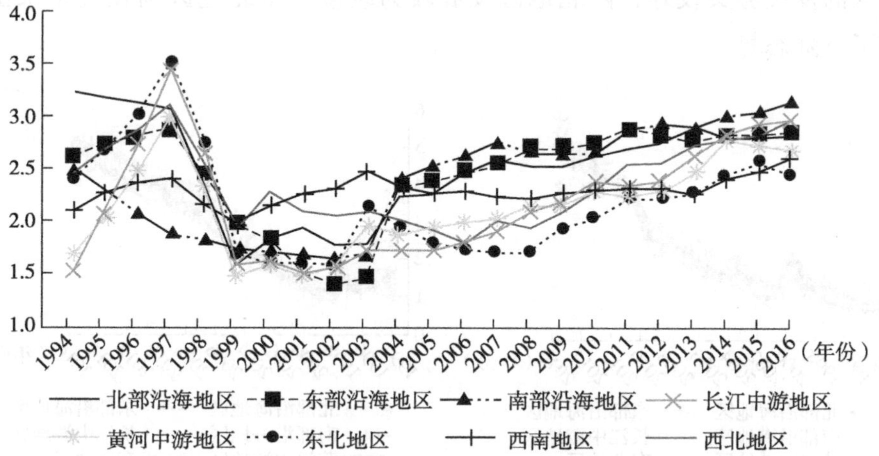

图 3-5 1994—2016 年产业结构变迁的集聚效应的时序特征

的过程，之后的大幅提升则与地区产业升级和新兴产业的培育有关，产业结构转型与升级质量较低的地区产业集聚质量也相对较低。

（五）区域产业结构变迁原因的时序特征

要素禀赋条件作为影响区域产业结构变迁的基础因素，决定了产业结构变迁及其增长效应。综合反映区域人力资本、资本投入以及企业创新活力等要素禀赋条件的时序特征如图 3-6 所示。总体来看，各区域产业结构变迁的条件不断提升，其中，东部沿海、北部沿海地区的水平较高，但南部沿海地区在 2005 年之后增长缓慢，稍落后于其他地区。黄河中游地区、西南地区在发展初期条件较为落后，之后不断上涨到较高的相对水平。同时，长江中游地区稳步上升，长期保持较高水平。东北地区则在 2012 年后出现下降态势。

区域的制度环境与发展阶段是影响地区产业结构变迁绩效的重要因素。综合反映区域制度环境与发展阶段的产业结构变迁环境的时序特征如图 3-7 所示，总体来看，我国各区域产业结构变迁环境在 1998 年之后稳步提升。其中，东北地区的变迁环境在初期较高，但在 2014 年后落后于其他区域。东部沿海、北部沿海、南部沿海地区的变迁环境相对较高，长江中游、黄河中游以及西南地区的变迁环境基本相似，保持不断上涨态势，而西北地区的变迁环境的优化进度较为缓慢。可以看出，沿海地区的产业结构变迁条件与环境显著优于其他地区，西南地区与长江中游地区的发展势头较好，西北地区发展较为缓慢，东北地区则在近年来出现了下降态势。

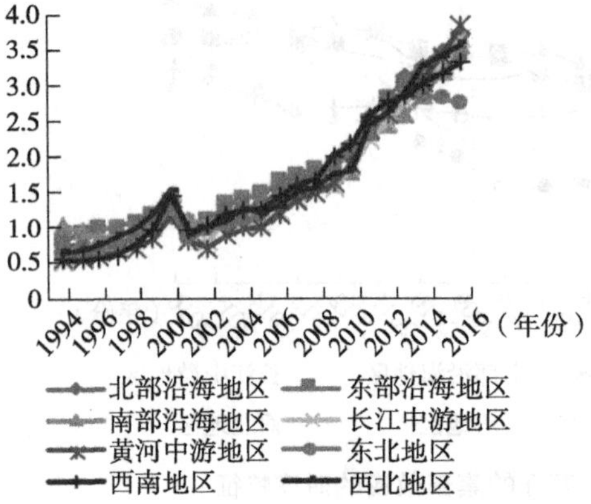

图 3-6　1994—2016 年区域产业结构变迁条件的时序特征

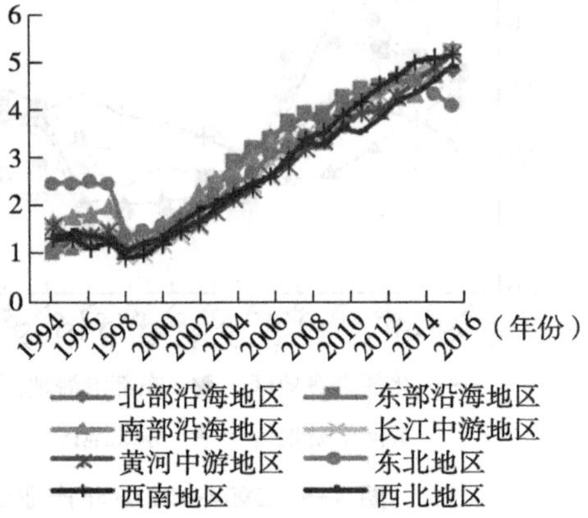

图 3-7　1994—2016 年区域产业结构变迁环境的时序特征

（六）区域产业结构变迁增长效应的时序特征

产业结构变迁是影响地区经济增长的重要因素，产业结构变迁效率不仅通过要素重置，引起劳动、资本等传统要素产出率的变化，还会通过技术进步与扩散影响全要素生产率，同时产业结构变迁也会通过相对劳动生产率，对各产业产生不同的增长效应。综合这三大增长效应的结构变迁增长效应的时序特征如图 3-8 所示。可以看出，我国各区域产业结构变迁的增长效应差异较大。其中，东部沿海地区在 1994—2003 年下降最大，2003 年之后稳步提升，其增长效应逐渐领先其他区域。北部沿海地区在 1994—2006 年持续下降，之后则稳步提升。南部沿海地区在 1997—2009 年持续下降，2009—2011 年小幅回升后再次下降。长江中游、黄河中游以及西南地区的态势基本相同，均呈波动下降的态势。西北地区的增长效应在 1994—2008 年小幅上涨，2008 年之后不断下降。东北地区的增长效应则在 1994 年至 2003 年不断上升，之后大幅下降。可以看出，近年来沿海地区的增长效应不断显现，但产业结构转型升级水平较低的地区增长效应则不断下降，对经济增长的贡献有限。

通过对我国八大区域 1994 年至 2016 年产业结构变迁速度、转型、升级以及集聚特征、影响变迁的条件与环境因素以及变迁的增长效应等七个

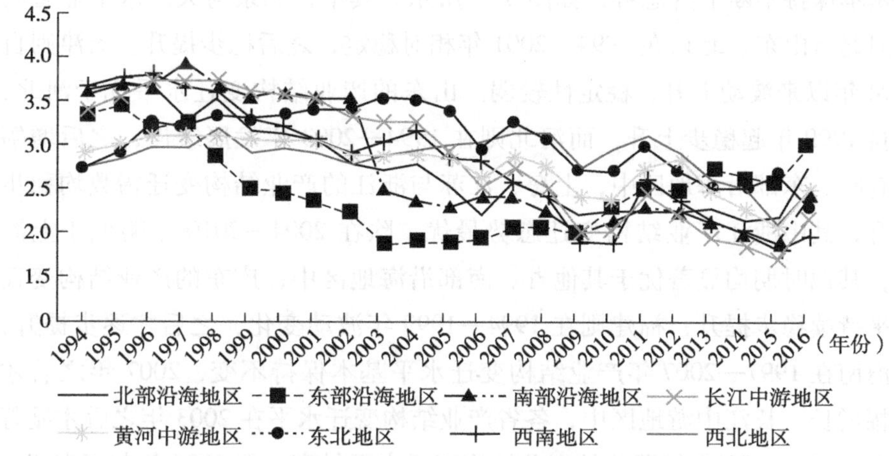

图 3-8 1994—2016 年产业结构变迁的增长效应的时序特征

方面的时序特征的分析比较可以看出，随着地区发展阶段的转变，我国各区域的要素禀赋条件与制度环境不断优化完善，区域产业结构变迁速度有所放缓，各区域产业结构变迁的转型、升级以及集聚水平均不断提升，对增长的贡献也逐渐显现。区域差异主要表现为沿海地区的产业结构变迁水平较高，特别是东部沿海地区，在各方面的相对水平与变迁特征都相对较好。长江中游以及西南地区的发展势头相对较好，各方面都不断超越黄河中游、东北、西北地区。东北地区产业结构变迁各方面情况在发展初期较高，之后提升缓慢甚至出现回落的态势。西北地区产业结构变迁初期的水平相对较低，且增长缓慢，这严重地制约了西北地区的产业结构变迁水平。

二、区域产业结构变迁综合指标的时序特征

基于 30 个省 1994—2016 年七个维度的指标，本书进一步对各省份进行主成分因子分析，规定提取三个主成分因子，并根据方差贡献率，求得地区产业结构变迁总指标。从各地区的 KMO 检验可以看出，超过 70%的省份的 KMO 检验大于 0.6，这表明适合做主成分因子分析，各地区所提取的三个主成分因子，累计方差贡献率均在 85%以上，包含大多数信息。最后，利用各地区各因子的累计方差贡献率，计算出各省份各年的产业结构变迁指数，进一步对各区域内各省的产业结构变迁水平进行比较分析。

从各区域内部分省来看，在北部沿海地区，各省份的产业结构变迁指

数基本保持不断上升态势，如图 3-9 所示。其中，北京与天津水平显著高于河北与山东。北京在 1994—2001 年相对稳定，之后稳步提升。天津则自 1994 年以来波动上升，稳定性较弱。山东的产业结构变迁水平优于河北，其自 1999 年起稳步上升，而河北则在 1994—2003 年发展缓慢，之后增幅也有限。东部沿海地区中，上海、江苏与浙江的产业结构变迁指数均稳步提升，其中浙江产业结构变迁态势最优，除在 2004—2010 年略低于上海外，其他时期均显著优于其他省。南部沿海地区中，广东的产业结构变迁水平持续稳步提升；福建则在 1994—1999 年波动变化，之后才逐步提升；而海南在 1997—2007 年产业结构变迁水平基本保持不变，2007 年之后才大幅增长。长江中游地区中，各省产业结构变迁水平在 2003 年之后才显著提升，1994—2003 年湖北的产业结构变迁水平最高，但 2004 年起湖南超过

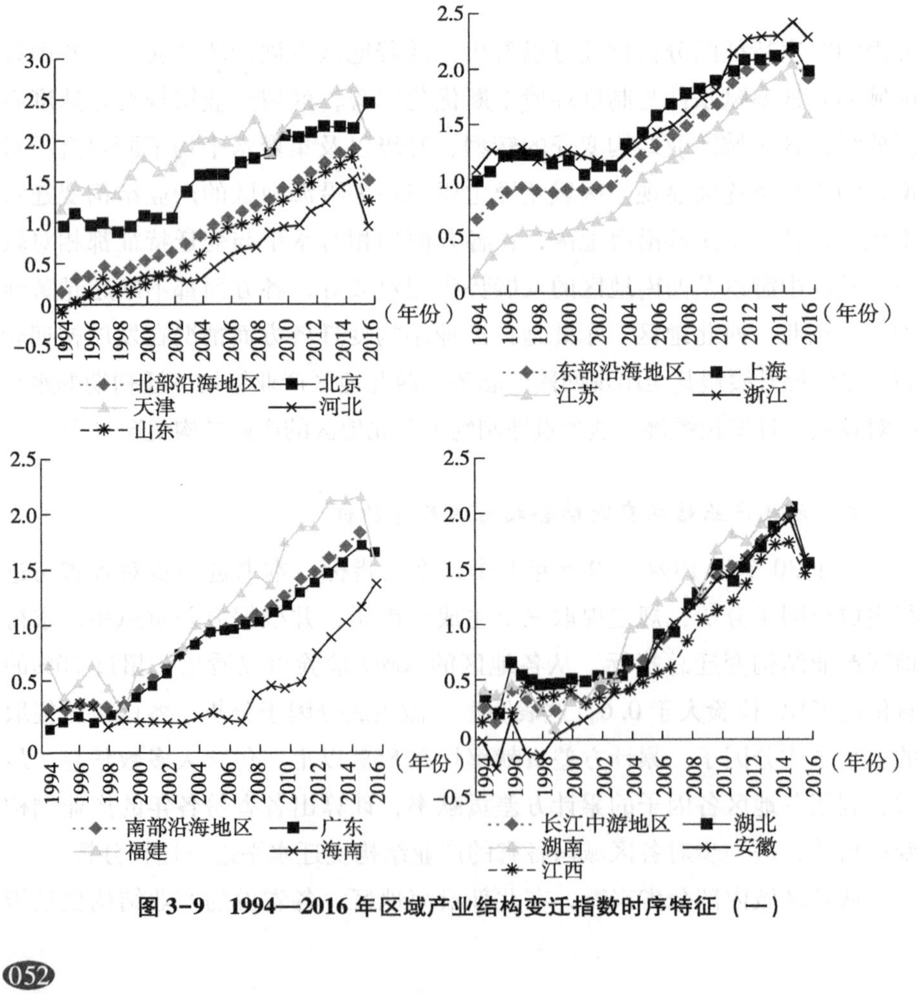

图 3-9　1994—2016 年区域产业结构变迁指数时序特征（一）

湖北。此外，安徽在1994—1998年产业结构变迁水平较差，1998年之后才显著改善，2004年之后超过江西。尽管江西的产业结构变迁的初始水平较高，但在1994—2005年增长缓慢，出现了长期停滞，尽管之后有所增长，但已落后于区域内其他省份。

黄河中游地区的产业结构变迁指数在2002年后才呈现稳定增长的态势。其中，山西的结构变迁水平显著优于其他省份。陕西的产业结构变迁水平在2000年前相对较高，但2000—2006年持续下降，尽管之后不断上升，但仍落后于其他省份。内蒙古的产业结构变迁水平虽在初期有所波动，但基本保持不断提升态势。而河南的产业结构变迁水平在初期较低，较为落后，但能长期保持上升态势。西南地区各省的产业结构变迁水平基本呈不断上升态势，其中云南、四川的水平较高，在经历了1994—1999年的小幅下降后，持续提升且增幅显著。广西与贵州则是自2003年起才开始波动上升，贵州在2010—2014年基本保持不变，之后有下降态势。此外，重庆地区尽管在初期发展水平较低，但之后增幅最大。东北地区产业结构变迁水平存在显著的省份差异，其中，黑龙江产业结构变迁水平较高，但波动大，辽宁保持稳定的增长态势，而吉林的水平最差，且波动较大。西北地区总体在1994年至2011年呈波动上升态势，2011年之后有下降态势。其中，青海产业结构变迁水平增长显著，自2000年起最优，宁夏次之。甘肃的结构变迁水平在1994年至2010年小幅波动变化，自2011年起才开始大幅增长。新疆的产业结构变迁水平在1994—1997年高于其他地区，但在2000—2006年呈小幅下降态势（见图3-10）。

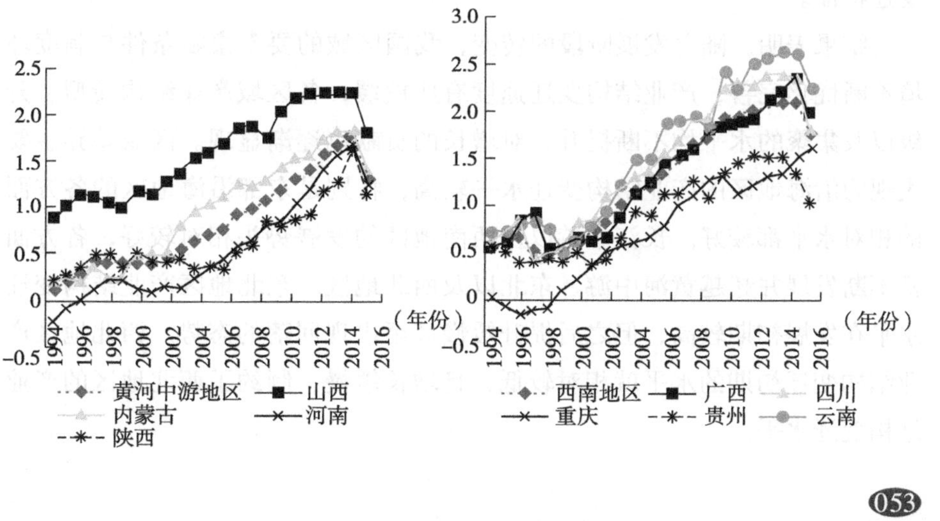

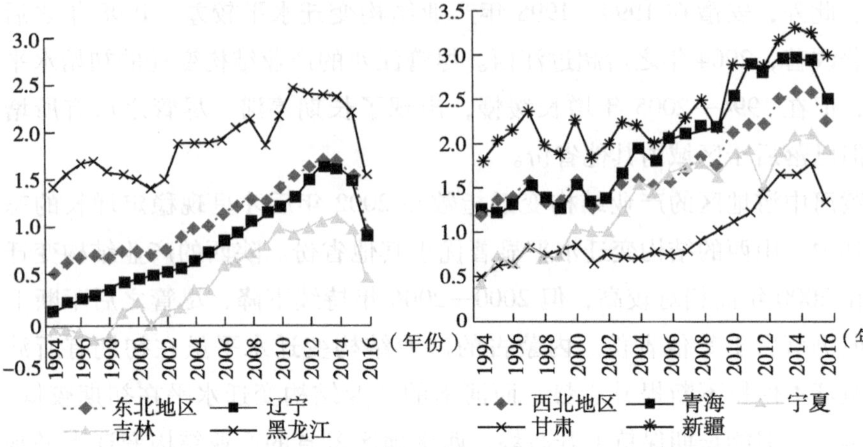

图 3-10　1994—2016 年区域产业结构变迁指数时序特征（二）

第四节　本章小结

本章基于区域产业结构变迁内涵与外延的界定，构建了全面反映区域产业结构变迁特征、原因及影响的综合评价指标体系，具体包括产业结构变迁速度、结构转型、升级以及区域产业集聚质量的变迁特征、影响产业结构变迁的要素禀赋条件与制度环境，以及对地区经济增长的影响等七个维度，分析了 1994—2016 年八大区域的产业结构变迁情况，并采用主成分分析法构建各省份的产业结构变迁指数，比较了区域内各省市的产业结构变迁特征。

结果表明，随着发展阶段的转变，我国区域的要素禀赋条件与制度环境不断优化完善，产业结构变迁速度有所放缓，各区域产业结构转型、升级以及集聚的水平均不断提升，对增长的贡献也逐渐显现。区域差异主要表现为沿海地区的产业结构变迁水平较高，特别是东部沿海地区的各方面的相对水平都较好。长江中游以及西南地区的发展势头相对较好，各方面都不断发展并超越黄河中游、东北以及西北地区。东北地区产业结构变迁水平在发展初期较高，但之后提升缓慢甚至出现回落的态势。西北地区产业结构变迁初期的水平就相对较低，且增长缓慢，制约了西北地区的产业结构变迁水平。

可以看出，开放程度越高、市场机制作用发挥越充分的地区产业结构变迁质量以及增长效应越显著，而开放程度较低、政府干预较强的地区产业结构变迁质量虽有提升，但对地区增长的作用相对有限。因此，为优化区域产业结构变迁路径、提高结构变迁的增长效应，可考虑从以下三个方面完善政策支持：首先，应进一步优化地区要素禀赋结构，在充分发挥地区初始比较优势的同时，提高要素质量，不断培育动态比较优势。既要通过提高人力资本弥补人口红利，塑造人力资本红利，还应优化资本配置结构，提高对中小企业的金融支持力度。此外，还需提高企业的创新活力，构建国家创新驱动体系的协同创新机制。其次，随着发展阶段的转变，地区产业结构趋于稳定，制度因素在以工业为主向以服务业部门为主的转轨过程中发挥着关键作用。应通过优化政府与市场的关系，完善政府的公共服务水平，提高政府治理能力，释放新的制度红利。除了要以市场机制为导向，以有效的市场机制与有序的市场竞争环境，引导要素跨地区跨产业的流动与重置，提高地区要素重置效率外，还要发挥政府在弥补市场失灵、完善制度环境方面的积极作用，通过完善产权制度、信息市场，降低企业交易费用和减少负外部性，激励地区企业进行技术创新，发挥创新驱动力，促进技术扩散，提升区域产业结构变迁的质量。最后，要通过完善要素市场，减少要素错配，化解产能过剩造成的效率损失，同时提高产业技术水平与技术扩散效率，实现地区产业在全球价值链中地位的提升。除了提高各地区产业结构转型升级的绩效外，还应增强区域产业分工与区域要素和产品市场统一，通过优化的产业空间布局，促进整体国民经济高质量发展。

第四章 区域产业结构变迁路径差异的理论模型

通过第三章对我国区域产业结构变迁特征、原因及影响的综合评价，可以看出一国内区域产业结构变迁特征、原因及影响均有较大差异，这反映了地区产业结构变迁路径的差异。对于市场机制尚未完善的后发追赶型经济体而言，随着产业结构变迁的目标与约束的变化，以及地区政府与市场关系的优化调整，政府对产业结构变迁的路径选择及其增长效应均有重要作用。本章首先分析了不同发展阶段政府行为对区域产业结构变迁的必要性，其次采用多任务委托—代理模型分析了不同发展阶段、不同要素禀赋条件下，政府为实现不同产业结构变迁目标而采取的干预模型的差异。最后，构建了综合反映产业间变迁与产业内变迁的多部门增长模型，分析了不同政府干预模式对产业结构变迁路径选择的影响，对区域产业结构变迁路径差异的形成机理及其增长效应进行理论模型分析。

第一节 政府行为对区域产业结构变迁的必要性分析

区域产业结构变迁不仅影响各地区经济发展水平，还影响地方经济增长的收敛性。探求影响产业结构变迁的因素及其区域差异对优化各区域产业结构变迁、提高区域间的产业协同发展与产业空间布局等都具有重要意义，有利于化解制约高质量发展不平衡、不充分的困境。

无论是工业化国家，还是新兴工业化国家，为弥补市场机制的缺陷，推动工业化进程，加速地区经济发展，政府都会依据本国发展阶段和比较优势，采取产业政策推动地区产业发展与结构变迁。对市场机制仍未完善的后发追赶型经济体而言，各级政府对于地区产业发展与结构变迁有着重要作用，其既影响了产业结构变迁的条件与环境，也影响了产业结构变迁的速度与有效性。对我国而言，随着改革开放程度的不断深化，以及分税制改革的确立，中央政府为了实现发展目标，会制定宏观全局的发展战略、中观产业的发展规划以及微观企业的激励机制与约束机制，同时还会通过推行制度变革，优化市场环境，扩大开放程度。与此同时，地方政府在“晋升锦标赛”机制的激励下有动力也有能力落实中央政府颁布的发展战略、产业规划以及企业组织等不同维度的措施。但由于地区发展阶段、要素禀赋条件以及制度环境的差异，使得地区市场失灵，比较优势与发展目标都有显著的阶段差异，政府对产业发展与结构变迁的干预措施存在一定的区域差异，也造成了政府行为有效性的差异。然而，不容忽视的是，政府行为对产业结构变迁仍然有其必要性。本书基于不同阶段的产业结构变迁目标与要素禀赋条件，根据市场失灵的困境，分析政府行为对产业结构变迁的必要性。

一、高速增长阶段政府行为对区域产业结构变迁的必要性分析

高速增长阶段的任务是追赶，从而实现经济起飞。在经济起飞阶段有大量滞留在农业部门的劳动力，而资本积累有限，资本要素相对稀缺，廉价的劳动力与自然资源成为地区主要比较优势。后发追赶型国家的产业发展与技术前沿国家有较大距离，地区企业引进先进技术设备，使后发优势成为推进工业化进程的主要动力。这一阶段产业结构变迁的主要目标是加速非农产业，特别是工业部门的快速扩张，形成以工业为主导的产业结构。转轨经济在高速增长阶段的市场不足主要表现在两个方面：一是市场机制不完善，难以形成有效的价格信号和有效的竞争机制来配置资源，无法调节要素和产品的供求关系并激励企业提高生产与组织水平。二是区域要素与产品市场的分割，不仅会抑制要素跨部门、跨地区流动，还会制约产品流通效率，加大流通成本与交易费用。此外，该阶段的道路交通、通信、电力等基础设施条件较为落后，难以支撑产业发展。

因此，基于高速增长阶段的要素禀赋条件及产业发展目标与约束，政府会以工业化国家为标杆，寻求产业的发展标杆，结合地区发展阶段与禀赋条件，进行增长甄别，并根据产业发展需求因势利导，纵向控制主导工业化进程，弥补市场不足，提高要素配置供给与配置效率，充分释放比较

优势与后发优势。

首先，在扩大要素供给与促进要素重置方面，一是政府通过信息发布、转移支付等措施，促进城乡间、区域间的劳动力市场统一，释放农村大量的剩余劳动力，扩大非农产业的劳动力供给。二是利用政府投资增加资本要素的供给，并利用国有银行管控资本市场，影响资本配置结构。三是通过关税政策、税收优惠、金融扶持等措施，发挥后发优势，通过扩大对外开放，积极引进国外先进技术设备，扩大技术供给。四是完善道路交通、通信、电力等重要基础设施的公共物品供给，为地区产业发展与结构变迁提供基础设施支持。

其次，在扩大产出规模方面，一是为扩大生产率、附加值以及溢出效应较高产业的规模，加速产业结构变迁，政府会针对具有不同关联强度的主导产业、幼稚产业、战略产业等采取差异化的财税政策、金融支持力度以及市场准入标准。二是为扩大生产主体规模，政府会利用国有资本，发展国有企业，影响产业组织，并通过投资审批、核准政策等措施管控市场，限制或扩大产业发展规模。三是采用专项政策支持、技术补贴、构建创新合作平台、增强创新要素培育等产业技术措施提升技术创新与成果转化水平。四是通过转移支付促进部分地区要素与产业集聚，并制定实施相应的区域发展战略，增强区域合作和产业分工，优化产业空间布局，整合区域资源。五是利用税收优惠、土地财政优惠等措施，吸引外商投资，加深地区产业的国际价值链融合程度。

最后，在扩大市场需求方面，一是政府会完善收入分配制度，提高初次分配的要素报酬，同时兼顾再分配的公平，促进居民收入水平与消费预期的提升，释放居民消费需求。二是通过政府采购、国有企业定向需求等措施，扩大产品的市场需求，推动被扶持产业的发展。三是利用汇率政策、市场准入等措施，鼓励产品出口，发挥外需的拉动作用。

高速增长阶段的产业结构变迁既强调要素投入规模的扩大与产出规模的扩张，还注重传统要素由传统部门向现代部门的转移速度，以加速工业化进程。因此，政府为发挥比较优势与后发优势，化解市场机制不完善、市场分割以及公共产品供给严重不足等困境，以成熟工业化国家的产业发展为参照，结合区域的要素禀赋条件与发展阶段，通过提升产业技术、优化产业组织、调整产业结构以及空间布局等措施，扩大要素投入、产业产出以及市场需求的规模。

二、高质量发展阶段政府行为对区域产业结构变迁的必要性分析

尽管多数后发追赶型经济体能成功由低收入阶段迈入中等收入阶段，进入以工业部门为主导的工业化阶段，但工业化国家以及新兴工业化国家能够实现持续的产业结构变迁与经济增长，而陷入“中等收入陷阱”的国家产业结构变迁却会出现过早去工业化与增长停滞。由于工业是产出效率与技术进步增长率最高的产业，制造业部门更是经济增长的引擎与技术创新的源泉，因此，在高质量发展阶段，需要通过提高各产业的产出效率以及推动产业间协同发展，构建现代化的产业体系，避免去工业化造成的增速放缓甚至停滞。

高质量发展阶段的产业发展既面临着产业发展前景不确定的风险，也面临着新技术、新产业变革的机遇。由于农村大量剩余劳动力已转移到工业与服务业部门，加之人口增长放缓，导致劳动力的价格不断上升，高速增长阶段的粗放型生产方式造成了严重的生态环境污染，自然资源开采和使用的约束不断增强，廉价劳动力与自然资源等传统要素的比较优势逐渐减弱。另外，高速增长阶段的资本积累以及融资渠道的多元化，有效地扩大了资本供给。与此同时，随着国内产业结构变迁、全球技术创新以及产业变革，产业技术不断逼近技术前沿，直接引进技术设备的约束不断凸显，对标工业化国家产业发展的不确定性风险也不断增大。随着地区后发优势的减弱，政府进行增长甄别的难度也不断加大。

高质量发展阶段的市场不足主要表现为外部性导致的公平缺失与协调成本对企业投资创新水平的制约。无论是粗放型生产方式造成的环境污染等负外部性，还是信息外溢与技术扩散导致的正外部性，都造成了劳动报酬的扭曲、企业创新活力不足以及产出效率的损失。与此同时，随着全球区域产业分工的不断深化，企业间的交易成本大幅提升，而产业集聚使得寡头垄断、行政垄断等制约了企业创新活动，限制产出效率，还能通过定价权扭曲价格机制，影响市场供需结构。因此，这一阶段的产业政策强调对市场机制的补充，弥补市场失灵，优化公共物品供给。

首先，在培育高端要素方面，面对新一轮技术创新与产业革命，提升自主创新能力与竞争优势是产业发展的关键支撑。政府需利用风险管控与

创新补贴等措施激励企业自主创新，维护领先企业在突破最优生产方式的创新活动中获得的收益，促进产学研等不同创新主体的协同创新，提高创新扩散效率，培育地区产业发展的竞争优势。同时，还应构建有效的风险保障机制和产权保护机制，降低企业的创新风险，维护企业的创新利润。此外，政府还应通过完善的约束机制和生态补偿机制，降低经济增长的代价以及市场竞争的负外部性。

其次，在优化公共产品供给方面，政府应完善产业发展所需的硬基础设施，并加强以制度创新为核心的软基础设施建设。一是优化地区营商环境。政府既要通过减少行政审批、市场进入与退出等行政干预，完善反垄断法等产业政策，提高企业决策效率，还应完善信息平台，降低信息不完全、不对称造成的效率损失，维护市场主体的良性竞争。二是提高区域产业协调发展水平。政府既要通过构建工业园区、出口加工区等增强地区内的产业集聚，优化地区产业布局，还需制定区域发展战略，促进地区间合作与市场统一，提升落后地区承载产业转移的能力以及激发发达地区的产业升级活力。三是深化各地区的开放程度。利用进口溢出效应，通过模仿、吸收和创新提升本国企业的研发水平，并利用产业关联效应了解整个产业链条的市场动向。

最后，在提升市场需求质量方面，居民的消费结构会随着收入水平提高与市场供给扩大而不断升级。因此，为了满足日益丰富的居民消费需求，政府需建立完善的居民消费保障制度，保护消费者权益，倒逼产品质量升级，同时还应完善政府公共服务职能，提高政府的公共产品供给能力，特别是教育、医疗以及养老等公共服务水平，有效提升居民的消费预期，保障居民的消费结构稳步提升。

在高质量发展阶段，产业结构变迁既强调高端要素与竞争优势对产业产出效率的影响，更注重要素重置效率与产业间的协调发展，形成以现代农业、技术密集型为主的制造业以及先进服务业为核心的现代化产业体系。因此，这一阶段需要政府通过化解外部性、信息不完全等市场失灵问题，培育高端要素，提高产出效率，促进市场需求升级，构建新型工业体系，破除地区产业在全球分工中的低端锁定。

地区发展阶段、要素禀赋条件、市场不足以及产业结构变迁的目标对政府干预行为有重要影响。在高速增长阶段，为发挥后发优势，加速产业结构变迁，政府通过替代市场机制，进行增长甄别，纵向控制产业发展。但在高质量发展阶段，为适应全球化的供需结构变化，保持产业的市场竞争力，政府应补充市场机制，弥补市场失灵，完善公共服务，为产业结构升级培育高端要素（见图4-1）。若政府干预措施脱离地区发展阶段与比较优势，则会阻碍产业结构变迁，不仅会扭曲市场价格信号、破坏有序竞争环境、限制产业产出效率、抑制产业间的协同发展，还会在加剧市场失灵的同时造成政府失灵。

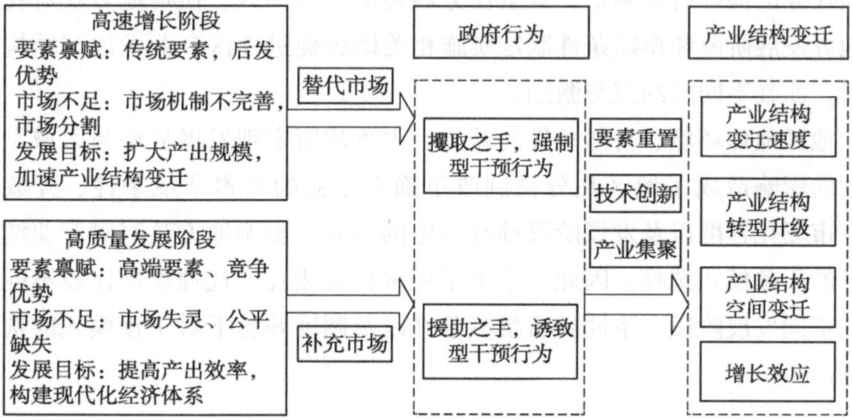

图 4-1 产业结构变迁中政府行为的必要性的理论机理

第二节 政府对产业结构变迁影响的行为模式选择——基于多任务委托—代理模型

对后发追赶型经济体而言，不完善的市场机制难以发挥资源配置的决定性作用，限制了基于要素重置与技术进步影响下的产业结构变迁。为释放更多结构红利，各级政府为了弥补市场不足、实现发展目标，会积极采取干预措施促进产业发展与结构变迁。但由于地区间发展阶段、市场不足与发展目标的差异，政府行为模型的选择有所不同。

财税分权体制的确立激励了地方政府积极采取措施，推动地区产业发展与结构变迁，同时财政收支权力的下放使得政府有能力采取相关措施影响产业结构变迁。席建成、韩雍（2019）提出分税制改革形成的登顶机制，导致政治集权下的经济分权的中央与地方政府关系。一方面，中央政府通过人事制度掌控地方政府主要官员变动，但信息不对称使中央政府更多地只能依靠经济增长水平考核地区发展。在地区产业结构变迁方面，根据中央发展战略，中央赋予地方的双重任务可分为速度要求与质量要求，即一是要求地方政府加快地区工业化进程，扩大经济规模，实现地区经济总量的增长；二是要求地方政府化解产能不足或过剩，缓解市场供求失衡情况，提高经济效率，降低经济增长代价，实现可持续的经济增长，提升地区经济发展质量。另一方面，由于中央政府在不同发展阶段对速度与质量两项任务的偏好有所侧重，双重任务属性的治理模式，使得地方政府在根据地方发展阶段和禀赋条件制定实施相关措施促进地区产业发展与结构变迁时，面临不同的约束与激励。

地区地理环境、自然条件的差异、中央政府宏观发展战略与区域发展规划的影响造成了地区在分税制改革确立之初的要素禀赋条件、开放程度、市场化程度以及发展阶段都有一定的差异，影响地方政府对产业结构变迁的干预模式选择。因此，本书采用多任务委托—代理模型比较不同地区在不同发展阶段、不同要素禀赋条件以及制度环境下对干预模式的选择机制。

一、基准模型

本书借鉴 Holmstrom 和 Milgrom（1991）、孙早和席建成（2015）的多任务委托—代理分析框架，比较地方政府行为模式的差异。中央政府是委托人，负责制定考核机制与宏观层面的发展战略。地方政府作为代理人，负责实施具体的干预政策。中央对地方政府的考核内容可分为：一是实施强制型干预措施，替代市场机制，直接干预产业结构变迁、组织优化以及技术进步等方面，主导要素配置与市场供求关系，从而实现规模经济，加速经济总量扩张。二是实施诱致型干预措施，补充市场机制，通过培育高端要素、完善制度环境与营商环境，激发市场主体活力，提高企业决策效率，保障市场机制在配置要素中的决定性作用，从而实现效率经济，提高经济增长质量。因此，本书模型的主要任务是，给定中央政府对地方政府的“激励薪酬”，研究地方政府在不同任务上的努力水平以及不同约束条件变化下的努力水平，即将政府干预作为外生给定的激励机制。如果要设计一项干预模式，那么在基准模型的基础上，进一步分析中央政府的最优化行为，将得到中央政府对地方政府支付的“最适薪酬”。

中央政府委托地方政府促进地区产业结构变迁，中央政府是风险中性的委托方，地方政府是风险规避的代理方。地方政府的行为组合有两个，一是实施加速产业结构变迁的强制型干预措施，即政府通过替代市场机制，通过特惠性产业政策为主的直接干预措施，扭曲要素价格，并采取非均等的公共服务与差异化的基础设施条件，造成行政性市场进入壁垒，从而影响地区要素重置与技术进步，决定地区产业结构变迁的方向、速度与效率。二是实施提升产业结构合理化与高度化等变迁质量的诱致型干预措施，即政府通过弥补市场机制的作用，通过普惠性的产业政策，保障市场机制的有效发挥，并为各产业升级提供高端要素支持，同时通过公平完善的公共服务与基础设施条件，降低各产业的交易成本，释放市场主体活力，通过培育地区企业的自生能力，诱使产业结构自发演进。

假设，一是地方政府的行为有(a_1、a_2)，其中 a_1 为地方政府实施强制型干预措施的努力，a_2 为地方政府实施诱致型干预措施的努力，地方政府的干预措施的努力成本为 $C(a_1a_2)$，$a=a_1+a_2$，且 $C'>0$，$C''>0$。二是由于中央与地方政府间的信息不对称，使得中央政府只能观测到地方政府努力的产出(x_1、x_2)，x_1 是地方政府实施强制型干预措施，加速产业结构变迁的产出，x_2 是地方政府实施诱致型干预措施，提高产业结构变迁合理化与高度化的产出。三是地方政府完成任务的产出与努力水平之间满足：$x_i=a_i+\varepsilon_i$，$i=1$，2。ε_i 为随机变量，反映“产出”的不确定性，并假定 $\varepsilon_i \sim N(w,\ \sigma_i^2)$，且 $\sigma_1^2<\sigma_2^2$。

中央政府对地方政府的激励薪酬为 $S(x)$，即中央政府根据地方政府的努力产出对地方政府进行奖励，因此，激励薪酬也是地方政府的收益。根据我国财税分权和政治集权的特征，地方政府的收益包括官员晋升机会 M 和地方财政收入 N 两个部分，其中，晋升机会 $M=\beta_1x_1+\beta_2x_2$，β_1、β_2 分别为地方政府采取不同干预措施的努力水平，也是中央对地方考核的权重。M 是地方政府官员的晋升机会，M 越大，地方政府官员晋升的可能性越大。对于地方财政收入 N，假设地方地税税率为 η，$0<\eta<1$，则 $N=\eta(\gamma_1x_1+\gamma_2x_2)$，其中 γ_1、γ_2 分别为地方政府实施不同干预措施的收益的贴现率，且 $0<\gamma_i<1$。

则有 $S(x)=M+N=(\beta_1+\eta\gamma_1)x_1+(\beta_2+\eta\gamma_2)x_2$

其中，$\beta_1+\eta\gamma_1$ 为中央对地方为加速产业结构变迁、扩大产业规模所实施强制型干预措施的激励；$\beta_2+\eta\gamma_2$ 为中央对地方为提升产业结构变迁合理化与高度化、提高经济增长效率所实施的诱致型干预措施的激励。

由此可得，风险中性的中央政府，对于给定的激励薪酬 $S(x)$，在地方政府是风险规避型的情况下，其效用函数服从指数分布，$U=E(-e^{-r[S(x)-C(t)]})$。

地方政府的期望薪酬的均值为：

$$EU=E[S(x)-C(x)]=E[(\beta_1+\eta\gamma_1)x_1+(\beta_2+\eta\gamma_2)x_2-C(x_1+x_2)]$$
$$=(\beta_1+\eta\gamma_1)a_1+(\beta_2+\eta\gamma_2)a_2-C(a_1+a_2)$$

代入效用函数，并线性化可以得到地方政府的确定性等价薪酬为实际薪酬的均值减去风险成本，即：

$$CE=EU-\frac{1}{2}\rho[(\beta_1+\eta\gamma_1)^2(\beta_2+\eta\gamma_2)^2](\sigma_1^2\sigma_2^2)^T$$
$$=(\beta_1+\eta\gamma_1)a_1+(\beta_2+\eta\gamma_2)a_2-C(a_1+a_2)-$$
$$\frac{\rho}{2}[(\beta_1+\eta\gamma_1)^2\sigma_1^2+(\beta_1+\eta\gamma_1)(\beta_2+\eta\gamma_2)\sigma_{21}+(\beta_1+\eta\gamma_1)(\beta_2+\eta\gamma_2)$$
$$\sigma_{12}+(\beta_2+\eta\gamma_2)^2\sigma_2^2]$$

其中，地方政府的风险成本为$\frac{1}{2}\rho[(\beta_1+\eta\gamma_1)^2(\beta_2+\eta\gamma_2)^2](\sigma_1^2\sigma_2^2)^T$，$\rho$ 为地方政策的绝对风险规避系数。

假定，地方政府在两项任务上的产出分布相互独立，即 $\sigma_{12}=\sigma_{21}=0$。

地方政府的成本函数为 $C(a_1+a_1)=\frac{1}{2}c_1a_1^2+\frac{1}{2}c_2a_2^2+\theta a_1a_2$，$\theta$ 表示提高一项任务上的努力增加在另一项任务上努力的边际成本，反映了不同任务之间的努力替代效应，且 $0\leqslant\theta<\sqrt{c_1c_2}$；$c_1$、$c_2$ 为不同任务上努力的成本系数，并假设 $c_1>c_2$。

在此基准模型中，地方政府效用最大化下的行为满足：

$$\max_{t_1}\left[(\beta_1+\eta\gamma_1)a_1+(\beta_2+\eta\gamma_2)a_2-\frac{1}{2}c_1a_1^2-\frac{1}{2}c_2a_2^2-\theta a_1a_2-\right.$$
$$\left.\frac{\rho}{2}(\beta_1+\eta\gamma_1)^2\sigma_1^2-\frac{\rho}{2}(\beta_2+\eta\gamma_2)^2\sigma_2^2\right]$$

对 a_1a_2 求导，并令其等于0，得到地方政府在不同任务上的努力水平：

$$a_1=\frac{(\beta_1+\eta\gamma_1)c_2-(\beta_2+\eta\gamma_2)\theta}{c_1c_2-\theta^2};\ a_2=\frac{(\beta_2+\eta\gamma_2)c_1-(\beta_1+\eta\gamma_1)\theta}{c_1c_2-\theta^2}$$

给定中央政府的“激励机制”水平 S，地方政府在不同任务上的努力与落实不同产业政策收益的折现率 $\gamma_1\gamma_2$，不同任务的成本系数 c_1 和 c_2 以及任务之间的努力替代效应 θ 有关。当其他因素不变时，干预措施的贴现率决定了政府实施不同干预措施的努力水平，γ_1 越高，则政府实施强制型干预措施的努力水平越高；γ_2 越高，则实施诱致型干预措施的努力水平越高。

当 $a_1=a_2$ 成立时，得到 $\frac{\beta_1+\eta\gamma_1}{c_1+\theta}=\frac{\beta_2+\eta\gamma_2}{c_2+\theta}$。

$\frac{\beta_1+\eta\gamma_1}{c_1+\theta}$、$\frac{\beta_2+\eta\gamma_2}{c_2+\theta}$ 可以理解为地方政府在实施“强制型干预措施”和“诱致型干预措施”上努力水平的“价格”。当两个任务上努力水平的“价格”相等时，地方政府在实施强制型与诱致型干预措施的两项任务之间平均分配努力水平。

由此可得，对于不同地区，其所面临的激励（β_1、β_2、μ）与约束（c_1、c_2、θ）之间的关系如果满足 $\frac{\beta_1+\eta\gamma_1}{c_1+\theta}>\frac{\beta_2+\eta\gamma_2}{c_2+\theta}$，则地方政府实施强制型干预措施的努力水平大于实施诱致型干预措施的努力水平，即 $a_1>a_2$；如果满足 $\frac{\beta_1+\eta\gamma_1}{c_1+\theta}<\frac{\beta_2+\eta\gamma_2}{c_2+\theta}$，则地方政府实施强制型干预措施的努力水平小于实施诱致型干预措施的努力水平，即 $a_1<a_2$。

在现实中，中央政府的“激励薪酬”有一定的阶段差异。在既定考核目标下，地区经济发展程度、要素禀赋条件与制度环境的差异，造成成本约束的差异，进而造成随着发展阶段的转变与区域的差异，地方政府落实不同干预措施的努力水平会有显著差异，导致不同的政策实施效果。

基准模型是在既定的中央政府“激励薪酬”水平下，地方政府实施强制型干预措施与诱致型干预措施分配努力水平的情况。但分税制改革之初，各地区产业结构变迁的要素禀赋条件、制度环境以及发展阶段有显著差异，这对地区政府对产业结构变迁的干预能力以及具体措施有重要影响。因此，本书进一步分析不同考核目标、不同发展阶段、不同要素禀赋条件与制度环境下政府行为模式的选择及努力水平的差异，即不同“激励薪酬”、不同激励(β_1、β_2、μ)与约束(c_1、c_2、θ)下地方政府在实施不同干预措施上的努力水平的转变情况。具体包括：一是随着发展阶段的变化，地方政府在不同干预措施上分配努力的变化。二是由于要素禀赋条件与制度环境的差异，地方政府在实施两种干预措施时努力投入所受的影响。三是随着中央政府考核目标的变化，地方政府在不同实施措施上的努力水平的分配情况。

二、拓展模型Ⅰ：不同发展阶段的差异比较

工业化与城市化水平的差异会影响居民的消费结构、产业技术与技术前沿的距离等，进而造成地方政府实施不同干预措施的努力的机会成本差异，会导致不同干预措施间替代效应的差异。因此，两项任务之间的替代效应θ可表示为发展水平g的函数，即$\theta(g)$。

在人均收入水平较高的发展阶段，居民收入水平的提高与城市化水平的提升，使得居民逐渐注重经济发展造成的自然环境破坏与社会公平缺失，同时，随着工业化进程的推进，地区产业系统相对完善，规模扩张下的产业发展面临规模报酬递减的约束，而且产业技术水平也逐渐逼近技术前沿，技术创新的不确定性不断增强。因此，主导要素配置，注重规模扩张的强制型干预措施的机会成本不断提高，不仅会增加经济增长的资源环境代价，造成要素报酬的公平缺失，还会增加产业技术创新的风险和代价，即在两个任务之间努力的替代效应θ与初始条件g之间满足$\frac{d\theta}{dg}<0$，随着g的增加，替代效应θ会逐渐递减。

假定在基准情况下，地方政府面临的约束条件为：实施两种干预措施的成本相等，即有$\frac{\beta_1+\eta\gamma_1}{c_1+\theta(g_0)}=\frac{\beta_2+\eta\gamma_2}{c_2+\theta(g_0)}$。其中$g_0$为基准经济发展水平，$\theta(g_0)$为基准替代效应水平。

对于经济发展水平较低的地区，$g_L<g_0$；由于$\frac{d\theta}{dg}<0$，则$\theta(g_L)>\theta(g_0)$。随着θ增长，实施两种干预措施的价格均在增大，但由于$\beta_1>\beta_2$，使得实施强制型干预措施的价格增长较快，实施诱致型干预措施的价格增长较

慢，即$\frac{\beta_1+\eta\gamma_1}{c_1+\theta(g_L)}>\frac{\beta_2+\eta\gamma_2}{c_2+\theta(g_L)}$，在发展水平较低的地区，地方政府更倾向于实施强制型干预措施。对于经济发展水平较高的地区，$g_H>g_0$；由于$\frac{d\theta}{dg}<0$，则$\theta(g_H)>\theta(g_0)$。随着θ增长，实施两种干预措施的价格均在减小，但由于$\beta_1>\beta_2$，使得实施强制型干预措施的价格下降较快，实施诱致型干预措施的价格下降较慢，即$\frac{\beta_1+\eta\gamma_1}{c_1+\theta(g_H)}<\frac{\beta_2+\eta\gamma_2}{c_2+\theta(g_H)}$，在发展水平较高的地区，地方政府更倾向于实施诱致型干预措施。

据此，提出假说1：发展阶段较低的地方政府更倾向于实施强制型干预措施，加速产业结构变迁。发展阶段较高的地方政府更倾向于实施诱致型干预措施，提升产业结构变迁质量。

三、拓展模型Ⅱ：不同比较优势的差异比较

对于后发追赶型经济体而言，地区比较优势主要表现在地区要素禀赋质量与制度环境上。一方面，地区的要素禀赋质量越高，即技术、人力资本等高端要素的比重越大，要素市场的供给水平越高，要素市场的扭曲程度与信息不对称程度越低，地方政府实施各种干预措施的成本越低。另一方面，地区的市场化水平越高，对外开放水平越高，地区的营商环境越规范，企业的产出决策水平越高，这也有利于减少地方政府实施各种干预措施的成本。与此同时，地区高质量的禀赋结构与良好制度环境是相互促进的，两者也构成了地区的竞争优势，地区的制度环境越完善，要素质量越高，地区的竞争优势越显著。因此，用政府落实不同干预措施的努力成本系数c_1、c_2表示地区竞争优势的函数，即$c_1(Z)$和$c_2(Z)$，并满足$\frac{dc_1}{dZ}<0$，$\frac{dc_2}{dZ}<0$。

地区的竞争优势越大，政府实施各类干预措施的成本越小。假设在基准状态下，地方政府面临的约束条件为：政府在不同干预措施的努力水平成本相等，即有$\frac{\beta_1+\eta\gamma_1}{c_1(Z_0)+\theta}=\frac{\beta_2+\eta\gamma_2}{c_2(Z_0)+\theta}$。

此时，Z_0即为基准市场化水平。竞争优势较高的地区$Z_H>Z_0$，由于$\frac{dc_1}{dZ}<0$，$\frac{dc_2}{dZ}<0$，得到$c_1(Z_H)<c_1(Z_0)$。随着c_1、c_2的减小，实施不同干预措施的努力水平的价格均减少，但由于$\beta_1>\beta_2$，使得实施强制型干预措施的努力水平的价格下降较快，实施诱致型干预措施的努力水平的价格下降较慢，即$\frac{\beta_1+\eta\gamma_1}{c_1(Z_H)+\theta}<\frac{\beta_2+\eta\gamma_2}{c_2(Z_H)+\theta}$，在竞争优势较高的地区，地方政府更偏向于实施诱致型干预措施。

对于竞争优势较低的地区，$Z_L<Z_0$，$c_2(Z_L)<c_2(Z_0)$。随着c_1、c_2的增长，实施不同干预措施的努力水平的价格均不断增长，但由于$\beta_1>\beta_2$，使得实施强制型干预措施的努力水平的价格增长较快，实施诱致型干预措施的努力水平的价格增长较慢，即$\frac{\beta_1+\eta\gamma_1}{c_1(Z_L)+\theta}>\frac{\beta_2+\eta\gamma_2}{c_2(Z_L)+\theta}$，在竞争优势较低的地区，地方政府更偏向于实施强制型干预措施。

据此，提出假说2：以高端要素为主、市场化水平与开放程度较高的地区，具有较大的竞争优势，地区政府更偏向于采取诱致型干预措施；以劳动力、自然资源等传统要素为主，市场化水平与开放程度较低的地区，具有较小的竞争优势，地区政府更偏向于采取强制型干预措施。

四、拓展模型Ⅲ：不同发展目标的差异比较

结合我国经济转轨特征，当中央的考核目标从“重规模”的数量型经济增长转变为“重效率”的质量型经济增长，对地区政府而言，不同任务的考核权重由$\beta_1>\beta_2$转变为$\beta_1'<\beta_2'$。对地方政府的考核简化为两项任务的假定下，有$\beta_1>\beta_1'$，$\beta_2<\beta_2'$。随着考核权重的变化，不同任务上的努力水平也有所变化，分别对$a_1=\frac{(\beta_1+\eta\gamma_1)c_2-(\beta_2+\eta\gamma_2)\theta}{c_1c_2-\theta^2}$，$a_2=\frac{(\beta_2+\eta\gamma_2)c_1-(\beta_1+\eta\gamma_1)\theta}{c_1c_2-\theta^2}$求$a_1$、$a_2$关于$\beta_1$、$\beta_2$的一阶偏导数：

$$\frac{\partial a_1}{\partial\beta_1}>0,\ \frac{\partial a_1}{\partial\beta_2}<0,\ \frac{\partial a_2}{\partial\beta_1}<0,\ \frac{\partial a_2}{\partial\beta_2}>0$$

随着β_1的降低与β_2的提升，地方政府实施强制型干预措施的努力水平会降低，实施诱致型干预措施的努力水平会提高。在“重规模”的数量型

经济增长的考核目标下，地方政府实施强制型干预措施和诱致型干预措施的努力水平有 $a_1>a_2$，即$\frac{\beta_1+\eta\gamma_1}{c_1+\theta}>\frac{\beta_2+\eta\gamma_2}{c_2+\theta}$。在“重效率”的质量型经济增长的考核目标下，$\frac{\beta_1+\eta\gamma_1}{c_1+\theta}$会下降，$\frac{\beta_2+\eta\gamma_2}{c_2+\theta}$会提高，即实施强制型干预措施的努力水平的价格会下降，而实施诱致型干预措施的努力水平的价格会提高。当实施两种措施的价格满足$\frac{\beta_1+\eta\gamma_1}{c_1+\theta}<\frac{\beta_2+\eta\gamma_2}{c_2+\theta}$时，地方政府落实强制型干预措施与诱致型干预措施的努力水平会转变为 $a_1<a_2$。

据此，提出假说 3：当中央政府对地方政府的考核目标由“重规模”的数量型增长目标转变为“重效率”的质量型发展目标时，会推动政府实施诱致型干预措施，弱化政府实施强制型干预措施的意愿。

可以看出，在发展阶段较低、以传统要素为主、市场化水平与开放程度较低的地区，政府更倾向采取强制型干预措施；而在发展阶段较高，以人力资本、技术创新等高端要素为主，市场化水平与开放程度较高的地区，政府更倾向实施诱致型干预措施。此外，随着中央政府制定的宏观发展战略的升级，中央对地方政府的考核目标由“重规模”的数量型增长转变为“重效率”的质量型增长，地方政府则逐渐倾向于落实诱致型干预措施。

第三节 政府行为对产业结构变迁路径影响的多部门增长模型分析

基于前文对不同发展阶段政府对地区产业发展与结构变迁影响的必要性判断，以及不同发展阶段、比较优势下地区政府行为模型的形成机制比较，本书进一步采用多部门增长模型分析不同政府行为模式对区域产业结构变迁路径及其增长效应的影响差异。

本书借鉴 Berthold Herrendorf、Richard Rogerson 和 Akos Valentinyi (2014)的模型构建思路，综合考虑 Kongsamut、Rebelo 和 Xie(2001)分析各部门产品的需求收入弹性差异对消费结构的影响以及 Ngai 和 Pissarides (2007)对部门产品技术进步率差异导致的不同产业产出的相对价格差异的考察，进一步细分了制造业与服务业行业，在传统的三大产业结构变迁模型中内嵌了制造业结构与服务业结构，分析了居民消费偏好和各产品部门技术进步差异对产业结构变迁路径的影响。代表家庭消费不仅具有非一致性偏好性质，还具有消费结构升级的时序变化特性，可用于考察居民消费结构升级对产业结构变迁的影响。与传统纳入政府财政支出乘数、侧重单一政策的影响机制不同，本书全面分析了政府行为对产业结构变迁的综合影响机制。

一、模型设定

假设经济中代表家庭具有无限期寿命，每期无弹性地提供一单位劳动力。整体经济的代表家庭对不同部门的消费品具有非一致性偏好（Kongsamut，Rebelo and Xie，2001），代表家庭的效应函数采用传统的跨期替代弹性形式：

$$U=\int_0^{\infty} e^{-\rho t}\ln C_t \mathrm{d}t \tag{4.1}$$

组合消费采用Stone-Geary形式，期效应函数：

$$C_t=\{w_a^{\frac{1}{\varepsilon}}\cdot(C_{at}-\overline{C}_a)^{\frac{\varepsilon-1}{\varepsilon}}+w_{ml}^{\frac{1}{\varepsilon}}\cdot(C_{mlt}+\overline{C}_{ml})^{\frac{\varepsilon-1}{\varepsilon}}+w_{mh}^{\frac{1}{\varepsilon}}\cdot(C_{mht}+\overline{C}_{mh})^{\frac{\varepsilon-1}{\varepsilon}}+w_{s1}^{\frac{1}{\varepsilon}}\cdot(C_{s1t}+\overline{C}_{s1})^{\frac{\varepsilon-1}{\varepsilon}}+w_{s2}^{\frac{1}{\varepsilon}}\cdot(C_{s2t}+\overline{C}_{s2})^{\frac{\varepsilon-1}{\varepsilon}}\}^{\frac{\varepsilon}{\varepsilon-1}} \tag{4.2}$$

其中，C_t为第t期代表家庭的消费水平，ε表示部门产出间的替代弹性。依据产业部门的分类，C_{at}表示t期代表家庭的农产品，$\overline{C}_a$代表生存性农业品消费量，要维持高于$\overline{C}_a$的农业品消费。C_{mlt}、C_{mht}分别表示制造业中消费资料产品与资本资料产品的消费水平，$\overline{C}_{ml}$、$\overline{C}_{mh}$分别表示家庭的禀赋性或生产的消费资料产品量和资本资料产品量。C_{s1t}、C_{s2t}分别表示服务业中的消费性服务业产品与生产性服务业产品的消费水平。$\overline{C}_{s1}$、$\overline{C}_{s2}$代表家庭禀赋性消费性服务产品与生产性服务品量。假设，w_j均严格为正。$w_i^{\frac{1}{\varepsilon}}$表示各部门产品所占比重，且$w_a^{\frac{1}{\varepsilon}}+w_{ml}^{\frac{1}{\varepsilon}}+w_{mh}^{\frac{1}{\varepsilon}}+w_{s1}^{\frac{1}{\varepsilon}}+w_{s2}^{\frac{1}{\varepsilon}}=1$。

厂商生产函数不仅涉及农业、工业以及服务业三个产业部门，还内嵌了消费资料产业部门和资本资料产业的工业部门①，以及技术进步率不同

① 参照霍夫曼关于产业的分类，将工业分为包括食品、纺织、皮革工业和家具制造业等在内的消费资料产业以及包括冶金及金属制品、一般机械、运输机械工业以及化学工业等在内的资本资料产业。

的生产性服务业和消费性服务业①。借鉴宋斌、文建东(2017)的模型，假设其中只有资本资料产业部门的产品既可用于最终消费，又可用于中间投资的资本品，其生产函数分为消费品生产函数与资本品生产函数，其他部门的产品均仅用于最终消费，都有消费品生产函数。假设各部门生产函数只包含资本和劳动力两种要素。存在两种规模报酬不变的柯布—道格拉斯形式的生产函数：

消费品生产函数：

$$C_{it}=k_{it}^{\theta}\cdot(A_{it}\cdot n_{it})^{1-\theta}$$
$$i\in(a,\ ml,\ mh,\ s1,\ s2) \tag{4.3}$$

资本品生产函数：

$$X_t=k_{xt}^{\theta}\cdot(A_{xt}\cdot n_{xt})^{1-\theta} \tag{4.4}$$

其中，i 分别表示五种产品。C_{it}代表部门 i 的产出；k_{it}、n_{it}分别表示部门的资本与劳动力投入；θ 表示部门的资本密度，假设所有产出部门的资本密度相等；A_{it}表示部门 i 的技术进步为劳动增进型技术水平。

资本积累满足一般形式：

$$K_{t+1}=(1-\delta)K_t+X_t \tag{4.5}$$

市场出清意味着生产部门的产出全部用来消费或投资，要素市场资本积累全部用于部门生产，每一期生产者对劳动的总需求等于当期家庭的劳动总供给。即：

$$K_t=k_{at}+k_{mlt}+k_{mht}+k_{s1t}+k_{s2t}+k_{xt} \tag{4.6}$$

$$1=n_{at}+n_{mlt}+n_{mht}+n_{s1t}+n_{s2t}+n_{xt} \tag{4.7}$$

对厂商而言，假设产品市场与要素市场均为完全竞争，资本与劳动要素自由流动，各部门具有相同的资本租金率 R_t和工资水平 W_t。假定利率为 r_i，资本折旧率为 δ。将每一期要素品的价格归一化。最终消费品相对于要素产品的价格为 P_{it}。

各产业部门代表性生产的最优问题：

$$\Pi_{\max}=P_{it}C_{it}-R_tk_{it}-W_tn_{it} \tag{4.8}$$

① 参照联合国标准产业分类(SIC)的标准，将服务业划分为包括旅游业、餐饮业、文化娱乐等在内的消费性服务业与包括金融服务业、信息服务、研发以及科技服务为主导的产业在内的具有知识密集、技术密集、信息密集特征的生产性服务业。

其中，$p_{xt}=1$，资本与劳动要素自由流动导致各部门的资本租金率 R_t 和劳动工资率 W_t 相同，求解最优化问题的一阶条件可得：

$$R_t=p_{it}\cdot\theta\cdot\left(\frac{k_{it}}{n_{it}}\right)^{\theta-1}\cdot A_{it}^{1-\theta}=p_{xt}\cdot\theta\cdot\left(\frac{k_{xt}}{n_{xt}}\right)^{\theta-1}\cdot A_{xt}^{1-\theta} \tag{4.9}$$

$$W_t=p_{it}\cdot(1-\theta)\cdot\left(\frac{k_{it}}{n_{it}}\right)^{\theta}\cdot A_{it}^{1-\theta}=p_{xt}\cdot(1-\theta)\cdot\left(\frac{k_{xt}}{n_{xt}}\right)^{\theta}\cdot A_{xt}^{1-\theta} \tag{4.10}$$

则消费品相对于资本品的价格为：$p_{it}=\left(\frac{A_{xt}}{A_{it}}\right)^{1-\theta}$

加总的生产函数为 $Y_t=\sum_{j=1}^{J}p_{jt}Y_{jt}+X_t=A_{xt}^{1-\theta}\cdot K_t^{\theta}$，其产品用于消费和投资。

对代表家庭而言，最优消费决策涉及 t 期的当期消费决策以及跨期的动态消费决策。

一是反映家庭消费需求结构的 t 期的静态消费决策，即在 t 期将消费支出 P_tC_t 配置于不同部门的不同消费品：

$$\max\quad \ln C_t=\ln\left(\sum_{j=1}^{J}w_j^{\frac{1}{\varepsilon}}\cdot(C_{jt}-\overline{C}_j)^{\frac{\varepsilon-1}{\varepsilon}}\right)^{\frac{\varepsilon}{\varepsilon-1}} \tag{4.11}$$

$$\text{s.t.}\quad p_{at}(C_{at}-\overline{C}_a)+p_{mlt}(C_{mlt}+\overline{C}_{ml})+p_{mht}(C_{mht}+\overline{C}_{mh})+$$

$$p_{s1t}(C_{s1t}+\overline{C}_{s1})+p_{s2t}(C_{s2t}+\overline{C}_{s2})=P_tC_t \tag{4.12}$$

家庭静态问题的一阶条件可得：

$$\frac{1}{C_t}w_i^{\frac{1}{\varepsilon}}\cdot(C_{it}-\overline{C}_i)^{-\frac{1}{\varepsilon}}\cdot C_t^{\frac{1}{\varepsilon}}=\lambda_t p_{it} \tag{4.13}$$

$$i\in(a,\ ml,\ mh,\ s1,\ s2)$$

其中，λ_t 表示 t 期的当前值的拉格朗日乘子。则有：

$$\lambda_tP_tC_t=1 \tag{4.14}$$

$$\frac{1}{C_t}=\lambda_t[w_a(p_{at})^{1-\varepsilon}+w_{ml}(p_{mlt})^{1-\varepsilon}+w_{mh}(p_{mht})^{1-\varepsilon}+w_{s1}(p_{s1t})^{1-\varepsilon}+w_{s2}(p_{s2t})^{1-\varepsilon}]^{\frac{1}{1-\varepsilon}} \tag{4.15}$$

$$P_t=[w_a(p_{at})^{1-\varepsilon}+w_{ml}(p_{mlt})^{1-\varepsilon}+w_{mh}(p_{mht})^{1-\varepsilon}+w_{s1}(p_{s1t})^{1-\varepsilon}+w_{s2}(p_{s2t})^{1-\varepsilon}]^{\frac{1}{1-\varepsilon}} \tag{4.16}$$

代表家庭对不同部门消费品消费的比例条件有：$\frac{C_{jt}+\overline{C}_j}{C_{it}+\overline{C}_i}\cdot\left(\frac{p_{jt}}{p_{it}}\right)^{\varepsilon}=\frac{w_j}{w_i}$，即：

$$\frac{p_{jt}(C_{jt}+\overline{C}_j)}{p_{it}(C_{it}+\overline{C}_i)}=\frac{w_j}{w_i}\cdot\left(\frac{A_{jt}}{A_{it}}\right)^{(1-\theta)(1-\varepsilon)}\text{，当 }j=a\text{ 时，}C_{jt}+\overline{C}_j\text{ 为 }C_{at}-\overline{C}_a \tag{4.17}$$

则总消费支出与各部门消费比例关系为：

$$\frac{P_tC_t}{p_{it}(C_{it}+\overline{C}_i)}=\sum_{j=1}^{J}\frac{w_j}{w_i}\left(\frac{A_{jt}}{A_{it}}\right)^{(1-\theta)(1-\varepsilon)} \tag{4.18}$$

即给定 w_i、θ、ε 时，代表家庭对各产品的消费支出占总消费的比重与产品部门的技术进步成正比。

二是代表家庭的跨期消费决策，即为获得最大化效用，将总收入配置于消费储蓄组合：

$$\max\int_0^{\infty}\mathrm{e}^{-\rho t}\ln C_t\mathrm{d}t \tag{4.19}$$

$$\text{s. t.}\quad \dot{K}=R_tK_t+W_t-(P_tC_t+p_{at}\overline{C}_a-p_{mlt}\overline{C}_{ml}-p_{mht}\overline{C}_{mh}-p_{s1t}\overline{C}_{s1}-p_{s2t}\overline{C}_{s2}) \tag{4.20}$$

当期值的汉密尔顿函数：

$$H=e^{-\rho t}\ln C_t+\mu_t[(1-\delta+R_t)K_t-K_{t+1}-(P_tC_t+p_{at}\overline{C}_a-p_{mlt}\overline{C}_{ml}-p_{mht}\overline{C}_{mh}-p_{s1t}\overline{C}_{s1}-p_{s2t}\overline{C}_{s2})] \tag{4.21}$$

其中，μ_t表示 t 时期边际收入的增加所能带来的 0 时的效用增加。则一阶条件：

$$\frac{\partial H}{\partial C_t}=\frac{\mathrm{e}^{-\rho t}}{C_t}-\mu_tP_t=0 \tag{4.22}$$

$$\frac{\partial H}{\partial K_t}=R_t\mu_t=-\dot{\mu}_t \tag{4.23}$$

欧拉方程：

$$\frac{P_t\dot{C}_t}{P_tC_t}=R_t-\rho \tag{4.24}$$

二、政府行为对产业结构变迁的影响

对于市场机制尚未完善的后发追赶型经济体而言，政府行为对产业发展与结构变迁有着重要意义。政府行为对产业结构变迁的影响主要表现在产业结构调整、产业组织优化以及产业技术创新等三大方面。一是政府对处于不同发展阶段、不同前后关联效应强度产业采取不同干预措施，通过干预企业的要素成本和产出报酬，扶持引导产业发展与布局，对产业结构变迁造成直接影响，干预产业结构转型升级的方向与路径。二是政府通过完善市场组织，释放市场活力，并通过确立有效的市场监管制度防止垄断造成的效率损失。三是政府在技术创新等市场失灵领域发挥着重要作用，不仅会激励地方产业通过对外合作，引进先进技术设备加速地区技术进步，充分发挥后发优势，还要通过专项支持、技术补贴、构建创新合作平台、增强创新要素培育等措施，整合各创新主体创新活动，提高地区技术创新水平以及产出转化率。

根据上述三个干预措施的绩效，政府行为模式可以分为强制型政府干预模式与诱致型政府干预模式。前者是对市场机制的替代，直接干预产业结构变迁、组织优化以及技术进步等各方面，主导要素配置与市场供求关系，从而实现规模经济，加速经济总量扩张，但却忽视了政府在优化营商环境、保障市场主体利益等方面的行政管理能力，推行非均衡的发展方式。后者则是对市场机制的补偿，不仅通过培育高端要素、完善制度环境与营商环境，激发市场主体活力，还发挥政府弥补市场失灵、降低交易费用的作用，提高企业决策效率，保障市场机制在配置要素中的决定性作用，从而实现效率经济，提高经济增长质量。

（一）政府行为、收入效应与产业结构变迁

收入变化对产业结构变迁的影响，需假设各部门的技术进步率保持一致：$g_i=g_j=g$。由于 $p_{it}=\left(\frac{A_{xt}}{A_{it}}\right)^{1-\theta}$，所有消费品对资本品的相对价格保持不变。当收入发生变化时，消费品之间的相对价格也保持稳定，即$\frac{p_{it}}{P_t}=\frac{p_{i0}}{P_0}$。则组合消费品价格 P_t保持不变。

其中：

$$P_t = [w_a(p_{at})^{1-\varepsilon} + w_{ml}(p_{mlt})^{1-\varepsilon} + w_{mh}(p_{mht})^{1-\varepsilon} + w_{s1}(p_{s1t})^{1-\varepsilon} + w_{s2}(p_{s2t})^{1-\varepsilon}]^{\frac{1}{1-\varepsilon}}$$

结合$\frac{P_t \dot{C}_t}{P_t C_t} = R_t - \rho$，可得：

$$\frac{\dot{C}_t}{C_t} = R_t - \rho = g \tag{4.25}$$

可以得到关于相对消费的关系：

$$\frac{C_{jt} + \overline{C}_j}{C_{it} + \overline{C}_i} = \frac{w_i}{w_j} \cdot \left(\frac{A_{it}}{A_{jt}}\right)^{(1-\theta)\varepsilon} \tag{4.26}$$

由于各产品部门生产率相等，消费品之间的增长率满足条件：$\frac{w_i}{w_j} \cdot \left(\frac{A_{it}}{A_{jt}}\right)^{(1-\theta)\varepsilon}$为常数。

各部门劳动力的增长率满足条件：

$$\frac{\dot{n}_{it}}{n_{it}} = \frac{\dot{C}_t}{C_t} - g \tag{4.27}$$

因此，在总量平衡增长的条件下，部门产出增长率具有如下特征：

$$\frac{\dot{C}_{at}}{C_{at} - \overline{C}_a} = \frac{\dot{C}_{mlt}}{C_{mlt} + \overline{C}_{ml}} = \frac{\dot{C}_{mht}}{C_{mht} + \overline{C}_{mh}} = \frac{\dot{C}_{s1t}}{C_{s1t} + \overline{C}_{s1}} = \frac{\dot{C}_{s2t}}{C_{s2t} + \overline{C}_{s2}} = g \tag{4.28}$$

家庭偏好的非位似性会因产品的需求收入弹性差异引起产业结构变迁。一般假设代表家庭长期对农产品存在一个生存性消费量$\overline{C}_a<0$，对工业部门的需求偏好相对稳定，即$\overline{C}_m=0$，服务业产品的需求存在一个禀赋性消费量，即$\overline{C}_s>0$。值得关注的是，居民的消费结构会随着社会分工的细化及收入水平、经济开放程度的提升不断升级，同时日益增多的产品种类与不断提升的产品质量也会对地区消费结构产生重要影响。因此，尽管家庭对工业产品的需求偏好长期来看相对稳定，但对工业品的需求偏好也会随着收入水平提升而转变，这会对产业结构变迁造成阶段性差异影响。

在经济起飞阶段，居民的收入水平与工业产品产出能力有限，居民对如纺织、食品、造纸等消费资料工业品的需求急速扩张；随着收入水平的提高、产品市场的不断完善以及社会分工的不断深化，居民的消费结构也不断升级，对消费资料工业品的需求趋于稳定，并且禀赋性需求也不断减少，同时对居住、交通和通信等生存性消费以及家用电器为主的享受型消费需求快速增长，耐用消费品也逐渐强调其品牌、售后保障等更高档次的需求，消费结构逐渐过渡为以享受型消费为主。随着居民物质需求的满足，居民对发展型消费的需求会持续扩张，对享受型消费的质量也不断提升。

假设地区在工业化阶段的工业体系尚未建立健全，产品供给能力有限，居民收入水平较低，代表家庭的需求具有以下特征：一是对农产品存在一个生存性需求量。二是对于部分消费资料产品，诸如食品加工、饮料制造业、纺织服装等产业的需求存在一个与服务业产品相似的禀赋性需求量，同时，为加速实现资本积累、提高劳动产出，代表家庭对资本资料产品的需求偏好保持不变，即有 $\overline{C}_{ml1}>0$，$\overline{C}_{mh1}=0$。三是服务业在该阶段的发展以满足居民的消费需求扩张为主，消费性服务业存在的禀赋性需求量大于生产性服务业的禀赋性需求量，即 $\overline{C}_{s1}>\overline{C}_{s2}>0$。

使得：

$$\frac{\dot{C}_{at}}{C_{at}}=-g\left(1-\frac{\overline{C}_a}{C_{at}}\right);\ \frac{\dot{C}_{mlt}}{C_{mlt}}=g\left(1+\frac{\overline{C}_{ml}}{C_{mlt}}\right);\ \frac{\dot{C}_{mht}}{C_{mht}}=g\left(1+\frac{\overline{C}_{mh}}{C_{mht}}\right);\ \frac{\dot{C}_{s1t}}{C_{s1t}}=g\left(1+\frac{\overline{C}_{s1}}{C_{s1t}}\right);$$

$$\frac{\dot{C}_{s2t}}{C_{s2t}}=g\left(1+\frac{\overline{C}_{s2}}{C_{s2t}}\right)$$

则各部门劳动增长率为：

$$\frac{\dot{n}_{at}}{n_{at}}=-g\frac{\overline{C}_a}{C_{at}}<0; \tag{4.29}$$

$$\frac{\dot{n}_{mlt}}{n_{mlt}}=g\frac{\overline{C}_{ml}}{C_{mlt}}>0; \tag{4.30}$$

$$\frac{\dot{n}_{mht}}{n_{mht}}=g\frac{\overline{C}_{mh}}{C_{mht}}=0; \tag{4.31}$$

$$\frac{\dot{n}_{s1t}}{n_{s1t}}=g\frac{\overline{C}_{s1}}{C_{s1t}}>0; \tag{4.32}$$

$$\frac{\dot{n}_{s2t}}{n_{s2t}}=g\frac{\overline{C}_{s2}}{C_{s2t}}>0 \tag{4.33}$$

因此，在工业化阶段，自发有序的产业结构变迁表现为农业部门的劳动力逐渐减少，工业部门与服务业的劳动力均逐渐增多的趋势。其中，消费资料产品部门的劳动力增长显著，资本资料产品部门的劳动力不变，服务业部门中消费性服务业的劳动力增长率较大，即 $g\frac{\overline{C}_{s1}}{C_{s1t}}>g\frac{\overline{C}_{s2}}{C_{s2t}}$。但强制型政府干预模式中，地方政府会将有限的资本要素集中配置到生产率水平更高的资本资料产业（重工业）中，扶持制造业中具有相对较高生产率的资本资料产品部门优先扩张，加速地区工业化进程。不仅造成地区消费资料产品部门的发展滞后，难以满足居民在经济起飞阶段的消费需求，造成了严重的产能不足，还由于资本资料产品部门的就业吸收能力低于消费产品部门，导致从农业释放出来的劳动力难以进入生产率水平高的工业部门，而是直接进入了生产率水平相对较低的服务业部门，造成要素未能配置到生产率水平较高的产业部门，使工业部门的就业比重低于产值比重，进而造成不充分的工业化发展，即当工业产值比重最高时，仍具有较大的劳动力跨部门流动空间。同时，还使大量从农业部门流出的劳动力直接进入消费性服务业，使服务业成为新的就业蓄水池（袁富华，2014）。

在后工业化阶段，代表家庭的消费结构会随着收入水平和供给能力的提升、产品种类的扩张和收入水平的提升而升级，具体表现为对工业产品的需求偏好的转变。假设该阶段代表家庭需求具有以下特征：在对农产品保持一个生存性需求量的基础上，家庭对非农产品的需求偏好发生变化。一是对消费资料产品的需求逐渐由禀赋性消费转为一般消费，偏好逐渐稳定；二是工业化程度的加深，产品价值链的延伸，生产精细化水平的提升，使得对资本资料产品的需求存在一个最低的生存性需求量，即 $\overline{C}_{ml2}=0$，$-\overline{C}_{mh2}>0$。此阶段的工业部门劳动增长率分别为

$$\frac{\dot{n}_{mlt}}{n_{mlt}}=0;\ \frac{\dot{n}_{mht}}{n_{mht}}=-g\frac{\overline{C}_{mh}}{C_{mht}}<0$$

可见，在后工业化阶段，自发有序的产业结构变迁中农业部门的劳动力继续减少，工业部门的劳动力则由增多转为减少，形成了工业部门的倒U形曲线，服务业部门的劳动力则继续保持增多趋势。维护地区产业结构

自发演进的政府治理能够使得地区的产业发展符合地区的发展阶段与市场需求的产业结构变迁，使劳动力配置到产值比重较大、生产率水平较高的部门，由农业部门流出的劳动力，大量进入产值比重不断扩大的工业部门，并随着工业产值比重的下降，逐渐进入服务业部门，从而实现充分的工业化，不仅使劳动生产率持续提升，还促进了各部门均衡发展。

然而，由于扭曲要素价格、抑制要素市场发育等强制型政府干预行为会造成工业化阶段的服务业“蓄水池效应”并引起劳动力流动的自我锁定，同时由于劳动力在服务业部门通过“干中学”所积累的人力资本和技术创新难以满足后工业化阶段工业部门发展的人力与技术需求，会造成劳动力流动路径依赖与自我锁定，制约劳动力重置效率。从农业部门直接流入服务业的劳动力难以回流到工业部门，使服务业部门低端锁定为消费性服务业，引起后工业化阶段经济增速的大幅下降。同时也会形成以附加值和技术进步相对有限的消费性服务业为主导的产业结构，限制后工业化阶段的地区产业发展。

（二）政府行为、相对价格效应与产业结构变迁

部门的技术差异会造成产品相对价格差异，引起产业结构变迁。一般假设农业部门的技术进步率最快，但初始技术水平最低；工业部门的技术进步率次之，初始技术水平最高；服务业的技术进步率相对较低，初始技术水平居中。即有 $A_{m0}>A_{s0}>A_{a0}$；$g_a>g_m>g_s$（Ngai and Pissarides，2005；陈体标，2008；徐朝阳，2010）。在此基础上，由于不同的工业产品部门的技术也存在较大不同，特别是制造业作为技术进步的源泉和技术扩散的载体，与其他工业部门的技术存在一定差异，同时由于工业部门内产品部门间的技术进步的差异以及服务业部门与工业部门发展的关联程度不同也会造成服务业部门的技术进步差异，因此，本书基于技术进步率的差异，细化了制造业结构与服务业结构，考察了产业内部的结构变迁的情况。

其一，具有规模效应的工业部门是经济增长的引擎（Kaldor，1967），特别是资本资料产业部门的专业化程度以及部门集聚程度相对较高。因此假设：资本资料产业部门的技术进步效率相对较快，有 $A_{mh0}>A_{ml0}$，$g_{mh}>g_{ml}$，则在工业部门内部两个产品部门劳动力增长的关系为：

$$\frac{\dot{n}_{mlt}}{n_{mlt}}-\frac{\dot{n}_{mht}}{n_{mht}}=(1-\varepsilon)(1-\theta)(g_{mh}-g_{ml})>0 \tag{4.34}$$

由于消费品相对于资本品的相对价格关系 $p_{it}=\left(\frac{A_{xt}}{A_{it}}\right)^{1-\theta}$，两个工业产品部门的相对价格关系为：$\frac{\dot{p}_{mlt}}{p_{mlt}}-\frac{\dot{p}_{mht}}{p_{mht}}=(1-\theta)(g_{mh}-g_{ml})$。则有：

$$\frac{\dot{n}_{mlt}}{n_{mlt}}-\frac{\dot{n}_{mht}}{n_{mht}}=(1-\varepsilon)\left(\frac{\dot{p}_{mlt}}{p_{mlt}}-\frac{\dot{p}_{mht}}{p_{mht}}\right) \tag{4.35}$$

可见，在工业部门中资本资料产业与消费资料产业的部门相对价格变化与相对技术进步成反比，部门的技术进步差异将导致部门间产品的相对价格差异，引起劳动力的流动，使得消费资料产业部门的劳动份额相较于资本资料产业部门的劳动份额有所增加。

其二，生产性服务业作为关键的制造业的中间投入，其发展依赖于制造业在扩张过程中不断扩大的服务需求，技术创新也主要来源于制造业（张亚军、干春晖、郑若谷，2014；文一，2016）。因此，假设在服务业内部，生产性服务业的初始技术水平以及技术进步率高于消费性服务业，即 $A_{s20}>A_{s10}$，$g_{s2}>g_{s1}$，则有：

$$\frac{\dot{n}_{s1t}}{n_{s1t}}-\frac{\dot{n}_{s2t}}{n_{s2t}}=(1-\varepsilon)(1-\theta)(g_{s2}-g_{s1})>0 \tag{4.36}$$

$$\frac{\dot{n}_{s1t}}{n_{s1t}}-\frac{\dot{n}_{s2t}}{n_{s2t}}=(1-\varepsilon)\left(\frac{\dot{p}_{s1t}}{p_{s1t}}-\frac{\dot{p}_{s2t}}{p_{s2t}}\right) \tag{4.37}$$

即消费性服务业的劳动力份额的增长快于生产性服务业。

其三，若工业部门和服务业部门的相对价格完全由市场竞争决定。则：

$$\frac{\dot{n}_{sit}}{n_{sit}}-\frac{\dot{n}_{mjt}}{n_{mjt}}=(1-\varepsilon)(1-\theta)(g_{mj}-g_{si}) \tag{4.38}$$

$$(i=1,\ 2;\ j=l,\ h)$$

因为消费性服务业的技术进步率小于工业部门，即 $g_{mh}>g_{ml}>g_{s1}$，则进入消费性服务业的劳动力可以重置到工业部门。但对生产性服务业与工业部门而言，特别是相关性较强的资本资料产业部门，若其技术进步快于消费资料产业部门的技术进步，即 $g_{ml}<g_{s2}$，则劳动力会由生产性服务业回流至工业部门。

可见，在自发有序的产业结构变迁中，消费品部门产品相对价格的变化与相对技术进步率成反比，部门技术进步差异导致了部门产品相对价格的差异，劳动力能够自发流入技术进步相对较慢的部门。

但强制型政府干预会缩小部门产品的相对价格变化，制约要素重置的效率。一方面，政府会利用财税政策，通过财政补贴、税收优化、税收优惠等直接干预措施，使得政府扶持的产业获取要素价格优惠，扭曲要素与产品市场价格（姚洋、郑东雅，2008），其中，国有企业是地方政府优先扶持的企业。因此，假设政府通过征收一次性税收对国有资本资料产业部门进行价格补贴，一单位资本资料产品的补贴为 τ_{mh}，则国有资本资料产业部门的相对价格为 $p_{mht}=p_{mht}^{0}-\tau_{mh}$，其中，$P_{mht}^{0}$ 为要素产品的真实相对价格，$\tau_{mh}>0$。以特惠性产业政策为代表的直接干预措施会缩小资本资料产品与其他产品的相对价格，制约劳动力重置的效率。另一方面，地区行政性市场进入壁垒、政府的行政管理与公共服务水平决定了地区的营商环境与软硬基础设施条件。行政性市场进入壁垒会造成所有制歧视与行业歧视，同时非均等的公共服务以及差异化的软硬基础设施条件都会增加部分行业的协调难度，进而增加企业生产成本，影响产品相对价格。由于服务业大多集中在公共服务水平较高的城市，这种地区非均等的公共服务水平会引起部门工作环境、员工福利、社保制度等方面的差异，造成劳动力实际工资收入的部门差异，即假设在服务业部门内存在一个隐形部门劳动报酬的补贴效应，使服务业产品的相对价格 $p_{s2t}=p_{s2t}^{0}-\tau_{s2}$，$\tau_{s2}>0$，则 $\frac{\dot{n}_{s2t}}{n_{s2t}}-\frac{\dot{n}_{mlt}}{n_{mlt}}=(1-\varepsilon)\left(\frac{\dot{p}_{s2t}}{p_{s2t}}-\frac{\dot{p}_{mlt}}{p_{mlt}}\right)$，服务业部门与工业部门产品的相对价格差距缩小，抑制了劳动力由服务业部门回流至工业部门，形成了劳动力流动的第二重自我锁定效应。

由此可以看出，尽管各地区的产业结构变迁都具有“库兹涅茨事实”的特征，但是地区出现工业部门比重的发展阶段差异，标志着地区工业化程度存在差异，这主要是源于地区制造业结构与服务业结构变迁的质量不同。充分的工业化需要合理的制造业结构与服务业结构，能够让要素配置到较高生产率的部门，并符合地区的要素禀赋结构与市场需求结构。而不充分的工业化则是源于不合理的制造业结构与服务业结构，要素难以配置到符合地区发展阶段与要素禀赋的产业部门。

后发追赶型经济体的政府行为模式选择对收入效应与相对价格效应有着重要影响，是造成区域产业结构变迁路径差异的重要原因。政府对产业结构、产业组织以及产业技术等方面的干预，不仅影响了地区产业产出结构与居民消费结构的协同变迁效率，还会影响地区要素禀赋结构升级与要素重置效率。如果政府能够保障符合地区发展阶段、居民消费需求以及要素禀赋条件的产业结构变迁，使得地区要素能够自由流入生产率较高的部门，就业结构与产值结构协同演变，就能实现充分的工业化。但如果政府采用主导产业结构加速变迁的治理模式，通过影响要素配置加速工业化，就会使得部门的产值比重与就业比重失衡，造成过早的不充分的工业化，引起后工业化阶段经济增速大幅下降（见图 4-2）。

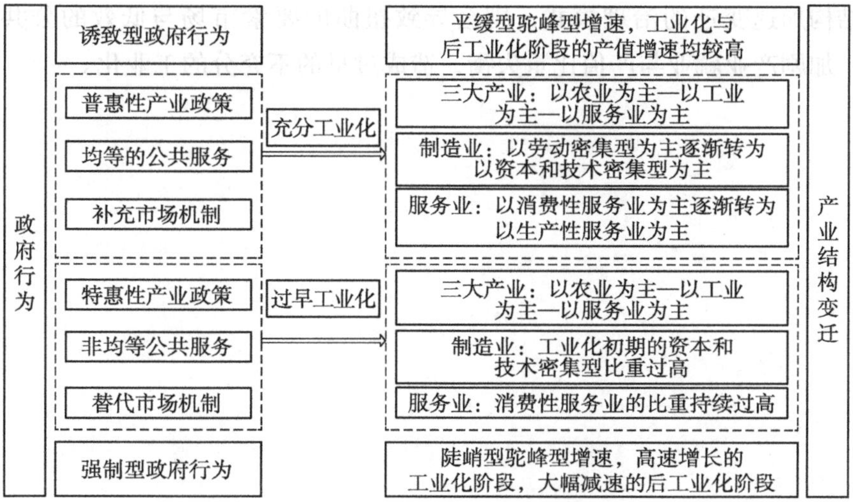

图 4-2　政府行为对产业结构变迁及其增长效应的影响

第四节　本章小结

无论是在高速增长阶段还是在高质量发展阶段，政府都有必要通过调整与市场机制的关系，对产业结构变迁产生直接或间接的影响。多任务委托—代理模型表明，在发展阶段较低、以传统要素为主、市场化水平与开放程度较低的地区，政府更倾向于采取强制型干预措施；而在发展阶段较高，以人力资本、技术创新等高端要素为主，市场化水平与开放程度较高的地区，政府更倾向于实施诱致型干预措施。随着中央政府制定的宏观发展战略的升级，中央对地方政府考核目标由“重规模”的数量型增长转变为“重效率”的质量型增长，地方政府逐渐倾向于落实诱致型干预措施。多部门增长模型表明，后发追赶型经济体的政府行为模式选择对收入效应与相对价格效应有着重要影响，是造成区域工业化程度差异的重要原因。政府对产业结构、产业组织以及产业技术等方面的影响，不仅影响了地区产业产出结构与居民消费结构的协同变迁效率，还会影响地区要素禀赋结构升级与要素重置效率。如果政府能够保障符合地区比较优势与市场需求的产业结构自发演变，就能促进地区要素流入生产率较高的部门，形成就业与产值结构协同变迁，从而实现充分的工业化。但如果政府采用主导产业结构加速变迁的治理模式，则会导致扭曲的要素市场与低效的公共服务，加剧产业就业与产值比重失衡，造成过早的不充分的工业化。

第五章　政府行为对区域产业结构变迁影响的历史回顾与实证检验

关于产业结构变迁影响因素的分析，已有研究主要基于经济增长理论的视角，关注要素重置、技术进步以及消费需求等因素对在完全竞争条件下产业结构自发演进的影响。但是产业结构变迁并不单纯只依靠市场经济形成，政府对产业发展与结构变迁也有重要影响。本章基于第四章对不同发展阶段政府行为模型的差异及其对区域产业结构变迁的影响机理的模型分析，进一步检验我国政府行为对产业结构变迁的影响及区域差异。首先，通过回顾新中国成立以来政府行为对区域产业结构变迁的影响的历史演进特征，总结了我国产业结构变迁的阶段性特征与政府行为的演变规律，为第四章理论演绎分析提供历史性证明。其次，针对后发追赶型经济体在发挥初始比较优势以及培育动态比较优势方面的作用，提出不同发展阶段我国政府行为对区域产业结构变迁影响的理论基础。最后，采取门限面板模型与动态面板模型实证检验我国政府行为对区域产业结构变迁影响的阶段性特征及区域差异。

第一节　政府行为对区域产业结构变迁影响的历史回顾

在探求产业结构变迁的影响因素的研究中，主流的新古典经济增长理论是基于完全市场竞争的环境，强调了居民消费偏好与产品收入弹性差异以及技术变迁部门差异的影响（Baumol，1967；Ngai and Pissarides，2007；Acemoglu and Guerrieri，2008）。但对市场机制尚未健全的转轨经济体而言，政府作为制度供给方，通过制度环境影响产业结构变迁，决定产业结构变迁的方向与路径，同时，还会替代或弥补市场机制，直接影响要素配置结构与规模，影响产业的产出效率与组织方式。因此，本书首先回溯新中国成立 70 年来，地区要素禀赋条件、制度环境以及产业发展目标的阶段性差异，分析政府行为对产业结构变迁的影响的演进特征，从而对第四章的理论模型假设进行历史性证明。

一、计划经济时期（1949—1975 年）以重工业优先发展为核心的政府行为

新中国成立初期，我国的经济结构仍以小农经济为主，经济落后，百业待兴，同时还面临严峻的国际局势。为保障国民生产、满足战备需求，国家提出要建立中国社会主义工业化的初步基础。新中国成立初期的产业政策经历了大量调查，进行了严密组织、合理规划，一方面在苏联的帮助下，集中力量建设 156 个项目，加速重工业的发展，另一方面限制并改造私营经济，确立以公有制为主体的社会经济制度。在政府的计划下，集中有限的资源推进重工业发展，建立了独立完整的工业体系。该阶段强调战备需求与国防建设，计划推行三线建设，在中西部地区建立一大批煤炭、钢铁、电力等企业，初步形成了我国的工业布局。因此，在生产资料与生产工具严重匮乏的条件下，政府集中有限的资源，以苏联等国外经济体的产业结构变迁为参考，通过调查组织等计划安排，制定我国各产业的发展规划与目标，实施了重工业优先发展战略，推动了三线建设的产业布局，使得各产业产出水平均有所提高，支持产业发展的基础设施条件有所改善，为我国建立独立完善的工业体系奠定了基础，形成了我国工业布局的基本框架。但实施过程中也存在编制信息不充分、不准确，政策措施多变滞后等问题，造成该阶段产业发展不稳定，重工业优先发展造成的工业内部结构失衡则制约了产业结构变迁质量的提升。

二、改革开放初期（1976—1990 年）以产业结构调整为主的政府行为

计划经济时期的产业发展为我国产业体系发展奠定了基础，但改革开放初期物质基础与技术水平依然落后，特别是农业、能源、原材料以及交通通信等基础产业供给严重不足。因此，为扩大供给，缓解供求失衡，这一时期的政府行为以调整产业结构为主要目的。改革开放之初，我国经济发展战略与管理体制均处于转型阶段。1986 年我国在“七五”计划中首次

提出“产业政策”的概念，并在1989年颁布了《关于当前产业政策要点的决定》，以化解前期重工业优先发展战略造成的轻工业与重工业的比例失衡。一是调整重工业的发展方向与产品结构，增强对能源、交通等基础产业的支持，提升重工业发展水平，并规定生产领域、基础设施建设、技术改造以及对外贸易等领域的产业发展顺序，通过影响投资规模与结构，改造和发展现有企业的技术水平与产出效率，优化农业生产，扩大轻工业，以满足居民生产生活需求。二是为了激发市场主体活力，政府逐步放松对国有企业经营自主权的限制，对国企放权让利，推进两步“利改税”、厂长经理负责制与经济责任制等改革措施，并颁布了促进物资的横向流通、加强生产与科技的结合、增强企业之间联合的《关于进一步推动横向经济联合若干问题的规定》。三是政府除了强调国外先进技术设备引进的重要性，还积极构建国家创新体系，提升创新主体的积极性与创新过程的协同性。我国于1978年通过了《1978—1985年全国科学技术发展规划纲要（草案）》，并在1985年颁布了涉及通信、机械工业、能源等14类技术政策要点的《中国技术政策》，同时还为培育我国科技创新能力、跟进国际技术前沿、推动高新技术成果转化，开展了“863计划”“火炬计划”以及“国家科技成果重点推广计划”。受这些产业政策的影响，我国农业生产、交通运输、基础建设、技术创造等方面显著提升，实现了农业、轻工业与重工业协调发展，各产业快速增长的发展态势。但该阶段的产业发展依然存在技术条件比较落后，能源、原材料紧张等困境，同时也出现了经济过热下的通胀风险以及双轨制引起的市场扭曲。

三、社会主义市场经济体制建立初期（1991—2000年）以促进支柱产业发展、扩大产出规模为主要内容的政府行为

党的十四大确立了“建立社会主义市场经济体制”的改革目标，逐渐重视市场在资源配置中的基础作用。随着全球产业分工的快速更替以及信息技术等高技术产业的迅速发展，这一阶段的政府行为主要有以下几个方面的内容：一是为进一步扩大产业产出规模，加快工业化发展，更好融入全球产业分工，政府强调利用特惠性政策措施，全力推进电子机械、石油化工、汽车制造和建筑业等支柱产业发展。在此基础上，提出应兼顾农业与服务业发展，全面提升产业产出水平，化解农业发展严重滞后与服务业

发展缓慢等结构失衡问题。二是由于国有企业生产经营问题日益显现，政府提出将国有企业改革作为经济体制改革的中心环节，解决企业组织不合理的问题。1994 年颁布的《90 年代国家产业政策纲要》首次提出了产业组织政策，强调应优化产业组织结构，促进合理竞争，实现规模经济和专业化协作。三是制定科教兴国战略与可持续发展战略，更加注重科技教育的发展对促进经济社会发展的重要意义。四是强调外资对地区产业发展的重要性，逐渐由沿海地区向内陆地区扩大开放。为了调整对外经济贸易结构，有效吸引外商直接投资，政府自 1995 年起共颁布或修订了 7 次《外商投资产业指导目录》。

尽管该阶段的政府行为仍具有特惠性和选择性的特征，但开始强调市场机制的积极作用，重点支持的产业由基础工业转向新兴产业和高新技术产业，并注重优化对外贸易结构，发挥外商直接投资作用，使得我国产业产出能力显著提升，多年的短缺经济局面得到基本改变，产业组织结构不断完善，国际合作不断加深，进出口额显著提升。但国有企业生产经营出现诸多困境，资本市场的扭曲与地区劳动市场的分割也制约了要素重置效率，限制了产业结构合理化水平的提升。

四、21 世纪初期（2001—2011 年）以化解产能过剩、培育自主创新能力为主要内容的政府行为

党的十六大提出要“完善社会主义市场经济体制”，政府管制要逐渐由直接控制转变为间接控制。随着我国加入世界贸易组织以及市场经济体制的基本确立，政府指令性计划开始减少，市场在要素配置中的作用进一步提升。但前期粗放型的生产组织方式与非均衡的发展方式，制约了新阶段产业结构的升级，特别是前期的选择性产业政策使得大量企业集聚到被扶持行业，造成了这些传统制造业的产能过剩。

为化解过剩产能，培育产业自主创新能力，深度融入全球产业分工，发挥全球性资源配置对本国产业发展的积极作用，一方面，政府通过推进技术创新，促进产业结构升级，提升经济效益与国家竞争力。2001 年“十五”计划强调要积极采用高新技术和先进适用技术改造提升产业，大力发展高新技术产业，以信息化带动工业化，重点促进资本技术密集型产业的发展。其间，政府还出台了一系列重点鼓励与优先发展的目录指南。2002 年颁布

的《国家产业技术政策》提出要充分发挥市场对科技资源配置的基础作用，强调市场机制和政府组织协调作用相结合，并提出要建设以企业为主体的国家技术创新体系，优先发展具备比较优势，以及与传统产业改造关系密切的高新技术产业。之后的“十一五”规划也特别强调要加快发展高技术产业，推进自主创新成果产业化，促进高技术产业从以加工装配为主向自主研发制造延伸。另一方面，为完善要素市场，化解要素价格扭曲造成的要素错配，政府减少了对资源配置的决定作用，强调运用经济杠杆、经济政策和法律手段进行宏观调控，并相继出台了一些限制部分行业发展与调整产业结构的政策措施，通过引导投资方向化解产能过剩。2001 年以来，政府行为的目标是促进重点产业升级以及产业结构调整，政策不断细化覆盖范围，既有针对总体产业发展的规划，也有针对重点产业行业的措施。此外，为推进国有企业改革，优化国有资产管理，提高国有企业生产效率，政府还出台了一系列旨在加快国有大型企业股份制改革、完善公司法人治理结构的政策措施。2010 年颁布的《国务院关于促进企业兼并重组的意见》更强调要发挥市场主体的作用，消除企业兼并重组的制度障碍，加强对企业兼并重组的引导以及政策扶持与风险监控。

该阶段我国产业发展迅速，特别是高技术产业发展迅猛，产能过剩有所缓解，农业产出规模与效率大幅提高，第三产业比重也不断提高。但产业发展的生态环境成本较大，同时要素市场的扭曲与自主创新能力的不足也限制了地区产业结构升级。

五、进入新时代以来（2012 年至今）以全面深化改革、转变实施措施为主要内容的政府行为

面对新一轮的全球性的技术革命和产业变革，可供我国产业发展参考的先进经验减少，新兴产业发展与传统产业转型的风险不断增长。

一方面，2008 年金融危机以来，全球产业分工与全球市场需求出现巨大变革，原有廉价劳动力与自然资源等传统要素红利不断衰减，后发优势下的技术进步空间进一步缩小，同时数量型增长阶段实施规模扩张的粗放型生产方式造成了严重的生态环境问题。提升要素质量和自主创新能力成为弥补传统要素红利衰减的关键。为实现从“中国制造”向“中国创造”的转变，政府在“十二五”规划中提出要依靠科技创新推动产业升级，强

调企业在技术创新中的主要地位，加快建设国家创新体系。“十三五”规划提出要实施创新驱动发展战略，支持新一代信息技术、高端装备与材料等高技术产业发展，推进产业迈向形态更高级、分工更优化、结构更合理阶段。2016 年颁布的《国家创新驱动发展战略纲要》提出要强化原始创新，强调以企业为核心的自主创新能力以及不同创新主体协同创新绩效的产业升级。此外，政府还出台了一系列旨在促进高技术产业发展，建立国家创新体系的指南、纲要与发展规划。

另一方面，释放市场主体活力，优化市场所有制结构，强调建立现代产权制度与现代市场体系。2012 年以来，政府相继出台了一系列优化企业兼并重组市场环境的意见和指南，强调要尊重企业主体地位，充分发挥市场机制作用。2017 年为进一步深化垄断行业价格改革，颁布了《关于全面深化价格机制改革的意见》。此外，为发挥市场机制在资源配置中的决定性作用，该阶段政府减少了特惠性与选择性的措施，注重政府在保障市场机制有效性、弥补市场失灵方面的作用。

随着工业化进程的推进，我国产业结构发展进入了新的阶段，传统产业产能过剩的困境有所改善，新兴产业的发展卓有成效，产业结构不断优化升级，产业生产方式逐渐转变为依靠科技与人力资本驱动。但部分行业依然存在严重的产能过剩，产业发展的效率与质量仍有待进一步提高，地区的营商环境与区域产业的协同发展水平也有待进一步提升。

新中国成立 70 年来，我国政府干预行为的制定机制与实施措施随着比较优势的变化与发展阶段的转变不断调整。伴随着由高速增长转为高质量发展，我国政府行为目标由支持产业结构调整、影响要素配置，逐渐转变为促进技术创新与产业升级、弥补市场失灵，实施措施逐渐由以特惠性、选择性措施为主转变为以普惠性、功能性措施为主。其中，产业结构政策由对部分产业的税收优惠和财政支持，逐渐转为对基础创新领域的财政支持和对构建国家创新体系的投入。产业组织政策的主要目标是推动企业兼并重组，培育大规模企业集团，政策的内容涉及支持中小企业发展、优化国有资本管理、促进企业兼并等方面。产业技术政策逐渐由侧重发挥后发优势向培育企业自主创新转变，由主导技术进步转变为对创新活动的引导调控。尽管这些政府干预活动有效地释放了结构红利，使得我国各产业的产出水平大幅提升，产业结构的合理化和高度化水平不断提高，建立了完善的工业体系，能够较好适应全球的供需结构变化，不断提高地区产业的市场竞争力，但不容忽视的是，政府干预活动的成本和代价也造成了产能过剩、自主创新能力不足、产业生产方式低效等问题，限制了我国产业结构升级的潜力。

第二节　政府行为对区域产业结构变迁的影响机理与理论假说

回顾我国政府行为对区域产业结构变迁的影响，可以看出政府对产业结构变迁的影响主要集中在两个方面：一是推进工业化进程，加速产业结构变迁；二是调整产业结构，促进产业结构转型升级，提高产业结构变迁质量。结合斯蒂格利茨(1998)提出的政府对经济增长与结构变迁的影响主要有两个手段：一是政府直接干预与管制，主要通过干预要素配置结构与规模影响地区产业结构变迁的速度与规模；二是政府直接控制企业，利用国有企业等影响企业进出市场的门槛，进而影响企业的生产决策以及产业组织规模。政府的行为主要表现为对市场机制的替代，其目标主要是发挥地区初始比较优势以及培育动态比较优势。

一、政府行为对区域产业结构变迁影响的理论基础

作为国民经济体系的子系统，区域产业结构的变迁一方面要关注基于地区比较优势与市场条件的产业结构的转型升级，另一方面强调基于区域产业分工与经济联系的产业结构的空间变迁。因此，区域产业结构变迁的特征包括产业结构转型、升级以及集聚三个方面。其中，产业结构转型是区域产业结构变迁的基础，强调通过有效的要素重置，充分发挥初始比较优势；产业结构升级是区域产业结构变迁的目标，强调通过构建创新机制，培育积累动态比较优势；产业结构集聚是区域间产业结构变迁关联的重要体现，强调通过区域产业分工与经济关联，在实现地区专业化与规模经济的同时，以局部集聚促进国民经济的整体均衡。

在政府行为对产业结构变迁影响的理论分析中，结构主义关注了发展中国家经济结构的特殊性，并强调政府在经济结构变迁中的积极作用。不同的是，旧结构主义认为政府应通过直接干预和价格扭曲以非均衡的发展

方式促进地区经济发展；而新结构主义则认为应充分发挥市场机制在资源配置中作用的基础上，遵循地区的比较优势，发挥有为政府的因势利导作用来完善基础设施解决外部性问题（林毅夫，2003）。此外，除了关注如何充分发挥已有比较优势外，以筱原三代平（1995）、赤松要（1932）以及小岛清（2000）等为代表提出的动态比较优势理论则强调，由于地区的初始比较优势容易产生路径依赖，会造成地区陷入“资源诅咒”等传统比较优势陷阱，因而需要在发挥地区现有比较优势的同时，通过“干中学”与创新机制，利用政府的间接作用，培育地区的动态比较优势，促进地区技术进步、规模经济与产业升级（干春晖、余典范，2013）。此外，在对产业结构空间变迁的分析中，以克鲁格曼（1999）为代表的新经济地理学认为政府会通过比较优势发展战略、市场竞争环境以及贸易政策等影响地区要素流动性、经济活动的外部性以及市场规模，对产业集聚的向心力与离心力都有关键影响。

基于新结构主义与新经济地理学的分析可以看出，对于后发追赶型经济体而言，政府行为对于区域产业结转型、升级以及集聚都有重要影响。首先，在对区域产业结构变迁基础路径——结构转型的影响中，政府与市场的关系对地区要素重置的方向与路径选择有着决定性影响，是地区产业结构与要素禀赋结构协调变迁以及发挥地区初始比较优势的关键。其次，在对区域产业结构变迁目标——结构升级的影响中，政府通过构建国家创新体系，培育学习型社会，积极发挥弥补市场失灵的作用，不仅有利于降低企业交易费用，更重要的是能够培育动态比较优势。特别是在对外开放不断深化的市场条件下，政府的制度供给与对创新活动的支持是释放地区后发优势、发挥进口的技术溢出效应的关键因素。最后，作为国民经济的子系统，区域产业结构的变迁除了强调发挥各地区比较优势以及培育动态比较优势外，还应关注区域产业分工与经济联系。政府在扩大产业规模、提升产业结构专业化程度方面有着重要影响。特别是在分税制改革的制度背景下，地方政府在“晋升锦标赛”机制的激励下，面对的考核目标与制度环境相对一致，因此，政府在招商引资、提供公共服务等软硬基础设施条件方面成为影响地区产业规模与集聚水平的重要因素。

尽管区域产业结构变迁面临着相同的财税分权与历史背景，其地方政府面临的考核目标也相对统一，但地区间发展阶段、要素禀赋的差异造成区域产业结构变迁条件约束的差异，使得地方政府在发挥比较优势、培育动态比较优势以及完善软硬基础设施方面的行为模式选择有所不同。高鹤(2006)提出财税分权形式以及经济结构条件的差异，造成了地区政府行为激励与约束机制的不同，进而形成了不同政府行为，并在不同发展阶段呈现无形、援助以及攫取的差异影响。政府行为的差异造成区域产业结构变迁及其增长效应的分化。可见，政府行为模式的选择是基于区域产业结构变迁的目标与约束，其差异的本质是政府对市场机制的替代程度以及政府职能的有效发挥，不同的发展阶段与比较优势下，政府行为的影响机制有所不同。政府行为对区域产业结构变迁的影响机制如图 5-1 所示。

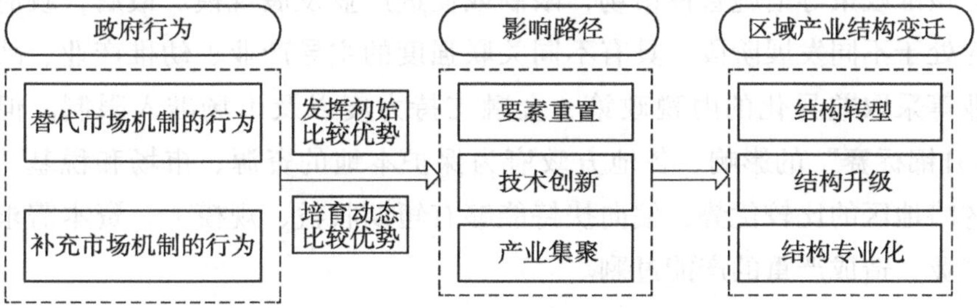

图 5-1 政府行为对区域产业结构变迁的影响机制

二、高速增长阶段的政府行为的影响机理

加速产业结构变迁是后发追赶型经济体实现经济起飞的关键，结构变迁的速度对地区经济增长速度有着决定性影响。特别是在向以工业为主导的产业转变的进程中，加速变迁意味着通过将大量生产要素配置到产出效率较高的非农产业部门，从而带动国民经济快速增长。加速产业结构变迁是以规模扩张、注重增长速度为特征的数量型经济增长方式的重要体现。因此，加速产业结构变迁、扩大非农产业规模是后发追赶型经济体在经济起飞阶段的主要任务。

为了加速结构变迁，政府普遍会采取强制型的干预措施，扩大要素供给与产出规模。首先，政府会通过干预要素市场，影响劳动力、资本等要素的供给与价格。这一措施不仅会引导大量滞留在农村的劳动力释放，扩大非农产业的劳动力供给，并会通过影响要素价格降低非农产业的生产成本，还会利用政府的直接投资缓解工业化初期资本要素不足的制约，进而通过管控资本市场影响企业的融资成本与产出效率。然而，过度的政府行为会加剧要素市场扭曲，提高要素报酬，提升企业生产成本，导致所有制歧视，制约中小企业发展。脱离有效的价格信号与有序的市场竞争的要素重置会加剧要素错配，扭曲产业结构变迁的方向。其次，在促进地区产业结构变迁方面，政府会通过扩大对外开放，积极引进国外先进技术设备，充分释放后发优势，扩大技术供给。但过度强调对国外技术的依赖，会造成地区产业在国际产业分工中的低端锁定，抑制地区产业的自主创新水平，限制地区产业结构变迁的自生能力。再次，为扩大产出规模，政府除了实施产业组织政策，利用国有资本，发展国有企业，还会采取投资审批、核准政策等措施管控市场，限制或促进产业发展规模。最后，政府会针对处于不同发展阶段、具有不同关联强度的主导产业、幼稚产业、战略产业等采取差异化的财税政策、金融支持力度以及市场准入限制。但受“晋升锦标赛”的影响，各地方政府为保护本地的资源、市场和税基，容易忽略地区的比较优势，偏向扶持能够有短期收益、规模大、资本需求高的产业，造成严重的产能过剩。

三、高质量发展阶段政府行为的影响机理

经历了起飞阶段，非农产业比重不断扩大，经济发展水平显著提高，但地区经济发展面临着传统要素红利减弱，难以继续依靠规模扩张的数量型经济发展方式维系地区产业发展的困境。尽管非农产业比重不断扩大，但仍需要进一步优化调整产业结构，特别是产业内行业结构，使制造业内部技术密集型、资本密集型产业的比重不断扩大，同时使服务业中具有较高技术进步率的生产性服务业的比重扩大。因此，通过有效的要素重置与技术进步实现产业结构转型升级，是以效率提升为核心的集约型经济增长方式的要求，也是保持经济可持续增长、跨越“中等收入陷阱”的关键。因此，随着工业化进程的推进，政府对产业发展与结构变迁的影响更强调产业结构变迁的有效性，即以有效的要素重置与技术进步为基础的产业结构转型升级，以及能够充分发挥规模效应与集聚效应的产业空间布局。

为调整优化产业结构变迁，形成产业发展的自生能力，政府更侧重采取诱致型干预措施以充分发挥弥补市场失灵的作用。为促进要素流入产出效率较高的部门，全面提升各产业的产出效率，首先，政府会减少对地区

要素市场的干预，保障市场机制在资源配置中的决定性作用，形成有效的要素价格信号，提高地区要素重置的效率。更重要的是，政府会通过国有企业改革，降低行政性市场进入壁垒，维护有效竞争环境，优化产业组织结构，保障市场主体活力，避免垄断造成的效率损失。其次，为培育高端要素市场，政府会通过风险管控与创新补贴等措施激励企业自主创新，并通过完善信息平台、健全产权制度，保障创新扩散效率，促进产学研等不同创新主体之间的协同效率，提高知识技术创新、产业产品创新等不同创新过程的关联性，弥补市场在技术创新领域的失灵。再次，政府会通过完善约束机制和生态补偿机制，加大对生态环境污染的监管和治理，降低经济增长的代价，弥补市场在治理生态环境污染方面的失灵。同时还会完善收入分配制度，优化要素报酬结构，促进产业发展的成果共享。最后，为优化地区营商环境，政府既会通过减少行政审批、市场进入与退出等行政干预手段完善反垄断法等产业政策，提高企业决策效率，还会完善信息平台，降低信息不完全不对称引起的效率损失，保障市场主体的良性竞争。

不容忽视的是，政府行为与地区发展阶段、要素禀赋条件以及结构变迁目标密切相关。在经济高速增长阶段，为充分释放地区后发优势，加速产业结构变迁，政府会通过替代市场机制进行增长甄别，纵向控制产业发展。但在高质量发展阶段，为适应全球化的供需结构变化，保持产业的市场竞争力，政府应补充市场机制，弥补市场失灵，完善公共服务，优化产业结构变迁的条件与环境。脱离发展阶段与地区比较优势的政府干预活动会阻碍产业结构变迁的有效性，不仅破坏有序竞争环境，限制产业产出效率与产业间的协同发展水平，还会造成市场与政府的双重失灵，阻碍地区可持续发展。

据此，提出假说：发展阶段与市场化进程的差异使得地区政府在促进区域产业结构变迁中的目标与约束条件不同，造成政府行为对产业结构变迁影响的阶段性特征与区域差异。对发展水平较低、改革开放进程缓慢的地区，政府偏向采取替代市场机制的强制型措施，干预地区要素重置与比较优势的发挥，通过扩大非农产业规模，推进地区工业化进程；但对于发展水平与改革开放程度较高的地区，政府偏向采取补充市场机制的诱致型措施，在充分发挥地区初始比较优势的同时不断培育动态比较优势，通过有效的要素重置与技术创新推进产业结构转型升级，提升区域产业结构变迁的有效性。

第三节 模型构建与数据说明

基于前文对我国政府行为对产业结构变迁影响的历史回顾与理论机理分析，本书进一步实证检验政府行为对产业结构变迁的阶段性影响与区域差异。

一、模型构建

为分析不同发展阶段政府行为对地区产业结构变迁速度、合理化与高度化的差异，本书采取面板门限模型对不同政府行为对产业结构变迁的影响进行检验。首先检验门限效应的存在性，并在此基础上构建面板门限效应的估计模型。面板门限模型的构建基于 Hansen(1999)对面板数据门限模型的修正，基本方程为：

$$y_{it}=\mu_i+\beta_1' x_{it} I(q_{it}\leqslant\gamma)+\beta_2' x_{it} I(q_{it}>\gamma)+e_{it}$$

其中，q_{it}为标量，x_{it}为K维向量，$e_{it}\sim \mathrm{iid}\ (0,\ \sigma^2)$，$\gamma$为未知门槛，$I(\cdot)$为指标函数。上式可以表示为：$y_{it}=\begin{cases}\mu_i+\beta_1' x_{it}+e_{it},\ q_{it}\leqslant\gamma\\ \mu_i+\beta_2' x_{it}+e_{it},\ q_{it}>\gamma\end{cases}$

样本观察值被分为两个区域，当$q_{it}\leqslant\gamma$时，$I(\cdot)=1$，反之为 0。可以得出误差平方和。门槛值则是根据使方程和取最小的γ来确定。

二、指标选择和变量说明

(1) 被解释变量：基于前文的理论假说，本书主要从产业结构变迁的速度与变迁的有效性来进行分析。其中，产业结构变迁的速度（CR）主要表现为地区非农部门增加值占比的扩张，而产业结构的有效性则体现为产业产出效率的提高以及产业间的协同发展水平的提升，既要能够使要素重置到产出效率较高的部门，还要通过技术进步与扩散，全面提升各部门产出效率。

借鉴经典研究的做法，本书主要从地区产业结构的合理化和高度化两个方面来反映地区产业结构的有效性。一是参照干春晖等(2011)的测度，采用泰尔指数反映产业结构合理化(TL)程度；参照杨骞、秦文晋(2018)的方法，将泰尔指数的倒数作为衡量产业结构合理化程度的指标。*TL* 越大表示产业结构合理化程度越高，反之亦然。二是参照安苑、宋凌云(2016)和刘伟(2008)的研究，通过产业比例关系和产业生产率水平的变化来考察地区产业结构高度化(*TH*)。*TH* 越大，说明产业结构升级水平越高。具体计算如式(5.1)、式(5.2)所示。

$$TL=\frac{1}{\sum_{i=1}^{n}\left[\left(\frac{Y_i}{Y}\right)\cdot\ln\left(\frac{Y_i}{Y}\Big/\frac{L_i}{L}\right)\right]} \tag{5.1}$$

$$TH=\sum_{i=1}^{n}S_i\cdot F_i \tag{5.2}$$

其中，*TL*、*TH* 分别表示地区产业结构合理化与高度化，i 表示农业、工业、服务业，Y_i 表示 i 产业的增加值，L_i表示 i 产业的就业人数，Y 表示地区生产总值，L 表示地区就业人口总数，S_i为 i 产业增加值占地区生产总值的比重，F_i为 i 产业的劳动生产率。

(2) 核心解释变量：在对政府行为的代理变量选择中，根据前文关于政府行为对产业结构变迁的基础影响机理，参考经典文献研究，本书主要从政府直接参与度与行政进入壁垒两个方面反映政府行为。参考陆铭和欧海军(2011)、赵秋运(2017)、闫雨(2019)、焦勇(2019)等的做法，以地区一般财政预算支出占地区生产总值比重反映“政府直接干预”(*GOV*)，以地区国有及国有控股工业企业总产值占比表示地区“行政性市场进入壁垒”(*SOE*)。两个指标越大，表明政府行为的强制程度越高；反之，则强制程度越低，政府行为越偏向于诱致。

(3) 门槛变量：本书考察的是不同发展阶段政府行为对产业结构变迁的影响情况，因此借鉴经典文献的做法，以地区实际人均生产总值(*GDPPC*)表示地区的发展阶段。同时，人均生产总值也反映地区居民的收入水平，是影响地区消费结构的重要因素，人均生产总值越高，表明地区的发展阶段越高。地区实际人均生产总值以地区生产总值除以地区年末常住人口数计算，并根据平减指数调整为1978年价格。

(4) 控制变量：借鉴经典研究文献的做法，本书选取以下控制变量：①资本深化(*KTL*)。资本要素是影响地区产业发展与结构变迁的重要因素，地区的资本深化程度反映了地区要素禀赋结构，对地区产业结构变迁速度与有效性都有重要影响。资本深化程度以“地区实际资本存量与地区社会从业人员数的比值”计算。②人力资本（*H*）。反映地区劳动力质量的人力资本与资本要素一样，是影响地区产业发展与结构变迁的基础要素。不同于人口数量，人力资本反映了地区要素的质量，对地区产业结构转型升级有着重要影响。具体计算是根据6岁及以上人口受教育年限加权而得。③城市化率（*UR*）。城市化与工业化是地区经济结构变迁的主要方面，城市化能够使农村大量剩余劳动力转移到城市的工业部门，实现工业部门的迅速发展，因此，城市化是支持地区工业化的重要因素。④开放程度（*OPEN*）。地区的对外开放程度能够反映地区产业融入全球产业分工的程度。开放程度越高，越有利于地区非农产业的发展，对地区产业结构变迁的速度与有效性都有重要影响。上述控制变量的具体计算与第三章相应指标计算一致。具体变量的定义和计算方法如表5-1所示。

表5-1　数据变量的定义和计算方法

变量	变量含义	变量符号	计算方法
被解释变量	产业结构变迁速度	*CR*	非农产业增加值增速
	产业结构合理化	*TL*	具体计算见式(5.1)
	产业结构高度化	*TH*	具体计算见式(5.2)
解释变量	政府直接干预	*GOV*	地区一般政府财政支出/地区生产总值
	行政性市场进入壁垒	*SOE*	地区国有及国有控股工业企业总产值占比
控制变量	地区实际人均生产总值	*GDPPC*	以1978年为基期折算的人均生产总值
	资本深化	*KTL*	地区实际资本存量/地区社会从业人员数
	人力资本	*H*	6岁及以上人口平均受教育年限
	城市化率	*UR*	地区年末常住人口数/地区年末总人数
	开放程度	*OPEN*	地区进出口总额/地区生产总值

为了消除变量间的异方差，本书将被解释变量进行对数化处理。具体而言，*KTL*、*H*两个变量直接取对数，其他变量在原始数据的基础上，乘以100再取对数。具体统计特征如表5-2所示。本章选择1978年至2016年28个省份（除西藏、港澳台以及海南与重庆）的数据，主要来源于《中国统计年鉴》《中国工业经济统计年鉴》《中国人口和就业统计年鉴》以及各省域历年统计年鉴。借鉴经典研究，本书将八大区域归纳为东部、中部以及西部三大区域进行经验检验。其中，东部地区包括北京、天津、河

北、山东、上海、江苏、浙江、福建以及广东；中部地区包括辽宁、吉林、黑龙江、安徽、江西、河南、湖北、湖南以及山西；西部地区包括陕西、内蒙古、广西、四川、贵州、云南、青海、宁夏、甘肃以及新疆。

表 5-2 变量的基本统计特征

变量名称	观测数	平均值	标准差	最小值	最大值
CR	1092	0.1610	0.0816	-0.2363	0.5030
TL	1092	6.6413	11.5265	-50.9066	292.241
TH	1092	3.7232	4.6920	0.1000	25.0002
ln*GOV*	1092	2.6811	0.4517	1.5927	4.2160
ln*SOE*	1092	3.9588	0.5058	2.2873	4.5424
ln*GDPPC*	1092	7.5404	1.1845	5.1564	10.5686
ln*KTL*	1092	8.7846	1.3429	6.2996	12.1431
ln*H*	1092	7.3023	1.8688	2.9375	16.2722
ln*UR*	1092	3.5730	0.4812	2.3620	4.4954
ln*OPEN*	1092	2.3795	1.2663	-4.7531	5.3950

第四节 实证结果分析

一、政府行为对产业结构变迁影响的阶段性特征与区域差异比较

本书基于面板门限模型，以反映地区发展阶段的实际人均生产总值为门限变量，检验全国及各区域政府行为对产业结构变迁速度、合理化与高级化的阶段性影响。所得结果如表 5-3 所示。

表 5-3 以实际人均 GDP 为门限效应检验

变量	地区	模型	Wald F 值	P 值	结论
产业结构变迁速度(*CR*)	全国	单一门限	53.410	0.0000	拒绝原假设
		双重门限	28.680	0.2590	接受原假设
	东部	单一门限	33.43	0.0320	拒绝原假设
		双重门限	15.51	0.4710	接受原假设
	中部	单一门限	26.57	0.0960	拒绝原假设
		双重门限	10.64	0.6170	接受原假设

续表

变量	地区	模型	Wald F 值	P 值	结论
产业结构变迁速度(*CR*)	西部	单一门限	44.15	0.0060	拒绝原假设
		双重门限	22.24	0.1110	接受原假设
产业结构合理化(*TL*)	全国	单一门限	25.35	0.2440	接受原假设
	东部	单一门限	18.48	0.2580	接受原假设
	中部	单一门限	25.62	0.2430	接受原假设
	西部	单一门限	68.84	0.0800	拒绝原假设
		双重门限	53.45	0.0400	拒绝原假设
		三重门限	14.65	0.8340	接受原假设
产业结构高度化(*TH*)	全国	单一门限	257.88	0.0000	拒绝原假设
		双重门限	146.28	0.1860	接受原假设
	东部	单一门限	226.35	0.0000	拒绝原假设
		双重门限	73.60	0.0000	拒绝原假设
		三重门限	50.95	0.3960	接受原假设
	中部	单一门限	43.63	0.2570	接受原假设
	西部	单一门限	90.45	0.1270	接受原假设

注：在确定了具体的门限值之后，本书利用 Stata 进行面板估计。样本区间为 1978—2016 年。

本书对全国、东部地区、中部地区以及西部地区的政府直接干预与行政性市场进入壁垒对产业结构变迁速度、结构合理化与高度化三个方面的影响，分别进行门限回归检验。在各次检验中，首先进行单一门限检验，对应的残差平方和达到最小，得到的 F 统计量的 P 值小于 0.1 时，可以拒绝无门限效应的原假设，表明门限是真实有效的。然后先固定第一个门限值，再搜寻第二个门限变量，得到相应的门限值，若 F 统计量的 P 值依然小于 0.1，则拒绝原假设，接受双重门限的存在。进一步进行三重门限检验，若 F 统计量的 P 值大于 0.1，则接受原假设，拒绝三重门限的存在。政府行为对产业结构变迁速度、产业结构变迁合理化以及高度化的影响及区域差异结果如表 5-4 所示。

（一）政府行为对产业结构变迁速度的阶段性影响

在产业结构变迁速度方面，全国以及分区域的政府行为均有显著的阶段性差异。从全国整体来看，在人均 GDP 小于 5766.381 元阶段，政府的直接干预与变迁速度显著负相关，行政性市场进入壁垒与其呈不显著的负

表 5-4　区域政府行为对产业结构变迁速度的门限回归结果

	全国		东部地区		中部地区	西部地区	
	变迁速度	高度化	变迁速度	高度化	变迁速度	变迁速度	合理化
门限值	(5.156, 8.660]	(5.156, 9.121]	(5.603, 7.611]	(5.603, 8.778]	(5.440, 8.589]	(5.156, 7.825]	(5.156, 5.874]
	(8.660, 10.569]	(9.121, 10.569]	(7.611, 10.569]	(8.778, 9.620]	(8.589, 9.740]	(7.825, 9.714]	(5.874, 7.457]
				(9.620, 10.569]			(7.457, 9.714]
ln*GOV* (Ⅰ)	-0.027*** (-2.72)	0.567** (2.48)	-0.077** (-2.42)	0.702* (1.93)	-0.031 (-1.50)	-0.051*** (-3.31)	0.433 (1.62)
ln*GOV* (Ⅱ)	-0.132*** (-8.55)	1.684*** (3.23)	-0.166*** (-6.81)	3.038*** (6.69)	-0.186*** (-5.61)	-0.103*** (-4.50)	-4.766*** (-7.84)
ln*GOV* (Ⅲ)				2.293*** (3.80)			-0.479* (-1.70)
ln*SOE* (Ⅰ)	-0.014 (-0.99)	0.820** (2.52)	-0.013 (-0.40)	0.023 (0.05)	-0.083*** (-3.00)	-0.109*** (-3.27)	2.052*** (6.18)
ln*SOE* (Ⅱ)	0.070*** (4.39)	1.077** (2.29)	0.011 (0.47)	-1.010** (-2.32)	0.041 (1.51)	-0.045 (-1.45)	5.626*** (8.60)
ln*SOE* (Ⅲ)				1.170** (2.04)			2.827*** (5.05)
ln*H*	-0.008** (-2.51)	0.151* (1.95)	-0.045*** (-3.74)	1.660*** (8.06)	-0.007* (-1.73)	0.020** (2.54)	0.928* (1.87)

续表

	全国		东部地区		中部地区	西部地区	
	变迁速度	高度化	变迁速度	高度化	变迁速度	变迁速度	合理化
ln*KTL*	-0.020*** (-2.98)	3.955*** (25.23)	0.074*** (4.40)	0.961*** (3.71)	-0.033*** (-2.93)	-0.083*** (-6.35)	-0.960*** (-4.71)
ln*UR*	0.046*** (2.68)	-4.042*** (-9.80)	0.006 (0.20)	-2.288*** (-4.53)	0.020 (0.64)	0.016 (0.56)	2.071*** (4.20)
ln*OPEN*	0.029*** (7.99)	-0.597*** (-6.81)	0.020*** (3.36)	-0.341*** (-3.64)	0.038*** (5.34)	0.033*** (5.23)	-0.325*** (-2.95)
_*CONS*	0.294*** (2.99)	-21.456*** (-9.09)	0.100 (0.51)	-10.308*** (-3.28)	0.759*** (4.01)	1.227*** (5.40)	-7.130** (-1.97)
Adj-R^2	0.2106	0.8572	0.2890	0.9516	0.2465	0.2789	0.4129
F 检验	4.28***	12.57***	3.20**	14.29***	4.70***	3.80***	22.55***

注：① 样本区间为1978—2016年；② 括号中的数值为z值；③ ***、**、*分别表示在1%、5%和10%的统计意义上显著。

相关。当人均 GDP 大于 5766. 381 元以后，政府的直接干预与变迁速度负相关性增大，而行政性市场进入壁垒与其呈显著的正相关关系。这表明随着发展阶段的转变，政府直接干预对产业结构变迁速度的不利影响会加剧，而随着国有企业改革的深化，行政性市场进入壁垒对提升国有资本配置效率发挥了积极作用，进而促进产业结构变迁。

分区域来看，各区域的阶段转变机制有所差异。东部地区在人均生产总值小于 2019. 287 元时，政府的直接干预、行政性市场进入壁垒均与产业结构变迁速度呈负相关关系，当人均生产总值大于 2019. 287 元时，政府的直接干预与其的负相关性增大，而行政性市场进入壁垒转变为不显著的正相关。中部地区在人均生产总值小于 5370. 267 元时，政府直接干预与变迁速度有不显著的负相关关系，行政性市场进入壁垒与其呈显著的负相关关系。当人均生产总值大于 5370. 267 元时，政府直接干预与变迁速度有显著的负相关关系，而行政性市场进入壁垒与其呈不显著的正相关关系。西部地区在人均生产总值小于 2501. 385 元时，政府的直接干预、行政性市场进入壁垒均与变迁速度有显著的负相关关系。当人均生产总值大于 2501. 385 元时，政府直接干预与产业结构变迁速度负相关性增强，行政性市场进入壁垒与其呈不显著的负相关关系。

可以看出，随着发展阶段的转变，各区域以财税支出占地区生产总值比重反映的政府直接干预对产业结构变迁速度的不利作用不断增强，其中，中部地区的抑制作用最大，东部地区次之，西部地区最小。同时行政性市场进入壁垒对其不利影响逐渐减小，其中，东、中部地区影响由抑制作用转变为促进作用，西部地区的抑制作用由显著转为不显著。可见，随着发展阶段的转变与区域制度变化的推进，政府直接干预对产业结构变迁速度的限制日益加剧，但行政性市场进入壁垒的影响有所转变，其不利影响逐渐减弱乃至转为有利影响。

在控制变量方面，全国及各区域的城市化水平与对外开放程度均与产业结构变迁速度有正相关性，但人力资本与资本深化的影响有一定的区域差异，全国层面以及中部地区人力资本与资本深化与结构变迁速度有显著的负相关性，但东部地区的人力资本与产业结构变迁速度有显著的负相关性，资本深化与其正相关。西部地区人力资本则与其有显著的正相关性，资本深化与其显著负相关。

（二）政府行为对产业结构变迁质量的阶段性影响

在对产业结构变迁质量的影响方面，政府行为对区域产业结构合理化与高度化的影响有一定的差异。

一是中部地区政府行为对产业结构变迁的有效性的影响未有显著的阶段性差异。

二是西部地区的政府活动只对产业结构的合理化的影响有阶段性差异。在人均生产总值小于355.811元时，政府直接干预与产业结构合理化有不显著的正相关性，行政性市场进入壁垒与其有显著的正相关性；当人均生产总值在355.811~1732.46元时，政府直接干预与产业结构合理化有显著的负相关关系，行政性市场进入壁垒的正相关性增强；当人均生产总值大于1732.46元时，政府直接干预的负相关性与行政性市场进入壁垒正相关性均有所减弱。可见，在对产业结构合理化的影响方面，西部地区的政府直接干预的限制作用与行政性市场进入壁垒的促进作用均有先增大后减小的阶段性特征。

三是在对产业结构高度化的影响中，从全国来看，在人均GDP小于9146.257元时，政府直接干预与行政性市场进入壁垒均与产业结构高度化有显著的正相关性，当人均GDP大于9146.257元时，政府直接干预与行政性市场进入壁垒的正相关性均显著增强，呈现阶段转换特征。东部地区的政府行为对产业结构变迁的高度化也有显著的阶段性差异，在人均生产总值小于6491.832元时，东部地区政府直接干预与产业结构高度化有显著的正相关性，而行政性市场进入壁垒与其有不显著的正相关性；当人均生产总值在6491.832元至15060.038元时，政府直接干预与其的正相关性增强，而行政性市场进入壁垒与产业结构高度化有显著负相关性，当人均生产总值大于15060.038元时，政府直接干预与其的正相关性减弱，行政性市场进入壁垒则与其呈显著的正相关。可见，随着发展阶段的转变，我国政府行为对产业结构高度化的促进作用均不断增强，东部地区的政府直接干预对产业结构高度化的影响先增强后减弱，行政性市场进入壁垒对其的影响呈先抑制后促进特征。

在控制变量方面，从全国来看，人力资本、资本深化对产业结构高度化有促进作用，而城市化与开放程度则不利于产业结构高度化。西部地区的人力资本与城市化水平有利于产业结构高度化，但资本深化与开放程度则对其有不利影响。

可以看出，政府直接干预强度与行政性市场进入壁垒对地区产业结构变迁的速度与有效性的影响有一定的阶段特征与区域差异。随着发展阶段的转变，政府直接干预对变迁速度的不利影响不断增强，对产业结构合理化的不利影响先增强后减弱，对高度化的促进作用不断增强；行政性市场进入壁垒对变迁速度的不利影响逐渐减弱，对结构合理化促进作用先增大后减小，对高度化的促进作用不断增强。各区域政府行为对变迁速度均有阶段性影响，但只有西部地区的政府行为对产业结构合理化有阶段性影响，东部地区的政府行为对产业结构高度化有阶段性影响。

二、基于动态面板模型的稳健性检验

部分地区的政府行为对产业结构变迁的影响不存在显著的阶段性差异，鉴于产业结构变迁是一个长期动态过程，政府对产业结构变迁的影响有一定的时滞性，为了有效地消除变量之间的自相关性，本书采取广义矩估计(SYS-GMM)分别检验政府行为对产业结构变迁的影响及区域差异。稳健性检验模型如下：

$$Y_{it}=\lambda_0+\lambda_1 Y_{it-1}+\lambda_2 GOV_{it}+\lambda_3 SOE_{it}+\lambda_k\sum_{k=1}^{n} Control_{it}+\varepsilon_{it},\ i=1,\ 2,\ \cdots,\ n$$

其中，Y_{it}表示地区产业结构变迁的速度(CR)、产业结构变迁的合理化(TL)以及产业结构变迁的高度化(TH)。所得结果如表5-5、表5-6所示。

表5-5 全国政府行为对产业结构变迁的影响的动态面板检验结果

变量	速度	速度	合理化	合理化	高度化	高度化
L. CR	0.436*** (6.93)	0.316*** (2.83)				
L. TL			15.886*** (3.92)	10.709 (0.43)		
L. TH					1.074*** (37.43)	1.052*** (15.37)
lnGOV	−0.065*** (−2.86)	−0.085 (−0.76)	−0.462 (−0.50)	−5.423* (−1.76)	0.007 (0.03)	0.270 (1.02)
lnSOE	0.018** (2.34)	0.326* (1.95)	−2.402*** (−3.07)	−2.848 (−0.74)	−0.033 (−0.23)	0.662 (1.62)

续表

变量	速度	速度	合理化	合理化	高度化	高度化
lnH		-0.263 (-1.00)		12.102* (1.94)		0.046 (0.35)
lnKTL		-0.248** (-2.01)		-18.705** (-2.23)		-1.095* (-1.84)
lnUR		-0.101 (-0.44)		13.407** (2.55)		-0.945** (-2.27)
lnOPEN		0.013 (0.27)		1.359 (0.81)		0.040 (0.37)
lnGDPPC		0.731 (1.64)		0.640 (0.52)		1.907** (2.22)
_cons	0.195*** (3.37)	-1.981 (-1.23)	-0.061 (-1.27)	-0.603*** (-2.91)	0.177 (0.73)	-4.179* (-1.72)
AR(2)	0.000	0.206	0.343	0.336	0.533	0.539
Hansen	0.000	0.001	0.144	0.141	0.020	0.051

注：① 样本区间为 1978—2016 年；② 括号中的数值为 z 值；③ ***、**、* 分别表示在 1%、5%和 10%的统计意义上显著；④ AR(2)和 Hansen 是二阶序列相关和工具变量有效性的 P 值。

从全国来看，政府直接干预与结构变迁速度以及产业结构合理化呈负相关关系，与产业结构高度化有不显著的正相关性。行政性市场进入壁垒与变迁速度有显著正相关关系，与结构合理化水平有不显著的负相关性，与产业结构高度化的关系不显著。这与面板门限模型的检验结果基本一致。该结果表明，政府直接干预活动对产业结构高度化有一定的积极影响，但却抑制了产业结构合理化与产业结构变迁速度。而行政性市场进入壁垒尽管有利于加速地区产业结构变迁，但对产业结构变迁的有效性有一定的制约作用。

在控制变量方面，人力资本与产业结构合理化具有显著的正相关性，与产业结构高度化有不显著的正相关性，与产业结构变迁速度有不显著的负相关性，地区的资本深化与产业间结构变迁的各方面均有显著的负相关性，城市化水平与产业结构的合理化有显著正相关性，但与产业结构变迁高度化有显著的负相关性，与产业结构变迁速度有不显著的负相关性，对外开放水平与产业结构的合理化有不显著的正相关性，与产业结构变迁高度化以及产业结构变迁速度有不显著的正相关性。

表 5-6　分区域政府行为对产业结构变迁的动态面板检验结果

质量	东部地区			中部地区			西部地区		
	速度	合理化	高度化	速度	合理化	高度化	速度	合理化	高度化
L. *CR*	0.503*** (5.01)			0.490*** (7.89)			0.402*** (4.17)		
L. *TL*		-0.208*** (-2.75)			0.462*** (2.72)			0.953*** (17.59)	
L. *TH*			1.050*** (22.44)			1.094*** (23.40)			1.090*** (26.88)
ln*GOV*	-0.091** (-2.05)	2.364** (2.35)	0.111 (0.22)	-0.098*** (-4.52)	-2.415* (-1.65)	-0.196 (-0.91)	-0.042 (-1.33)	-0.512 (-0.93)	0.089 (0.20)
ln*SOE*	0.008 (0.70)	3.478 (1.17)	-0.143 (-0.72)	-0.012 (-0.78)	-0.836 (-1.07)	0.037 (0.16)	0.012 (0.95)	-0.168 (-0.82)	0.178 (0.66)
_cons	0.270*** (3.01)	-51.598** (-2.02)	0.444 (0.89)	0.380*** (3.52)	12.432* (1.66)	0.355 (0.31)	0.173 (1.32)	2.411 (0.96)	-1.026 (-1.21)
AR(2)	0.009	0.340	0.470	0.012	0.288	0.062	0.334	0.250	0.539
Hansen	0.071	0.094	0.113	0.087	0.093	0.245	0.072	0.075	0.241

注：① 样本区间为 1978—2016 年；② 括号中的数值为 z 值；③ ***、**、** 分别表示在 1%、5%和 10%的统计意义上显著；④ AR(2) 和 Hansen 是二阶序列相关和工具变量有效性的 P 值。

分区域来看，一方面，政府直接干预与产业结构变迁速度均有负相关性，中部地区的不利影响最大，东部地区次之，西部地区的不利影响不显著。其对产业结构有效性的作用机制有显著区域差异。一是对产业结构合理化，东部地区有显著促进作用，但中西部地区有不利影响，且中部地区较大。二是对产业结构高度化，东西部地区有不显著的正向影响，而中部地区有不显著的负向影响。另一方面，行政性市场进入壁垒对产业结构变迁的速度与有效性的影响机制均有显著区域差异。一是与变迁速度的关系，东西部地区呈不显著的正相关，中部地区呈不显著的负相关。二是与产业结构转型的关系，东部地区呈不显著的正相关，但中西部呈不显著的负相关。三是与产业结构高度化的关系，东部地区呈不显著的负相关，但中西部呈不显著的正相关。

可以看出，开放水平较高的东部地区的政府行为对区域产业结构变迁的影响与发展水平较低的中西部地区有一定差异。东部地区的政府行为更关注产业结构转型质量，而中西部地区则更关注基于加速产业结构变迁的规模扩张引起的产业结构高度化，且发展水平越低的区域政府行为的影响力度越强。

第五节 本章小结

本章通过回顾新中国成立以来政府行为对产业发展与结构变迁的影响及阶段性特征，提出政府对区域产业结构变迁影响机理的阶段性特征与理论假说。本书认为，发展阶段与市场化进程的差异使得地区政府在促进区域产业结构变迁中的目标与约束条件不同，造成政府行为对产业结构变迁影响的阶段性特征与区域差异。对发展水平较低、改革开放进程缓慢的地区，政府偏向采取替代市场机制的强制型措施，干预地区要素重置与比较优势的发挥，通过扩大非农产业规模，推进地区工业化进程。但对于发展水平与改革开放程度较高的地区，政府偏向采取补充市场机制的诱致型措施，充分发挥地区比较优势，通过有效的要素重置以及产业结构的合理化，提升地区产业结构变迁的有效性。

检验结果表明：随着发展阶段的转变，政府直接干预对变迁速度的限制作用以及对结构高度化的促进作用均不断增强，对产业结构合理化的不利影响呈先增强后减弱的变化特征。行政性市场进入壁垒对变迁速度的限制作用逐渐减弱，对结构合理化促进作用均呈先增强后减弱的变化特征，对结构高度化的促进作用不断增强。区域差异主要体现为，尽管各区域政府行为对变迁速度均有阶段性影响，但只有东西部地区政府行为对产业结构变迁质量有阶段性影响，其中，东部地区表现为对产业结构高度化影响的阶段性差异，西部地区表现为对产业结构合理化影响的阶段性差异。与此同时，市场化程度较高的东部地区的政府行为对区域产业结构变迁的影响与发展水平较低的中西部地区有一定差异。东部地区的政府行为更关注产业结构转型质量，而中西部地区则偏向基于加速产业结构变迁的规模扩张引起的产业结构高度化，且发展水平越低的区域，政府行为的影响力度越强。

可见，政府行为是影响产业结构变迁的方向与路径选择的重要因素，不同的政府行为会造成区域产业结构变迁路径及其增长效应的差异。因此，应进一步细化政府行为，分析政府行为对产业结构变迁不同维度的影响机理，甄别有效促进与制约产业结构变迁的政府行为，从而针对高质量发展阶段产业结构变迁的目标，提出优化政府行为、提升政府治理能力的政策建议。

第六章 政府行为对产业结构转型的影响及区域差异——基于要素重置视角的分析

以要素在不同产业部门之间流动与重置为基础的产业结构转型是区域产业结构变迁的基本路径，也是后发追赶型经济体发挥初始比较优势、释放结构红利的主要机制。作为影响要素重置方向、效率的关键因素，要素市场的发育程度不仅反映了各类要素价格、供求总量与结构，还体现了与产品市场的协调水平。要素市场扭曲会限制形成有效的要素价格机制并引导要素跨部门的流动。在区域产业结构转型过程中，政府既会直接影响产业结构转型，还会通过影响要素市场发育间接影响要素重置与结构转型。本章聚焦以要素重置为基础的区域产业结构转型，首先分析区域产业结构转型的时序特征与部门差异，其次提出政府行为对要素市场发育、产业结构转型的影响机理与理论假说，最后采用中介效应模型与调节效应模型检验政府行为、要素市场发育与产业结构转型内在机理及区域差异。

第一节 我国区域产业结构转型的典型事实

非均衡的要素市场是影响产业结构转型的关键，要素在产业间产出效率的差异，造成生产要素跨部门的流动与重置。因此，本章对区域传统三产结构转型、制造业以及服务业结构转型的时序特征进行比较分析，梳理我国区域产业结构转型的典型事实。

一、区域产业结构转型的内涵与特征

作为产业结构变迁的基础，产业结构转型以要素在不同产业部门间重置为基础，其目标是通过将要素重新配置到产出水平较高的部门，提高要

素投入结构与产业产出结构的耦合程度，从而提升产业产出效率。根据转型方向与效率的差异，可以分为能够形成结构红利、促进经济增长的有效产业结构转型以及加剧要素错配、难以提高要素配置效率的无效产业结构转型。有效的产业结构转型能够使有限的要素流入高生产率或高生产率增长的部门，从而改善要素配置结构，促进经济发展；而无效的产业结构转型则由于地区要素市场发育滞后，造成要素市场的扭曲与要素重置的制度障碍，要素跨部门的流动未能使有限要素流入生产率水平较高的部门，进而加剧要素错配，阻碍经济增长。

根据结构维度的划分，产业结构转型也可分为产业间结构转型与产业内结构转型。产业间结构转型是指要素在农业、工业以及服务业间流动重置引起的三大产业产值比重的变化。产业内结构转型则是基于行业的划分，是指在产业内部，要素在不同行业间的重置所引起的行业部门要素投入和产出比重的变化，具体包括农业部门要素由低生产率的农业向产出效率高的现代化农业部门转移；制造业中劳动密集型、资本密集型以及技术密集型制造业等不同要素密集度制造业要素配置与行业产出比重的变迁以及服务业中具有不同技术进步效率与产业关联程度的生产性服务业与消费性服务业的比重变化。

产业结构转型的质量体现为要素投入结构和产出结构耦合程度，注重基于要素有效配置的产业之间的协调发展。因此，产业结构合理化程度体现了要素资源在区域产业的协调配置和利用效率，作为对一个地区产业之间的比例均衡和关联协调程度，或是要素投入结构和产出结构耦合程度的衡量(孔令池，2015)，是结构转型质量的主要表现，反映了基于地区内部产业间协调程度和关联作用程度提高所取得的结构效益提升的产业结构优化过程。现有研究主要采取结构偏离度与泰尔指数两个指标反映产业结构合理化水平。本书基于不同维度的产业划分，构建了反映要素投入结构和产出结构耦合程度的产业结构偏离度如下：

$$E_M = \sum_{i=1}^{n}\left|\frac{Y_{jmi}/L_{jmi}}{Y_{jm}/L_{jm}} - 1\right| = \sum_{i=1}^{n}\left|\frac{Y_{jmi}/Y_{jm}}{L_{jmi}/L_{jm}} - 1\right| \tag{6.1}$$

$$E_S = \sum_{i=1}^{n}\left|\frac{Y_{jsi}/L_{jsi}}{Y_{js}/L_{js}} - 1\right| = \sum_{i=1}^{n}\left|\frac{Y_{jsi}/Y_{js}}{L_{jsi}/L_{js}} - 1\right| \tag{6.2}$$

其中，E_M、E_S 分别表示地区制造业与服务业的结构偏离度，Y_{jmi}、Y_{jsi} 分别表示 j 地区制造业、服务业 i 行业的增加值，L_{jmi}、L_{jsi} 表示 j 地区制造业、服务业 i 行业的就业人数。Y_{jm}、Y_{js} 分别表示 j 地区制造业与服务业的总增加值，L_{jm}、L_{js} 表示 j 地区制造业与服务业的总就业人数。i 表示行业，n 表示制造业(服务业)的产业部门数。当经济均衡时，$Y_i/L_i=Y/L$，从而 E 为0。同时，Y_i/Y、L_i/L 分别表示地区产出结构与就业结构。因此，E 反映了产出结构和就业结构耦合性。E 越大，表明产业结构越不合理，越偏离均衡状态。

但产业结构偏离度忽视了各产业在经济体中的重要程度。为了综合反映产业的相对重要性，本书进一步基于不同产业内部结构的划分，参照干春晖等(2011)的做法，构建了基于泰尔指数的产业结构合理化指数。具体计算如式(6.3)与式(6.4)所示。

$$MTL=\sum_{i=1}^{n}\left[\left(\frac{Y_{jmi}}{Y_{jm}}\right)\times\ln\left(\frac{Y_{jmi}}{Y_{jm}}\Big/\frac{L_{jmi}}{L_{jm}}\right)\right] \tag{6.3}$$

$$STL=\sum_{i=1}^{n}\left[\left(\frac{Y_{jsi}}{Y_{js}}\right)\times\ln\left(\frac{Y_{jsi}}{Y_{js}}\Big/\frac{L_{jsi}}{L_{js}}\right)\right] \tag{6.4}$$

其中，MTL、STL 分别表示制造业结构合理化与服务业结构合理化，i 表示制造业(服务业)行业，j 表示地区。Y_{jmi}、Y_{jsi} 分别表示 j 地区制造业、服务业 i 行业的增加值，L_{jmi}、L_{jsi} 表示 j 地区制造业、服务业 i 行业的就业人数。Y_{jm}、Y_{js} 分别表示 j 地区制造业与服务业的总增加值，L_{jm}、L_{js} 表示 j 地区制造业与服务业的总就业人数。TL 与地区产业结构合理化程度呈负相关性。TL 越大，表明地区产业结构越不合理。因此，本书进一步采用叶宗裕(2003)的正向化过程，将反向指标正向化，即 $TL_{it}^{*}=\max\{TL_{it}\}-TL_{it}$。

二、区域产业结构转型的时序特征

(一) 区域产业结构转型的时序特征

经典理论关于产业结构变迁一般规律的分析，主要聚焦传统三大产业的结构转型情况。主要表现为非农产业产值与要素投入比重的上升，在工业化初期以第二产业比重上升为主，在后工业化阶段则以第三产业比重上升为主。如图 6-1 所示，分税制改革以来，我国各区域结构偏离度呈倒 N

型变化，产业结构合理化水平大致经历了先下降后上升的U形变化。这表明我国各区域产业结构转型水平经历了先降低后回升的过程。在分税制改革初期，我国产业结构的合理化水平有所下降，表明该时期我国区域要素重置水平均较低，之后要素重置水平有所提升，要素投入结构与产出结构的耦合程度逐渐提高，使得各区域的产业结构合理化水平不断上升。分区域来看，沿海各区域的产业结构合理化水平尽管在初期较低，但之后显著增长，特别是东部沿海地区的产业结构合理化水平自1998年起率先稳步上升，产业结构偏离程度相对较小并保持不断下降的趋势。东北、黄河中游以及西北地区的产业结构合理化水平在1994—2000年相对较高，但降幅也最大，2008年之后仅有小幅回升。其中，东北地区的产业结构偏离度在1994—1996年较低，但在1996—2004年大幅提升，并保持较高水平；西北地区以及黄河中游地区的产业结构偏离度长期处于较高水平。长江中游与西南地区的产业结构转型质量居中。其中长江中游的产业结构合理化程度在1996—2003年大幅下降，之后波动回升；西南地区的产业结构合理化程度在1994—2010年有较大的波动变化，但在2010年之后保持持续增长态势。

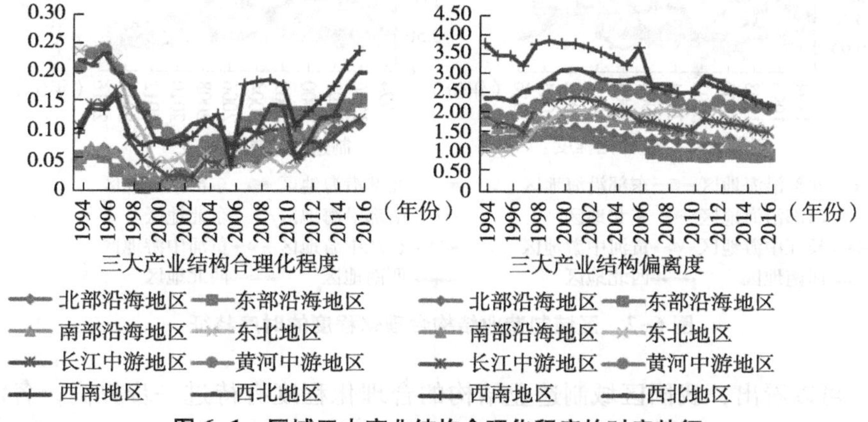

图6-1 区域三大产业结构合理化程度的时序特征

可以看出，我国的产业间转型质量经历了先降低后回升的过程。其中，沿海地区的产业结构合理化水平持续提升，而受计划经济时期工业布局规划以及重工业优先发展战略影响较大的东北、黄河中游以及西北地区产业结构合理化水平则有大幅下降，近年才有向好发展趋势。此外，长江中游与西南地区的产业结构转型水平相对稳定，虽在初期有显著下降但2000年初就较早回升。

（二）区域制造业结构转型的时序特征

制造业结构转型主要表现为制造业中要素与产出逐渐由以劳动密集型为主向资本、技术密集型为主顺次演变。如图 6-2 所示，我国区域制造业结构转型质量有较大差异，南部沿海、长江中游以及西南地区的制造业结构合理化程度经历了先下降后上升的 U 形变化，其中，南部沿海地区增幅显著，长江中游地区次之。其他地区则在 1994—1998 年有所上升，之后出现下降趋势，其中，东北与西北地区持续下降，且降幅最大，而北部沿海、东部沿海以及黄河中游地区自 2004 年起逐渐回升。从制造业结构偏离度来看，北部沿海、东部沿海以及黄河中游地区的产业结构偏离度较低；南部沿海、西北以及东北地区的制造业结构偏离度在 2007 年前有波动上升趋势，2008 年起有显著下降态势；西南地区的制造业结构偏离程度从 2003 年起不断下降。

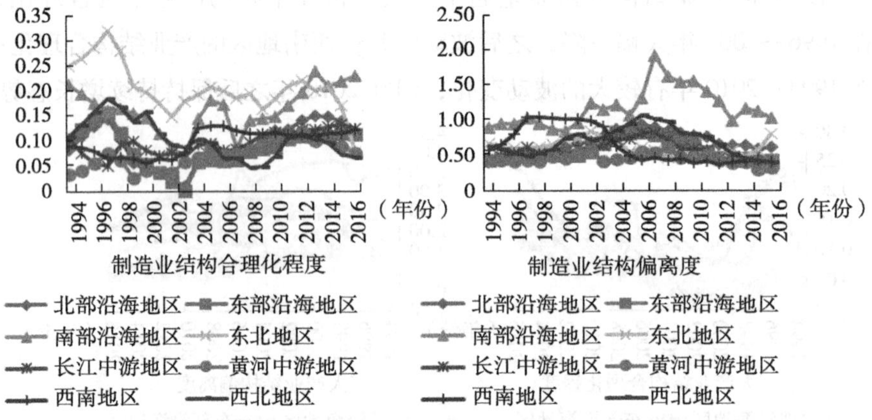

图 6-2　区域制造业结构合理化程度的时序特征

可以看出，我国区域制造业结构的合理化程度有待进一步提高，各沿海区域、长江中游与西南地区的合理化程度虽有上升但是增速缓慢，而东北、西北地区则长期保持下降态势。

（三）区域服务业结构转型的时序特征

服务业结构的合理化程度对于以服务业为主导的后工业化阶段有着重要意义。根据与制造业的相关程度的差异，可以分为具有较高技术进步生产率的生产性服务业部门与技术进步率相对较低的消费性服务业部门。总体来看，各区域服务业产业结构合理化水平均不断上升，结构偏离度也不断下降。其中，北部沿海、长江中游以及黄河中游地区的增幅显著；南部沿海与西南地区的增幅较缓慢；东部沿海与东北地区增速在2008年后有所放缓；西北地区尽管在1994—2006年大幅增长，但之后波动下降，稳定性较差。从服务业结构偏离度来看，东部沿海与南部沿海地区的服务业结构偏离度长期保持较低水平；东北、长江中游地区次之；北部沿海与西南地区的服务业结构偏离度适中，且降幅较小；黄河中游与西北地区的服务业结构偏离度相对较高，但下降趋势显著（见图6-3）。

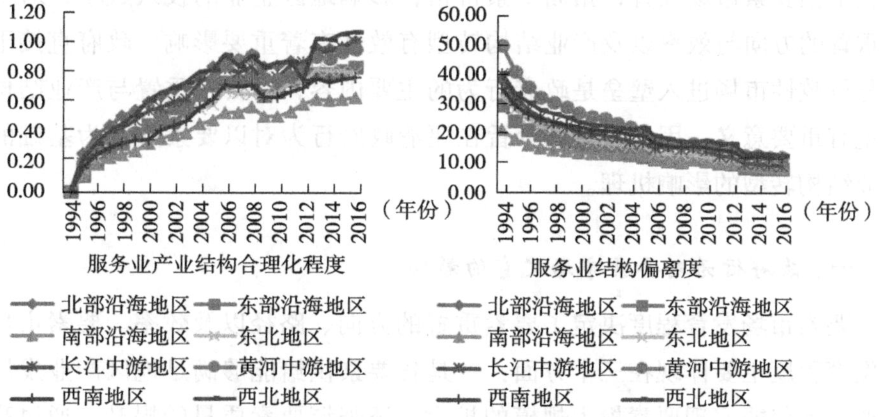

图6-3 区域服务业结构合理化程度的时序特征

可以看出，我国各区域的服务业结构转型水平不断提升，但增长幅度与速度有所差异。南部沿海、西南、东北以及东部沿海地区增长较为缓慢，长江中游、黄河中游以及北部沿海地区增长显著。

从产业间结构转型与产业内结构转型的水平的时序特征与区域差异可以看出，尽管我国各区域产业结构转型质量有所提升，但不同区域、不同部门之间的转型质量有显著的差异。一方面，产业间结构转型水平经历了先下降后上升的U形变化过程，而制造业结构合理化水平则呈N形变化趋势，服务业结构的合理化水平不断提升。另一方面，沿海地区的三产结构转型与制造业结构转型的水平较优，制造业结构合理化能够保持上升态势。长江中游与西南地区三产结构转型水平与制造业结构转型初期水平有限，但之后增长稳定。黄河中游三产结构转型水平适中，但制造业结构转型水平较低。探求引起差异的原因对释放结构红利、促进经济增长有着重要的支撑作用。

第二节 政府行为、要素重置与产业结构转型的机理分析与理论假说

作为产业结构变迁的主要路径，产业结构转型的基础要素跨部门的重置，是地区充分发挥初始比较优势的重要表现。对于市场机制尚不完善的后发追赶型经济体而言，政府通过补充或替代市场机制，采取直接或间接措施干预要素市场发育，扭曲要素价格，影响地区企业的投入成本，对要素重置的方向与效率以及产业结构转型有效性有着重要影响。政府直接干预与行政性市场进入壁垒是政府行为的主要内容，对要素重置与产业结构转型有重要意义。因此，本部分旨在厘清政府行为对以要素重置为基础的产业结构转型的影响机理。

一、政府行为对要素市场发育的影响

要素市场发育程度决定了要素重置的方向、路径以及效率。要素市场的发育程度主要体现在三个方面：一是各要素供给能够满足地区产业发展需要，不仅能实现要素投入规模的扩大，还强调要素质量的提升，通过高端要素的培育，实现由比较优势向竞争优势的转变，使得地区的要素禀赋结构与产业结构协同发展。二是要素价格的有效性，即各要素的价格是否能够充分反映要素的稀缺程度，有效调节要素供求，引导要素流动。三是要素市场与产品市场的协同程度，完善要素市场是为了满足地区产业发展与结构变迁的需求。符合地区产业产品市场的需求的要素市场，能够以有效的要素价格信号，影响地区的要素供给规模与配置结构，引导要素在不同产业部门间重置，同时产品市场也能通过反馈机制引导要素市场的发展与要素质量的提升。

由于要素重置是产业结构转型的基础，政府为促进地区产业发展与结构变迁会通过干预要素市场的发育程度，影响要素供给与配置结构以及要素价格，进而管控要素重置的方向、速度与效率。对于后发追赶型经济体而言，政府对地区要素市场发育的影响主要有以下三个方面：一是政府会利用对自然资源的所有权，决定自然资源的供给总量与配置结构，同时还会通过管控资本市场，影响地区资本的供给总量与配置结构。二是政府会

利用制度约束影响地区劳动力市场的发育，在激励地区劳动力由农业部门向非农部门转移的同时，也会限制地区劳动力跨区域的流动。三是政府会通过影响不同要素在不同产业的报酬，通过管控要素价格，影响地区比较优势的发挥。特别是资本与劳动报酬的失衡是制约要素重置的重要因素。Hsieh 和 Klenow(2009)、Brandt 等(2013)等提出地方政府为加速地区经济增长，会倾向于发展不符合地区要素禀赋的产业，但所造成的要素价格扭曲会加剧效率损失，限制全要素生产率提升。已有研究也表明，中国存在较为严重的要素扭曲现象，要素重置对经济增长的贡献作用有限(刘贯春、张晓云、邓光耀，2017)。总体来看，政府为促进地区经济发展，会通过改变要素价格与要素供给数量，干预要素市场发育。有效的政府行为能够通过提升要素质量，促进规模效应，优化要素市场，在发挥比较优势的同时，培育动态比较优势。但不利的政府行为则会通过管控要素供求与价格，造成所有制歧视与要素报酬失衡等问题，进而加剧要素市场扭曲，限制比较优势的发挥与动态比较优势的培育。

不容忽视的是，由于要素市场发育程度反映了地区市场化进程与比较优势的动态变化，因此，要素市场发育也会影响政府行为的绩效。随着地区要素市场的发育，逐渐减弱的要素市场扭曲会放大政府行为的影响作用。对于市场机制较完善的地区，市场机制能够在要素配置中发挥决定性作用，能够激励政府为进一步提高产出效率，积极提升要素质量，培育动态比较优势。同时，还会倒逼政府破除行政性市场进入壁垒，释放企业活力，形成基于要素自由流动和企业自由退出的高质量规模效应，扩大政府行为的积极作用。但对于正在加速工业化进程，且要素市场初始发育水平较低的地区，不完善的市场机制会加剧政府行为的影响，不仅会扩大政府直接干预要素供求与价格对产业发展与结构变迁的影响程度，还会扭曲政府干预的影响机制，难以实现发挥初始比较优势、培育动态比较优势的干预目标，加剧政府干预的不利影响。

二、政府行为、要素重置与产业结构变迁

结合斯蒂格利茨(1998)提出政府对经济增长与结构变迁的影响主要有两种手段，即政府直接干预与管制和政府直接控制企业，本书进一步分析政府直接干预与行政性市场进入壁垒对要素市场发育及产业结构转型的

影响。

（一）政府直接干预、要素重置与产业结构转型

政府直接干预可分为两种：一是不利于充分发挥地区比较优势的直接干预，通过替代市场机制，直接管控要素供求与价格，加剧要素市场扭曲，限制要素重置与结构转型。二是有利于培育动态比较优势的直接干预，通过补充市场机制，扩大教育与科技的支持，提升要素质量与技术创新效率，有利于要素重置效率。

第一类是以传统产业结构政策为代表的政府直接干预。作为对市场机制的一种替代和补充，该类直接干预通过影响地区要素市场发育，对要素重置的方向选择与重置速度有着一定的决定性作用。在劳动力重置方面，政府既要鼓励滞留在农村的大量剩余劳动力流入城市的非农业部门，还需为保障本地区产业的发展，设置制度障碍，限制地区劳动力的跨区域流出。在资本配置方面，政府不仅作为资本供给主体直接影响资本市场规模，还会通过财税政策影响资本的行业配置结构。此外，政府还利用自然资源的开采权，管控地区自然资源的开采、加工和配置。有效的产业结构政策能够诱致要素重置到符合地区要素禀赋与市场需求的产业，化解地区要素错配，提高结构转型质量；无效的产业结构政策则是利用政府强制干预政策，扭曲要素价格来扶持具有较高附加值与产出水平，但不符合地区要素禀赋条件与市场需求的产业部门，既会限制要素重置的速度，更会造成不符合地区发展阶段的要素重置方向，难以满足市场需求，造成产能过剩与产能不足的双重结构失衡，加剧效率损失。赵秋运等（2017）提出，政府在“晋升锦标赛”机制的影响下，为加速地区经济增长，更偏向对资本的管控，弱化对劳动力的保护，从而加剧产业资本劳动比的失衡，限制了地区初始比较优势的充分发挥，并造成了要素报酬的失衡，制约要素重置与居民消费结构的升级。陈诗一（2017）认为政府投资的扩张会对私人投资造成挤出效应，不仅会造成资源错配，还会抑制劳动要素的贡献，限制了传统要素产出效率。为扶持不符合地区要素禀赋的产业发展，政府的干预活动会加剧要素错配，限制产业结构转型（Hsieh and Klenow，2009；Brandt et al.，2013）。

第二类是以产业技术政策为代表的政府直接干预。政府在教育与科技领域的投资是培育高端要素、促进技术创新与扩散、培育地区动态比较优

势的关键。一方面，地区基础教育的投入有利于地区人力资本的积累，职业教育的完善能够提高劳动力在“干中学”中积累的人力资本，高等教育水平的提升能够为技术创新提供专业人力资本要素支持。另一方面，政府的科技财政投入力度，对激励地区企业、高校、研究院所等不同创新主体开展创新活动、分担创新风险、保障创新成果产权、促进创新扩散都有着重要意义。有效的产业技术政策不仅能够释放地区后发优势，通过对外合作、引进先进技术设备等措施加速地区技术进步，还有利于培育创新要素，促进不同创新主体的创新活动以及各创新环境的协同效应，从而加快地区产业结构转型速度；而低效的产业技术政策会限制创新要素的配置结构优化与创新主体的协同创新作用，难以培育出符合地区产业发展的高端要素与有效的创新机制，较高的交易费用也限制了地区产业结构转型速度。

据此，提出假说1：政府直接干预对产业结构转型的影响机制与直接干预措施有关。对于发展水平与市场化程度较高的地区，政府偏向于选择培育动态比较优势的诱致型直接干预措施，优化要素市场，促进产业结构转型；但对于发展水平与市场化程度较低的地区，政府偏向于采取管控要素重置的强制型直接干预措施，加剧要素市场扭曲，限制结构转型。

（二）行政性市场进入壁垒、要素重置与产业结构转型

行政性市场进入壁垒对地区产业组织有着重要影响，其中，产业组织政策是行政性市场进入壁垒的主要措施。作为政府与市场关系在市场主体维度的体现，产业组织对地区要素重置的方向有重要影响。对于后发追赶型经济体而言，为了培育地区新兴产业的发展、推进地区产业规模的扩大，政府会利用行政性市场进入壁垒，发挥国有企业的力量以及政府的监管作用，促进地区比较优势的充分发挥，加速培育地区的动态比较优势。有效的市场组织能够形成有序的市场竞争环境，激励企业的生产与创新活力，提高要素的配置效率与要素质量。国有企业在扶持长投入产出周期的产业以及战略性产业方面处在关键地位，还能为其他中小企业提供一定的基础服务与产业支持，特别是在技术创新方面发挥带动作用。

与此同时，随着市场化进程的推进，市场机制逐渐完善，市场环境不断优化，针对非战略产业部门的行政性市场进入壁垒，会引起所有制歧

视，限制具有较大市场灵活性与生产效率的中小企业的发展。一是会限制有效竞争，造成要素重置的制度障碍，限制地区比较优势的充分发挥。除了会对劳动力跨部门流动造成制度障碍外，还会影响资本配置结构。巴曙松等(2005)指出地方政府在国有大银行中仍然具有较强的干预能力，政府对银行信贷的干预会造成效率损失，扭曲资本价格与供求结构。江伟和李斌(2006)、余明桂和潘红波(2008)等也认为政府干预会引起所有制歧视问题，造成民营企业难以获取有效的金融支持，限制资本配给效率。二是过度的行政性市场进入壁垒会造成行政垄断，会增加企业进入和退出市场的成本以及交易费用，同时还会限制企业的自主创新活力，以及不同创新环节的协同效率，制约创新成果转化率以及动态比较优势的培育。可见，有效的产业组织政策能够形成有序竞争的市场主体结构，不仅能发挥国有资本规模效应与战略保障作用，还能释放中小企业的活力，保障要素的配置效率与企业的产出水平；低效的产业组织政策则会造成所有制歧视，使得要素集聚到具有行政垄断力量的国有部门，抑制要素的配置效率。

据此，提出假说2：行政性市场进入壁垒对要素市场发育、产业结构转型的影响和地区发展阶段与市场化进程有关。对于发展水平与市场化程度较低的地区，适度的行政性市场进入壁垒有利于地区发挥比较优势，促进要素重置与结构转型；但对发展水平与市场化程度较高的地区，过度的行政性市场进入壁垒则会加剧要素市场扭曲，限制结构转型。

直接干预与行政性市场进入壁垒等政府行为，不仅会直接影响结构转型，还会通过影响地区要素市场发育对其造成间接影响。对不同发展阶段与市场化进程的地区，不同的政府行为会对产业结构转型产生差异化的影响。旨在补充市场机制、充分发挥地区初始比较优势、培育动态比较优势、实现以效率提升为基础的规模经济的政府行为能够促进地区要素市场发育与产业结构转型，但旨在替代市场机制、干预要素供求、扭曲要素价格、实现以行政垄断为基础的规模经济的政府行为会加剧地区要素市场扭曲，抑制要素重置与产业结构转型。政府行为、要素市场发育与区域产业结构转型影响机制如图6-4所示。

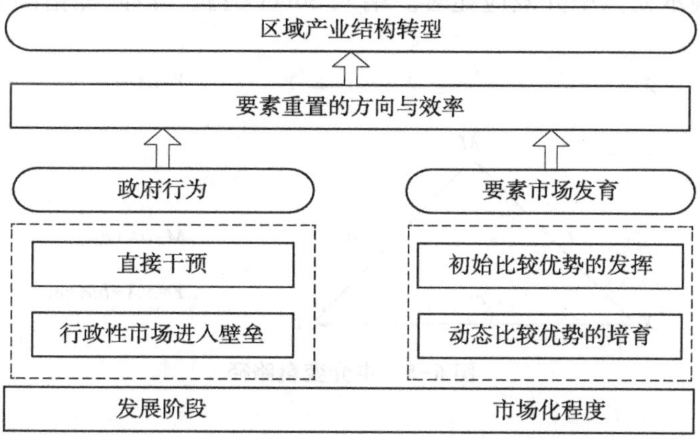

图 6-4 政府行为、要素市场发育与区域产业结构转型影响机制

第三节 模型构建与数据说明

一、模型设定

为了验证上文假说，分析我国政府行为对产业结构转型的影响及其主要路径与区域差异，结合上一节政府在产业结构、产业组织以及产业技术等方面对产业转型的多重影响，揭示政府产业政策对产业结构转型影响的内在机制。本章主要借鉴 Baron 和 Kenny(1986)的中介效应检验方法，分析政府产业政策对要素市场和产业结构变迁的影响。其中，采取动态面板模型对政府干预对要素市场发育以及产业结构转型的相关性进行检验。

（一）中介效应模型

中介效应主要用于测度解释变量通过中介变量间接对被解释变量的影响程度。如图 6-5 所示，其中 M 表示中介变量，解释变量 X 通过中介变量 M 影响被解释变量 Y。其中，c 表示 X 对 Y 的总效应，a、b 为 X 经过 M 对 Y 产生的影响效应，c'表示 X 对 Y 的直接效应，e_1、e_2、e_3为残差项。如图 6-6 所示，本书参考温忠麟等(2014)提出的 Bootstrap 方法，考虑部分中介检验与完全中介检验。首先，检验系数 c，如显著，则依次检验系数 a、b，如 a、b 都显著，则检验系数 c'，如 c'显著，则表示中介效应显著，如 c'不显著，则表示完全中介效应显著。纳入 Sobel 检验，以降低错误率。

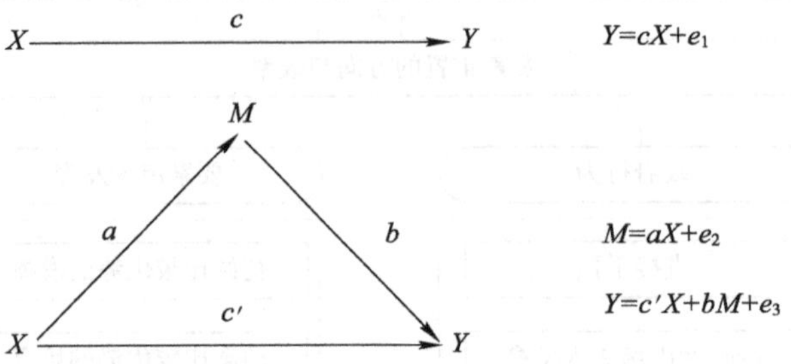

图 6-5　中介变量路径

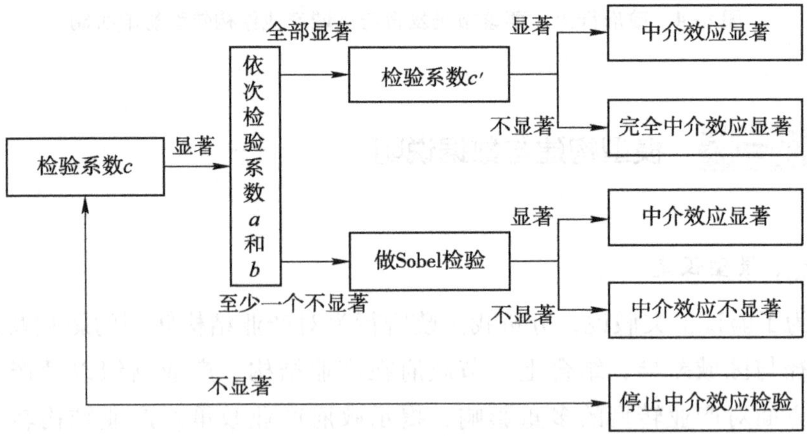

图 6-6　中介效应检验程序

本书以 1994 年国务院颁布的《90 年代国家产业政策纲要》为重要时点，计算 30 个省份的 20 个制造业部门、14 个服务业部门结构转型水平。考虑到动态面板模型的数据要求，本书将区域分为东部地区、中部地区以及西部地区三个区域进行比较分析，并结合经典研究，以地区要素市场扭曲程度反映地区要素市场的发育水平。

第一步，分别检验政府直接干预与行政性市场进入壁垒两种政府行为对制造业结构转型与服务业结构转型的影响。第二步，检验政府行为对要素市场扭曲的影响。第三步，分别检验政府行为与要素市场扭曲对制造业与服务业结构转型的影响。具体模型设置如下：

$$TL_{ijt} = \alpha_{10} + \alpha_{11} GB_{it} + \alpha_{1j} \sum_{j=1}^{n} Control_{1it} + \varepsilon_{1it},\ i = 1,\ 2,\ \cdots,\ n$$

$$FM_{it} = \mu_0 + \mu_1 GB_{it} + \mu_j \sum_{j=1}^{n} Control_{4it} + \tau_{it},\ i = 1,\ 2,\ \cdots,\ n$$

$$TL_{ijt} = \alpha_{20} + \alpha_{21} GB_{it} + \alpha_{23} FM_{it} + \alpha_{2j} \sum_{j=1}^{n} Control_{1it} + \varepsilon_{1it},\ i = 1,\ 2,\ \cdots,\ n$$

其中，TL_{ijt}表示制造业结构合理化（MTL_{it}）与服务业结构合理化（STL_{it}），FM_{it}表示要素市场扭曲程度，GB_{it}表示包括政府直接干预（GOV）与行政性市场进入壁垒（SOE），$Control_{it}$代表一系列控制变量。

（二）调节效应模型

当政府干预、要素市场扭曲与产业结构转型不存在中介效应时，本书进一步考察要素市场扭曲的反馈机制，即要素市场扭曲对政府行为对产业结构转型直接效应的影响。

$$TL_{ijt} = \gamma_0 + \gamma_1 GOV_{it} + \gamma_2 SOE_{it} + \gamma_3 FM_{it} + \gamma_4 GFM_{it} + \gamma_5 SFM_{it} + \gamma_j \sum_{j=1}^{n} Control_{1it} + \varepsilon_{2it},\ i = 1,\ 2,\ \cdots,\ n$$

其中，GFM_{it}表示政府直接干预与要素市场扭曲的交互项（$GOV \times FM$），SFM_{it}表示行政性市场进入壁垒与要素市场扭曲的交互项（$SOE \times FM$）。为了减少多重共线性，本书分别对 GOV_{it}、SOE_{it}、FM_{it}进行去中心化处理，降低相关性，形成去中心化的交互项。

二、指标选择与变量说明

（1）被解释变量。产业结构转型的有效性表现为地区将要素配置到生产率较高的产业部门。因此，体现产业要素投入结构与产出结构耦合程度的产业结构的合理化能够充分反映产业结构转型水平。为了全面反映产业结构转型情况，本书参考干春辉等（2011）的做法，分别基于 20 个制造业行业与 14 个服务业行业，并将制造业行业分为劳动密集型、资本密集型以及技术密集型三类，服务业行业分为生产性服务业与消费性服务业，采用泰尔指数构建制造业结构与服务业结构的合理化指数（MTL、STL），具体计算见公式（6.3）、公式（6.4）。

（2）核心解释变量。在对政府行为的代理变量选择中，根据前文关于政府行为对产业结构变迁的基础影响机理，参考经典文献研究，本书主要从政府直接参与度与行政进入壁垒两个方面反映政府行为。参考陆铭和欧海军(2011)、赵秋运(2017)、闫雨(2019)、焦勇(2019)等的做法，以地区一般财政预算支出占地区生产总值比重反映“政府直接干预”(*GOV*)，以地区国有及国有控股工业企业总产值占比表示地区“行政性市场进入壁垒”(*SOE*)。两个指标越大，表明政府行为的强制程度越高；反之，则强制程度越低，政府行为越偏向于诱致型干预。

(3) 中介变量(调节变量)。地区要素市场发育程度不仅反映地区要素市场供求结构与要素价格的有效性，还体现了要素市场与产品市场的适应程度，即是否符合地区产业产出与市场消费需求。关于地区要素市场发育(*FM*)的测度，借鉴现有研究关于反映地区要素市场发育情况的要素市场扭曲的测度，参考戴魁早、刘友金(2016)的做法，根据樊纲等(2011)的《中国市场化进程指数报告》相关指数构建了要素市场扭曲程度的间接测度指数，即地区要素市场的市场化进程较产品市场的市场化进程的滞后程度。要素市场扭曲程度越大，则表示要素市场发育程度越低。

$$FM=\frac{\text{产品市场市场化指数}-\text{要素市场市场化指数}}{\text{产品市场市场化指数}}$$

(4) 控制变量。借鉴经典研究，本书选取以下控制变量：①城市化率(*UR*)。城市化与工业化是地区经济结构变迁的主要方面，城市化能够使农村大量剩余劳动力转移到城市的工业部门，实现工业部门的迅速发展。②资本深化(*KTL*)。资本要素是影响地区产业发展与结构变迁的重要因素，地区的资本深化程度反映了地区要素禀赋结构，对地区产业结构变迁速度与有效性都有重要影响。将资本深化表示为“地区实际资本存量与地区社会从业人员数的比值”。③人力资本(*H*)。反映地区劳动力质量的人力资本与资本要素一样，是影响地区产业发展与结构变迁的基础要素。不同于人口数量，人力资本反映了地区要素的质量，对地区产业结构转型升级有着重要影响。④开放程度(*OPEN*)。地区的对外开放程度能够反映地区产业融入全球产业分工的程度，开放程度越高，越有利于地区非农产业的发展，对地区产业结构变迁的速度与有效性都有重要影响。具体表示为地区进出口总额占地区生产总值的比重。⑤外商直接投资(*FDI*)。反映地区产业，特别是制造业参与全球价值链程度与外商直接投资强度。以地区外商直接投资占总投资比重衡量地区的强度。⑥经济相对发展水平(*DLEVEL*)。

表示地区实际人均生产总值与全国实际人均 GDP 的平均比值，其中，实际人均生产总值通过地区生产总值除以地区年末常住人口数计算，并根据平减指数调整为 1978 年价格。⑦以地方政府的科教支持力度（*TETAX*）为代表的地区科教环境，表示地区政府科学教育财政支出占总财政支出比重。以上控制变量的具体计算与前面章节一致。具体变量的定义和计算方法如表 6-1 所示。

表 6-1　数据变量的定义和计算方法

变量	变量含义	变量符号	计算方法
被解释变量	制造业结构转型质量	*MTL*	具体计算见式(6.3)
	服务业结构转型质量	*STL*	具体计算见式(6.4)
解释变量	政府直接干预	*GOV*	地区一般政府财政支出/地区生产总值
	行政性市场进入壁垒	*SOE*	地区国有及国有控股工业企业总产值占比
中介（调节）变量	要素市场扭曲程度	*FM*	（产品市场市场化指数-要素市场市场化指数）/产品市场市场化指数
控制变量	城市化	*UR*	城市人口/总人口
	资本深化	*KTL*	地区实际资本存量/地区社会从业人员数
	人力资本	*H*	6 岁及以上人口平均受教育年限（年/人）
	开放程度	*OPEN*	地区进出口总额/地区生产总值
	外商直接投资强度	*FDI*	外商直接投资占总投资比重
	经济相对发展水平	*DLEVEL*	地区实际人均生产总值/全国平均
	地区科教环境	*TETAX*	地方政府科教支出/地区财政支出

为了消除变量间的异方差，本书对被解释变量进行对数化处理。具体而言，*KTL*、*H* 两个变量直接取对数，其他变量在原始数据的基础上，乘以 100 再取对数。变量统计特征如表 6-2 所示。上述变量数据来源于 1994—2016 年《中国统计年鉴》《中国工业经济统计年鉴》以及各省域历年统计年鉴。与第五章经验检验的样本分类相同，在考察全国情况的同时，将 30 个省份（除西藏、港澳台地区）分为东部、中部以及西部地区。

表 6-2　变量的基本统计特征

变量	平均值	标准差	最小值	最大值
MTL	0.1129	0.0869	0.0012	0.526
STL	0.6027	0.3030	0.000	1.3070

续表

变量	平均值	标准差	最小值	最大值
ln*GOV*	2. 7296	0. 4666	1. 5927	4. 1381
ln*SOE*	3. 7544	0. 5400	2. 2602	4. 4985
FM	1. 17936	1. 3980	-0. 9793	18. 1892
ln*UR*	3. 7724	0. 3470	2. 9882	4. 4954
ln*KTL*	9. 5478	1. 0724	7. 2780	12. 1080
ln*H*	7. 9216	1. 8257	2. 8554	16. 2722
ln*OPEN*	2. 8632	1. 0108	1. 1645	5. 4507
ln*FDI*	5. 2227	1. 0110	1. 9067	7. 5733
ln*DLEVEL*	1. 0456	0. 8080	0. 3018	5. 3982
ln*TETAX*	2. 8384	0. 1710	2. 3013	3. 2271

第四节 实证结果分析

一、政府行为、要素市场发育与产业结构转型中介效应

本书分别对政府直接干预、行政性市场进入壁垒对制造业结构转型以及服务业结构转型的中介效应进行检验，结果如表 6-3、表 6-4 所示。

表 6-3 全国政府行为、要素市场发育与制造业产业结构转型中介效应检验结果

变量	政府直接干预(*GOV*)			行政性市场进入壁垒(*SOE*)		
	MTL	*FM*	*MTL*	*MTL*	*FM*	*MTL*
FM			-0. 002 (-1. 00)			-0. 004* (-1. 78)
ln*GOV*	0. 023** (2. 30)	0. 409*** (2. 63)	0. 024** (2. 39)			
ln*SOE*				0. 018** (2. 55)	0. 686*** (6. 28)	0. 021*** (2. 90)
ln*KTL*	-0. 034*** (-5. 14)	-0. 710*** (-6. 95)	-0. 035*** (-5. 23)	-0. 030** (-4. 91)	-0. 319*** (-3. 46)	-0. 031*** (-5. 11)
ln*FDI*	-0. 002 (-0. 46)	-0. 355 (-4. 96)	-0. 003 (-0. 64)	-0. 004 (-0. 98)	-0. 232*** (-3. 38)	-0. 005 (-1. 20)

续表

变量	政府直接干预(*GOV*)			行政性市场进入壁垒(*SOE*)		
	MTL	***FM***	***MTL***	***MTL***	***FM***	***MTL***
ln*UR*	0.177*** (8.42)	0.915*** (2.80)	0.179*** (8.48)	0.183*** (8.71)	0.970*** (3.03)	0.187*** (8.87)
ln*DLEVEL*	-0.015** (-2.44)	-0.165* (-1.75)	-0.015** (-2.50)	-0.022*** (-3.81)	-0.353*** (-3.97)	-0.024*** (-4.04)
ln*H*	-0.006*** (-2.95)	0.114*** (3.45)	-0.006*** (-2.79)			
_cons	-0.221*** (-4.84)	4.514*** (6.33)	-0.210*** (-4.47)	-0.318*** (-4.59)	-0.423 (-0.40)	-0.320*** (-4.62)
adj-R^2	0.1287	0.1905	0.1299	0.1166	0.2159	0.1207
F test	16.81***	26.79***	14.55***	18.06***	37.66***	15.63***
Sobel test	-0.0010(-0.932)			-0.0031*(-1.716)		

注：***、**、*分别表示在1%、5%、10%的水平上显著，括号内为t检验值，Sobel检验括号内为z检验值。

如表6-3所示，政府直接干预的中介效应不显著(未通过Sobel检验)，但行政性市场进入壁垒的中介效应显著，其中介效应占总效应的16.81%。行政性市场进入壁垒对地区制造业结构转型的影响具有部分中介效应，表明行政性市场进入壁垒不仅能够直接促进制造业结构合理化的提升，还能够通过加剧要素市场扭曲，间接限制制造业结构合理化提升。

表6-4 全国政府行为、要素市场发育与服务业产业结构转型中介效应检验结果

变量	政府直接干预(*GOV*)			行政性市场进入壁垒(*SOE*)		
	STL	***FM***	***STL***	***STL***	***FM***	***STL***
FM			-0.019*** (-3.20)			-0.013** (-2.14)
ln*GOV*	0.043* (1.74)	0.489*** (3.08)	0.052** (2.12)			
ln*SOE*				-0.046** (-2.38)	0.764*** (6.33)	-0.036* (-1.81)
ln*KTL*	0.201*** (12.31)	0.526*** (-5.02)	0.191*** (11.57)	0.224*** (16.48)	-0.225*** (-2.67)	0.221*** (16.22)

续表

变量	政府直接干预(*GOV*)			行政性市场进入壁垒(*SOE*)		
	STL	***FM***	***STL***	***STL***	***FM***	***STL***
ln*OPEN*	−0.024* (−1.81)	−0.234*** (−2.72)	−0.029** (−2.14)	−0.057*** (−4.36)	−0.194** (−2.39)	−0.060*** (−4.55)
ln*UR*	−0.004 (−0.07)	0.601* (1.75)	0.008 (0.14)	0.039 (0.73)	0.891*** (2.70)	0.050 (0.94)
ln*TETAX*	0.024 (0.47)	−0.475 (−1.43)	0.024 (0.47)	0.015 (0.29)	0.216 (0.65)	0.018 (0.34)
ln*DLEVEL*	−0.132*** (−8.27)	−0.179* (−1.75)	−0.135*** (−8.52)	−0.121*** (−8.06)	−0.367*** (−3.93)	−0.126*** (−8.31)
ln*H*	0.029*** (5.20)	0.072** (2.04)	0.030*** (5.47)			
_cons	−1.532*** (−8.18)	4.231*** (3.52)	−1.452*** (−7.74)	−1.265*** (−4.94)	−2.577 (−1.63)	−1.299*** (−5.08)
adj-R^2	0.5757	0.1779	0.5820	0.5622	0.2094	0.5651
F test	132.19***	20.94***	118.51***	146.16***	30.15***	126.6***
Sobel test	−0.0093**(−2.22)			−0.0101**(−2.03)		

注：***、**、*分别表示在1%、5%、10%的水平上显著，括号内为t检验值，Sobel检验括号内为z检验值。

如表6-4所示，政府直接干预与行政性市场进入壁垒的中介效应均显著，其中介效应分别占总效应的21.5%、21.8%。尽管两种政府行为对服务业结构转型的影响均具有部分中介效应，都会通过加剧地区要素市场扭曲，间接限制服务业结构转型，但政府直接干预对其有直接促进作用，而行政性市场进入壁垒对其有直接限制作用。

二、政府行为、要素市场发育与制造业产业结构转型

通过对政府行为、要素市场发育与区域产业结构转型的中介效应检验可以看出，政府行为、要素市场发育与制造业结构转型不存在显著的中介效应。鉴于要素扭曲程度会影响政府行为对制造业结构转型的影响，本书进一步采取调节效应模型，引入去中心化的交互项，分析要素市场发育对政府行为对制造业结构转型的影响机制与影响程度的调节效应。

如表6-5所示，从全国来看，政府直接干预强度、行政性市场进入壁垒

以及要素市场扭曲均与制造业结构合理化呈负相关关系，即均对制造业结构转型有限制作用。其中政府直接干预的限制作用最大。引入调节变量后，政府直接干预与要素市场扭曲程度的交互项（*GOV*×*FM*）与行政性市场进入壁垒与要素市场扭曲程度的交互项（*SOE*×*FM*）的系数均显著为负。这表明，地区要素市场扭曲程度的降低会放大政府干预对制造业结构转型的不利影响，其中行政性市场进入壁垒的影响受要素市场扭曲程度的调节作用较大。

分区域呈从政府行为的绝对影响来看，各区域政府直接干预均与制造业结构合理化呈负相关，西部地区的限制作用最大，中部地区次之，而东部地区的限制作用不显著。同时，在行政性市场进入壁垒方面，西部地区与制造业结构合理化显著负相关，中部地区有不显著的负相关性，东部地区则有不显著的正相关性。同时，各区域要素市场的扭曲程度与制造业结构转型均呈负相关，其中，中部地区最大，西部地区次之，而东部地区不显著。可以看出，发展阶段与市场化水平越低，地区政府行为对制造业结构转型的限制作用越显著。从地区要素市场发育的调节效应来看，一方面，各区域政府直接干预与要素市场扭曲程度的交互项（*GOV*×*FM*）系数均为负，但只有东部地区系数显著，中西部地区系数不显著，这表明随着要素市场扭曲程度的降低，东部地区政府直接干预的限制作用会显著增强。同时，发展水平越高，要素市场扭曲对政府直接干预影响的调节效应越显著。另一方面，区域行政性市场进入壁垒与要素市场扭曲程度的交互项（*SOE*×*FM*）的系数也均为负，其中中西部地区的系数显著，东部地区不显著，这表明中部地区要素市场对行政性市场进入壁垒影响的调节效应最大，西部地区次之，东部地区最弱。

控制变量的影响方面，外商直接投资、资本深化、人力资本以及城市化水平均有利于制造业结构转型，但地区相对发展水平对其有不利影响。其中西部地区的外商直接投资与人力资本的促进作用最大，中部地区的城市化水平的促进作用最大。

三、政府行为、要素市场发育与服务业产业结构转型

本书进一步分区域检验政府直接干预、行政性市场进入壁垒对服务业结构转型的中介效应，所得结果如表 6-6、表 6-7 所示。

表 6-5　政府行为对制造业结构转型的调节效应检验结果

变量	全国		东部地区		中部地区		西部地区	
	***FE*(1)**	***FE*(2)**	***FE*(1)**	***FE*(2)**	***FE*(1)**	***FE*(2)**	***FE*(1)**	***FE*(2)**
ln*GOV*	-0.141^{***} (−8.35)	-0.133^{***} (−7.73)	−0.001 (−0.04)	−0.020 (−0.65)	-0.145^{***} (−3.26)	-0.150^{***} (−3.37)	-0.171^{***} (−8.58)	-0.171^{***} (−8.45)
ln*SOE*	−0.016 (−1.31)	-0.021^{*} (−1.69)	0.021 (0.86)	−0.004 (−0.17)	−0.008 (−0.36)	−0.024 (−0.97)	-0.091^{***} (−3.09)	-0.107^{***} (−3.49)
FM	-0.005^{**} (−2.49)	0.004 (1.18)	−0.006 (−0.65)	0.000 (0.02)	-0.008^{*} (−1.71)	0.006 (0.60)	-0.003^{*} (−1.67)	0.001 (0.21)
GOV×*FM*		-0.007^{*} (−1.76)		-0.102^{***} (−4.94)		−0.005 (−0.26)		−0.001 (−0.22)
SOE×*FM*		-0.013^{**} (−2.40)		−0.005 (−0.31)		-0.027^{*} (−1.72)		-0.020^{**} (−1.97)
ln*FDI*	0.011^{**} (2.57)	0.014^{***} (3.14)	−0.017 (−1.42)	−0.017 (−1.51)	0.009 (0.90)	0.012 (1.11)	0.013^{**} (2.39)	0.012^{**} (2.13)
ln*KTL*	0.024^{***} (2.66)	0.024^{***} (2.68)	0.025 (1.22)	0.009 (0.45)	0.001 (0.04)	0.007 (0.35)	−0.000 (−0.00)	−0.006 (−0.36)
ln*H*	0.008^{**} (2.53)	0.008^{***} (2.61)	0.005 (0.50)	−0.002 (−0.15)	0.007^{*} (1.86)	0.008^{**} (2.21)	0.031^{***} (3.73)	0.030^{***} (3.55)
ln*UR*	0.108^{***} (3.42)	0.100^{***} (3.10)	−0.096 (−1.60)	−0.001 (−0.02)	0.206^{***} (3.22)	0.200^{***} (3.12)	0.117^{**} (2.18)	0.146^{***} (2.60)

续表

变量	全国		东部地区		中部地区		西部地区	
	***FE*(1)**	***FE*(2)**	***FE*(1)**	***FE*(2)**	***FE*(1)**	***FE*(2)**	***FE*(1)**	***FE*(2)**
ln*DLEVEL*	−0.053*** (−4.51)	−0.051*** (−4.30)						
_cons	−0.137 (−1.14)	−0.136 (−1.13)	0.247 (0.87)	0.200 (0.74)	−0.341 (−1.39)	−0.340 (−1.39)	0.297 (1.37)	0.334 (1.52)
R^2	0.1417	0.1544	0.1072	0.3230	0.2341	0.2407	0.3486	0.3594
F值	29.99***	29.40***	9.57***	7.59***	54.93***	53.83***	14.51***	14.69***
Hausman检验	35.45 (0.000)	36.06 (0.0002)	11.89 (0.1561)	53.78 (0.000)	69.32 (0.000)	136.91 (0.000)	43.90 (0.000)	37.45 (0.000)

注：***、**、*分别表示在1%、5%、10%的水平上显著，括号内为t检验值。

表 6-6 政府直接干预、要素市场发育与服务业产业结构转型中介效应结果

变量	东部地区			中部地区			西部地区		
	STL	***FM***	***STL***	***STL***	***FM***	***STL***	***STL***	***FM***	***STL***
FM			0.068*** (2.71)			-0.026** (-2.33)			-0.019*** (-2.71)
ln*GOV*	0.195*** (6.25)	-0.246*** (-3.02)	0.211*** (6.74)	0.621*** (16.06)	-0.651*** (-2.66)	0.624*** (15.53)	0.431*** (13.74)	0.088 (0.31)	0.433*** (13.74)
ln*H*	0.097*** (15.19)	-0.156*** (09.32)	0.108*** (14.52)	-0.023*** (-2.77)	0.005 (0.10)	-0.023*** (-2.78)	0.035*** (3.78)	0.042 (0.52)	0.036*** (3.92)
ln*TETAX*	0.548*** (7.04)	0.854*** (4.20)	0.490*** (6.15)	0.422*** (4.28)	-3.144*** (-5.21)	0.339*** (3.27)	-0.333*** (-4.46)	-0.528 (0.81)	-0.323*** (-4.37)
_cons	-2.284*** (-9.53)	-0.149 (-0.23)	-2.284*** (-9.53)	-2.047*** (-7.26)	11.956*** (6.92)	-1.732*** (-5.58)	-0.045 (-0.20)	-0.407 (-0.20)	-0.052 (-0.23)
adj-R^2	0.6546	0.3414	0.666	0.6044	0.1666	0.6148	0.5712	0.0056	0.5836
F test	142.76	39.05***	111.91***	103.40***	13.53***	80.59***	110.56	0.47	86.88***
Sobel T	-0.0167** (-2.015)			0.017* (1.752)			-0.002 (-0.3118)		

注：***、**、*分别表示在1%、5%、10%的水平上显著，括号内为t检验值，Sobel检验括号内为z检验值。

表 6-7 行政性市场进入壁垒、要素市场发育与服务业产业结构转型中介效应结果

变量	东部地区			中部地区			西部地区		
	STL	***FM***	***STL***	***STL***	***FM***	***STL***	***STL***	***FM***	***STL***
FM			-0.082** (-2.14)			-0.030** (-2.06)			-0.003 (-0.34)
ln*SOE*	-0.160*** (-4.97)	-0.254*** (-4.54)	-0.181*** (-5.42)	-0.317*** (-9.07)	1.626*** (9.66)	-0.269*** (-6.42)	-0.131** (-2.37)	2.191*** (5.64)	-0.124** (-2.12)
ln*OPEN*	-0.124*** (-3.76)	-0.201*** (-3.50)	-0.141*** (-4.18)	-0.246*** (-6.88)	-0.249 (-1.45)	-0.253*** (-7.11)	-0.088*** (-3.27)	0.210 (1.11)	-0.088*** (-3.24)
ln*UR*	0.660*** (8.17)	-0.687*** (-4.92)	0.603*** (7.16)	0.507*** (7.21)	0.953*** (2.81)	0.536*** (7.52)	0.628*** (9.11)	1.114** (2.30)	0.631*** (9.05)
_cons	-1.043*** (-3.98)	-4.872** (10.76)	-0.644** (-2.02)	0.539* (1.87)	-7.783*** (-5.61)	0.308 (1.00)	-0.915** (-2.11)	-11.754*** (-3.87)	-0.950** (-2.13)
adj-R^2	0.3162	0.4288	0.3299	0.4738	0.3158	0.4846	0.4058	0.1171	0.4061
F test	34.84***	56.56***	27.69***	60.92***	31.24***	47.47***	56.68***	11.01***	42.39***
Sobel T	0.0207*(1.938)			-0.048**(-2.012)			-0.0067(-0.337)		

注：***、**、*分别表示在1%、5%、10%的水平上显著，括号内为t检验值，Sobel检验括号内为z检验值。

如表 6-6 所示，政府直接干预、要素市场发育与服务业结构转型的中介效应结果表明，东部与中部地区的政府直接干预、要素市场扭曲与服务业结构转型均存在显著的中介效应，中介效应分别占总效应的 8.6%、2.7%。尽管东部地区与中部地区的政府直接干预都能直接促进地区服务业结构转型，但东部地区政府直接干预还能通过抑制要素市场扭曲间接促进服务业结构转型，而中部地区的政府直接干预却会通过加剧要素市场扭曲间接抑制地区服务结构转型。此外，西部地区的政府直接干预有利于地区服务业结构转型，但加剧地区要素市场扭曲的作用不显著，同时要素市场扭曲会抑制地区服务业结构转型。总体来看，中部地区政府直接干预对服务业结构转型的影响最大，西部地区次之。

如表 6-7 所示，各区域行政性市场进入壁垒对服务业结构转型的中介效应结果表明，东部与中部地区的行政性市场进入壁垒、要素市场发育与服务业结构转型均存在显著的中介效应，中介效应分别占总效应的 12.9%、15.2%。东部与中部地区的行政性市场进入壁垒均对服务业结构合理化有直接的限制作用，但东部地区的行政性市场进入壁垒会通过抑制要素市场扭曲，间接促进服务业结构转型，而中部地区的行政性市场进入壁垒却会加剧地区要素市场扭曲，间接限制服务业结构转型。此外，西部地区的行政性市场进入壁垒会直接限制地区服务业结构转型，同时还会加剧地区要素市场扭曲。从影响程度来看，中部地区的影响最大，东部地区次之。

第五节 本章小结

通过对我国区域制造业与服务业结构转型质量时序特征的比较，以及以政府直接干预与行政性市场进入壁垒为内容的政府行为对区域制造业与服务业结构转型的影响机制分析，本章提出，在发展水平与市场化程度较低的地区，尽管政府会偏向于采取管控要素重置的直接干预措施，加剧要素市场扭曲，限制结构转型，但适度的行政性市场进入壁垒有利于地区发挥比较优势；在发展水平与市场化程度较高的地区，政府偏向于选择培育动态比较优势的直接干预措施，提高要素质量，优化要素市场，促进结构转型，但过度的行政性市场进入壁垒会加剧要素市场扭曲，抑制结构转型。

实证检验结果表明，一方面，发展阶段与市场化程度越低的地区，政府行为对区域制造业结构转型的不利影响越大，并且该影响会随要素市场扭曲程度的降低而更加显著。其中，要素市场扭曲程度对于东部地区政府直接干预以及中部地区的行政性市场进入壁垒的调节效应最为显著。另一方面，在对区域服务业结构转型的影响方面，尽管各区域政府直接干预对其均有促进作用，但行政性市场进入壁垒却有不利影响。同时，东部地区的政府行为会抑制要素市场扭曲，间接促进服务业结构转型；而西部地区的政府行为则会加剧要素市场扭曲，对其产生间接限制；中部地区的政府直接干预会抑制要素市场扭曲，但其行政性市场进入壁垒会加剧要素市场扭曲。

因此，为提高区域产业结构转型质量，关键是需优化传统产业政策。首先要降低政府的直接干预强度，发挥政府对市场的补充作用而不是替代作用，降低政府对要素重置方向和路径选择的主导作用，同时，还应完善政府的公共服务职能，增强政府的公共服务能力，提升地区企业的营商环境。其次要优化产业组织，进一步深化所有制改革，减少行政垄断下的低效生产，既要提高国有资本的配置效率，保障国有企业在战略产业中的地位，以及国有企业在自主创新方面的优势，还应促进中小企业的发展，激发市场主体的活力。最后要实施创新驱动战略，在加大创新投入、促进各创新主体的创新活动的同时，通过完善信息平台、实施创新驱动发展战略，形成有效的学习型社会，使处于技术前沿的企业不断进行创新活动，并通过有效的产权保护制度，提高不同创新主体间的协同效率以及技术扩散的时效性，提高创新成果转化效率。另外，要进一步完善地区要素市场，促进要素市场与产品市场的协调发展，缓解要素市场滞后引起的转型停滞。应减少政府对要素跨部门、跨区域流动的制度障碍，发挥市场机制在要素配置中的决定性作用，构建有效的要素价格机制，避免政府通过财政补贴税收优惠等措施扭曲要素价格。

第七章 政府行为对产业结构升级的影响及区域差异——基于技术创新视角的分析

作为产业结构变迁的目标，产业结构升级是基于要素能够配置到有更高产出效率或更高附加值的产业部门，强调创新引起的技术进步与扩散带来的各部门产出效率与附加值的全面提升以及产业间的协同发展。然而，由于市场机制在技术创新与扩散的过程中难以充分发挥作用，存在诸多市场失灵问题。政府应积极发挥弥补市场失灵的作用，特别是在培育创新驱动力、构建以“干中学”机制和创新机制为核心的学习型社会方面的作用。尤其是对对外开放程度不断增强的后发追赶型经济体而言，政府不仅对地区自主创新能力的培育有着重要影响，同时也会通过制度环境影响地区发挥后发优势及利用进口的技术溢出效应。因此，政府行为对促进地区产业技术创新与进步以及产业间协同发展、实现产业结构的不断升级有着重要影响。本章聚焦产业结构升级，通过对区域产业结构升级质量时序特征的比较判断，提出政府行为对区域产业结构升级的直接影响与间接影响机理，并提出相应的理论假设，进一步采用动态面板模型以及三阶段最小二乘法检验政府干预对产业结构升级影响及区域差异。

第一节 我国区域产业结构升级的典型事实

区域产业结构变迁的综合评价结果表明，区域产业结构升级大体呈不断上升趋势。为了进一步比较区域产业结构升级质量的部门差异与时序特征，本章首先基于区域产业结构变迁的内涵特征，对区域传统三产结构、制造业结构以及服务业结构升级的时序特征进行比较分析，梳理我国区域产业结构升级的典型事实。

一、区域产业结构升级的内涵与特征

产业结构升级是指结构变迁中产业要素投入与产出的比例关系与数量关系的优化，强调产业结构中各产业的地位、关系更高级、更协调，以及产业结构不断从低级形态向高级形态转变的过程。产业结构升级的基础是要素禀赋结构升级，一方面是指以技术创新与进步为基础的产业整体发展水平的提升与产业升级，不仅表现为各产业产出效率的提高，还体现为产业产出规模的扩大。另一方面强调基于技术扩散的产业间互促协同发展，从而实现产业价值链的升级与分工水平的提高。因此，区域产业结构升级的本质要求是技术进步与扩散形成的区域各产业产出效率的提升以及产业间协同发展的增强。在经济起飞阶段，主要表现为发挥后发优势以及进口的技术溢出效应，引入先进的技术设备，增强对外合作，促进地区技术进步与技术创新。随着地区产业的不断发展，产业技术水平不断逼近技术前沿，以自主创新为核心、以企业为核心创新主体，强调知识技术创新、产业产品创新、市场创新等不同创新环节间的有效连接，不同创新主体的协同创新，形成有效的区域创新体系。

产业结构的高度化和与产业全要素生产率增长率反映产业结构升级的内涵与特征。其中，产业全要素生产率增长率反映了地区产业技术创新与扩散的水平，体现了区域产业结构升级的效率效应。产业结构高度化综合体现了产业间的比例关系以及劳动生产率的变化，反映了区域产业结构升级结构效应。具体计算公式如式(7.1)所示。

$$TH = \sum_{i=1}^{n} S_i \cdot F_i \tag{7.1}$$

其中，TH 表示地区产业结构高度化，S_i 为 i 产业增加值占地区生产总值的比重，F_i 为 i 产业的劳动生产率。进一步地区制造业结构与服务业结构的高度化指数分别可表示为：

$$MTH = \sum_{i=1}^{n} S_{jmi} \times F_{jmi}$$

$$STH = \sum_{i=1}^{n} S_{jsi} \times F_{jsi}$$

其中，MTH、STH 分别表示制造业结构高度化指数和服务业结构高度化指数，i 表示行业，j 表示地区，S_{jmi} 为 j 地区 i 行业的增加值占地区制造业增加值的份额，S_{jsi} 为 j 地区 i 行业的增加值占地区服务业增加值的份额，F_{jmi}、F_{jsi} 分别表示 j 地区 i 行业的劳动生产率。

关于区域产业结构升级典型事实的分析主要有以下几个视角：一是地区三大产业的高度化水平的时序特征，表现为由以第一产业为主向以第二、第三产业为主的顺次演进；二是制造业内部的结构升级水平，表现为由以低附加值的产业为主向以高附加值的产业为主的变迁，以及由以劳动密集型为主逐渐向以资本、技术密集型为主的转变；三是随着服务业部门的扩大，由以技术含量较低的消费性服务业为主转变为以技术含量较高的生产性服务业为主。

二、区域产业结构升级的时序特征

产业结构升级既表现为地区产业结构的高度化，还表现为地区非农产业间的协调发展，即工业部门与服务业部门之间的互促机制。本书参照刘伟等(2008)构建的产业结构高度化指数，以及干春晖(2011)以第二产业与第三产业产值比重测度产业结构高度，分别构造地区传统三大产业结构、制造业结构以及服务业结构的高度化指标，比较分析不同维度区域产业结构升级的时序特征。

(一) 区域产业间结构升级的时序特征

从区域三大产业结构升级来看，我国产业间结构高度化水平不断提升，但在2008年之后出现区域分化。其中，东部沿海与北部沿海地区的产业结构高度化水平相对较高；南部沿海与东北地区在2005年之前相对较高，但之后增长缓慢；黄河中游与西北地区在2005年之后大幅提升；长江中游、西南地区相对滞后，增速较缓，但2012年之后仍能保持增长态势。从地区第三产业与第二产业比重来看，各区域大体呈现N型变化的态势。南部沿海地区的第三产业比重高于第二产业比重，之后第二产业比重虽有发展，但仍以第三产业为主；北部沿海与东部沿海地区的上升幅度显著；长江中游、黄河中游、西南、东北以及西部地区依然以第二产业为主(见图7-1)。

可以看出，尽管各区域产业间结构高度化不断提升，但除北部沿海与南部沿海地区的第三产业比重超过第二产业外，其他区域仍以第二产业为主。在以第三产业为主导的区域中，北部沿海地区的产业结构升级水平显著高于南部沿海地区。长江中游与西南地区的产业结构高度化稳步提升，但西北、黄河中游以及东北地区在2012年之后出现了下降趋势。

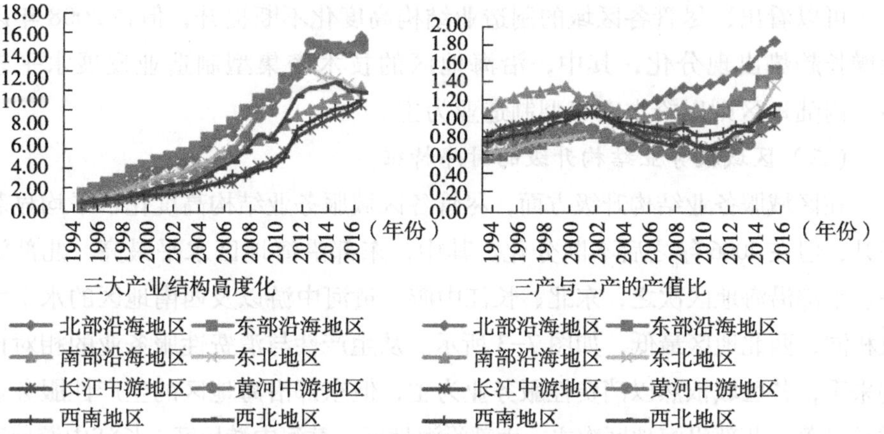

图 7-1　区域产业结构升级时序特征

（二）区域制造业结构升级的时序特征

在区域制造业结构升级方面，虽然各区域制造业结构高度化稳步提升，特别是在2000年之后增幅显著，但在2008年后出现分化。其中，东北地区的制造业结构高度化提升显著，长江中游、北部沿海地区次之，如图7-2所示。东部沿海与黄河中游地区的制造业结构高度化在2008年之后增速放缓。从不同要素密集型制造业的相对比重来看，西南、西北、黄河中游以及长江中游地区仍以资本密集型制造业为主，且技术密集型产业的比重呈现先增后降的趋势；北部沿海与东部沿海地区的制造业逐渐由以资本密集型制造业为主转变为以技术密集型制造业为主；南部沿海与东北地区的技术密集型制造业比重先增后降，逐渐转变为以资本密集型制造业为主。

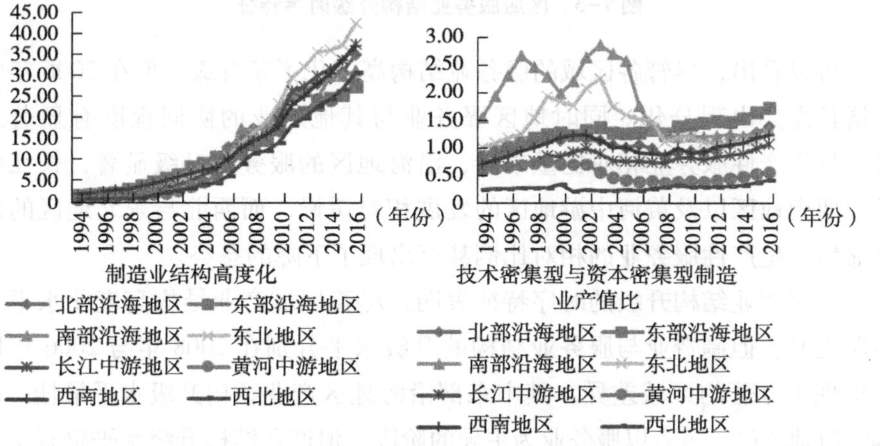

图 7-2　区域制造业结构升级时序特征

可以看出，尽管各区域的制造业结构高度化不断提升，但在2008年以后增长趋势出现分化，其中，沿海地区的技术密集型制造业发展水平较高，内陆地区则以资本密集型制造业为主。

（三）区域服务业结构升级的时序特征

在区域服务业结构升级方面，尽管各区域服务业结构高度化水平均显著提升，但在2006年之后不断分化。其中，东部沿海地区水平最高，北部沿海、南部沿海地区次之，东北、长江中游、黄河中游以及西南地区的水平大致相同，西北地区最低，如图7-3所示。从生产性与消费性服务业的相对比例来看，各区域依然以消费性服务业为主，但东部沿海地区的生产性服务业增长显著，北部沿海地区次之，南部沿海地区、黄河中游地区、长江中游地区呈先增后降的态势，而东北与西北地区的生产性服务业比重反而有所下降。

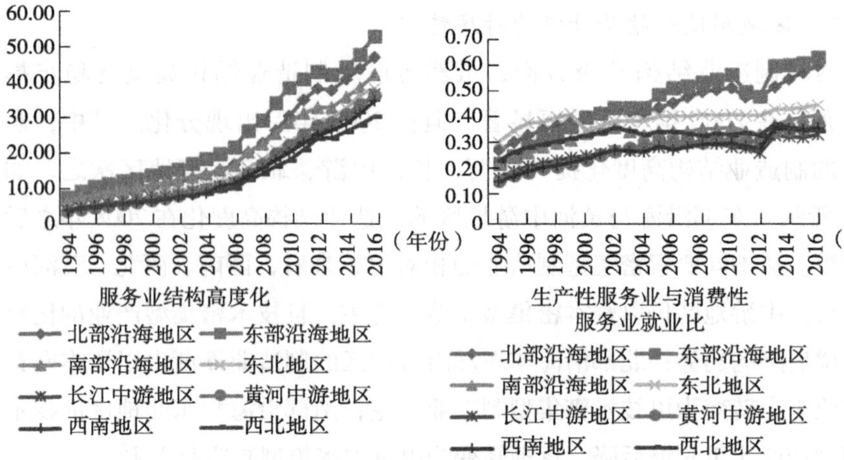

图7-3　区域服务业结构升级时序特征

可以看出，尽管各区域的服务业结构高度化不断升级，但在2006年以后增长态势出现分化。同时地区服务业与其他产业的协同程度有显著差异。从生产性服务业相对比重来看，沿海地区的服务业升级显著，长江中游、西南地区以及黄河中游地区的发展相对缓慢，而西北与东北地区的发展滞后，生产性服务业的相对比例甚至出现了下降的态势。

区域产业结构升级的时序特征表明，尽管区域产业结构高度化水平均不断提升，但制造业与服务业结构的升级水平分别在2008年与2006年以后出现了显著的区域差异。其中东部沿海地区产业结构升级水平最佳；南部沿海地区虽已进入以服务业为主导的阶段，但产业结构升级水平仍有待进一步提升。多数区域处于工业化阶段，制造业的高度化水平均不断提升，但仅有长江中游与西南地区在2012年之后仍能保持上升态势。同时，各区域服务业依然以消费性服务业为主。其中沿海地区的生产性服务业比重不断提高；其他地区的消费性服务业占比依然较高，并有不断扩大态势。可以看出，尽管我国区域产业结构升级水平不断提高，但依然存在显著的区域和部门差异。应进一步分析影响区域产业结构升级的因素及其作用机理。

第二节 政府行为、技术创新与产业结构升级的机理分析与理论假说

产业结构升级是以地区动态比较优势为基础，以各产业产出效率提高与产业间协同发展为内容。作为产业结构升级的基础动力，技术创新是提高产出效率、实现规模报酬不变或递增的关键，不仅决定了各产业产出效率与技术进步，还会影响技术扩散与产业间协同发展。然而，创新具有较高风险与外溢性，是市场失灵的主要体现。斯蒂格利茨(2017)认为发展中国家与发达国家的差异不仅是资源差异，还是知识水平的差异。发展中国家应该通过提升学习能力和发展对其他产品有更多溢出效应的产业和技术来缩小知识水平的差异。

因此，政府需要弥补市场在创新领域的失灵，通过培育地区创新驱动力，激励企业自主创新，充分发挥进口的力量，形成以“干中学”与创新机制为核心的学习型社会。通过扩大创新要素供给、完善制度环境激励企业创新，培育动态比较优势，实现以技术创新与技术扩散为基础的产业结构升级。本章将进一步分析政府行为对技术创新与扩散的影响及其对产业结构升级的作用机理。

在技术创新与技术扩散的过程中，市场机制的作用相对有限，存在严重的市场失灵。因此，需要积极发挥政府弥补市场失灵的作用，化解创新外部性所导致的效率损失与交易成本上升。对于后发国家而言，发挥后发优势与培育创新驱动能力都需要政府的支持与保障。在经济起飞阶段，地区产业可以发挥后发优势，利用进口的技术溢出效应，通过“干中学”机制，提高本国产业产出效率。随着发展阶段的提升，地区产业技术与技术前沿的距离不断缩小，培育本国自主创新能力成为技术进步的关键，充分

发挥创新驱动作用是持续推动产业结构升级的关键。因此，政府不仅在培育产业结构升级所需的高端要素方面发挥关键作用，还能够通过创建学习型社会，促进企业自主创新与创新扩散，并通过优化市场组织，降低企业的交易费用，促进区域之间的产业协同发展。

一、政府行为、技术创新与产业结构升级

作为产业结构升级的基础，技术创新需要充分的人才、资本等创新要素支持，特别是在知识、技术等基础创新环节。由于创新活动面临较高的市场失灵和创新失败风险，政府需要通过财政政策，扩大技术创新的要素供给，对地区产业的技术创新规模有着直接影响。

在创新人才的供给方面，创新人才具有较高人力资本与高度专业化的特征，政府作为培育人力资本的关键主体，能够利用多元化的人力资本积累方式，促进地区人力资本培育符合地区产业发展需要。政府不仅可以加大地区基础教育投入，全面提升劳动力受教育水平，促进地区人力资本积累，还可以通过提升高等教育水平，扩大高端人才供给，为知识与技术创新等基础创新提供有力支撑。不容忽视的是，政府还可以积极完善职业技术教育，提高“干中学”过程的人力资本积累，提高地区技术成果转化效率，以及技术消化吸收再创新水平。

在创新资本供给方面，由于市场失灵的客观存在，难以使得大规模的资本要素自发集聚到风险较高的基础创新领域，但资本作为技术创新环节的关键要素，对知识技术创新、产业产品创新等各创新环节都有决定性影响。因此，政府能通过科技财政支持，增加创新资本的供给，支持产学研等各创新主体的创新活动，同时还可利用财税优惠政策，降低创新主体的创新成本。政府利用财税政策对教育、科技等领域的支持，决定了创新要素的供给数量与质量，既影响了各创新主体的创新能力，还影响了劳动力和企业在生产与贸易中的“干中学”水平，为以技术创新为基础的产业结构升级提供要素支持。

据此，提出假说1：旨在提高科教水平、提升要素质量的政府行为有利于扩大创新要素供给，对技术创新与产业结构升级有促进作用。

二、政府行为、企业创新与产业结构升级

各产业产出效率的提高以及产业协同发展水平的优化是产业结构升级的核

心。除了通过提高要素质量、扩大创新要素供给直接影响技术创新与产业结构升级外，政府作为制度供给方，还会通过优化创新环境，释放企业创新活力，促进不同主体间的协同创新，增强不同创新环节的联系与转化，对产业技术创新与技术扩散效率产生间接影响。这样不仅有利于提高各产业创新水平与产出效率，还能通过产业间的技术关联与扩散，优化产业间的协同发展机制。

企业创新作为创新驱动体系的核心，决定了技术创新的成果转化效率，同时还是协调产业结构升级与消费结构升级的关键。因此，激发企业创新活力是政府通过优化制度供给，构建以创新机制为核心的学习型社会的关键内容。在市场竞争机制的影响下，企业为获取更多创新利润与市场份额，会积极通过技术创新提高产出效率。对于传统产业或处于发展初期的产业而言，后发追赶型经济体的企业可以充分发挥后发优势，引进消化吸收先进的成熟技术，通过“干中学”加快技术进步，提高产出效率。但对于新兴产业或当产业技术水平不断接近技术前沿时，则需要发挥自主研发、协同创新的创新机制，不断突破生产可能性边界。

为促进以技术创新与扩散为基础的区域产业结构升级，政府需要培育创新驱动能力，在充分释放后发优势的同时，培育竞争优势。政府不应替代市场机制直接干预创新要素的配置结构，选择性主导部分产业优先发展，而应保障市场机制在创新资源配置中的决定性作用，并通过优化制度环境，以有效的激励机制与约束机制，释放各创新主体的创新活力，形成以企业为核心的产学研一体的国家创新体系。具体来说包括：首先，完善产权制度，激励企业、高校以及研究机构等各创新主体的创新活动，在保障创新收益的基础上提高知识技术创新的溢出效应，促进创新有效扩散。其次，构建信息平台，增强不同创新主体的协作意识，提高创新环节的转化效率，降低创新主体间的交易成本，提高协同创新水平。再次，完善反垄断法规，化解垄断对创新的抑制作用，以有序的市场竞争激励企业创新产出。最后，完善风险规避机制，创新活动不仅具有较高的外部性，还有较高的失败风险，因此，政府应通过完善风险规避机制，以国家创新体系为支撑，分担企业的创新风险，降低企业的创新成本与效率损失。

据此，提出假说 2：企业的创新活力决定了地区创新机制的有效性，有利于各产业产出效率与产业协同发展水平的提升，而有效的激励机制与约束机制是激励企业创新的主要动力。

三、政府行为、外商直接投资与产业结构升级

在全球产业分工与国际贸易合作的背景下，后发追赶型经济体的产业结构升级，既需要国家创新体系优化“干中学”与自主创新方面的支持，还需要利用经贸合作，通过深化地区产业参与全球产业分工，促进地区产业利用全球资源禀赋，并发挥进口在提高地区产业的专业化程度上的积极作用，从而实现基于全球要素供给与市场需求的产业升级。作为对外合作的重要内容，外商直接投资是技术转移最有效的途径（Blomstriom，1989）。对于投资地区，对外合作与外商直接投资不仅能够通过国际产业分工协作，发挥模仿示范效应促进本地产业的发展，还能利用产业关联，增强先进技术的扩散效率，促进本地区企业消化吸收再创新，从而提升创新成果转换与适应性。更重要的是，发挥进口的力量，通过学习跨国企业内部的管理机制与分工协作，学习和掌握先进技术与管理经验，优化企业生产流程和管理模式，增强地区产业与劳动力的“干中学”效率，提高本地企业的管理效率，增加人力资源积累。不容忽视的是，政府通过扩大开放来增强地区产业的国际合作时，不断深化的全球产业分工体系，也会对地区的制度环境形成积极的反馈机制，有利于形成有效的市场机制与有序的市场竞争环境。

在“晋升锦标赛”机制的影响下，招商引资成为地方政府促进产业结构升级的主要举措，地区的开放程度、营商环境以及基础设施条件成为影响地区产业融入全球价值链的重要因素。因此，深化对外开放、优化营商环境是政府促进地区技术创新与产业升级的主要举措。

政府的直接干预强度以及行政性市场进入壁垒对地区外商直接投资规模与效率有着决定性作用。特别是分税制改革以来，地区竞争激励了我国地方政府积极干预产业结构变迁。其中，利用税收优惠、构建产业园区等措施招商引资，促进地区产业与发达国家和地区的产业协作是地方政府促进产业结构升级的重要举措。招商引资不仅有助于化解地区资本要素相对稀缺的难题，还可以利用产业间的分工协作，通过技术溢出提高本地产业的产出效率。政府的行为主要包括：作为公共服务与基础设施的主要供给方，政府能够通过影响地区软硬基础设施条件吸引外商投资；可以通过完善以道路交通、通信、运输等为代表的硬基础设施，吸引外商直接投资，促进地区产业深化对外合作；还可以通过优化以营商环境提高地区政府的

行政管理水平等为代表的软基础设施，提高外商投资效率，吸引技术密集型产业的投资合作；与此同时，地方政府的财税政策是影响地区外商直接投资规模的关键因素，特别是地方政府在“晋升锦标赛”机制的激励下，会利用财税补贴与土地优惠等财税优惠政策措施吸引外商直接投资。不容忽视的是，对于后发追赶型经济体而言，在深化对外开放、参与全球价值链的同时，应避免地方产业发展过度依赖外商资本所造成的低端锁定，政府需发挥优化市场制度环境作用，提升地区产业的自我发展能力。

处于全球贸易与价值链分工的背景下，对后发追赶型经济体而言，参与国际产业分工既有利于发挥地区比较优势与后发优势，还可以通过进口的技术外溢效应，培育地区的动态比较优势。对外合作的规模对地区技术创新与扩散的效率有着重要影响。因此，政府为了促进地区产业在全球价值链的升级，会通过深化对外开放、优化地区基础设施，积极吸引外商直接投资，同时，还会积极培育动态比较优势，避免地区产业在全球产业分工中的低端锁定限制产业结构升级。

据此，提出假说3：尽管完善基础设施、深化对外开放的政府行为能够通过促进对外合作、发挥技术溢出效应对地区产业结构升级起到促进作用，但过度依赖外资，则会导致地区产业的低端锁定，阻碍区域产业结构升级。政府行为对区域产业结构升级的影响如图7-4所示。

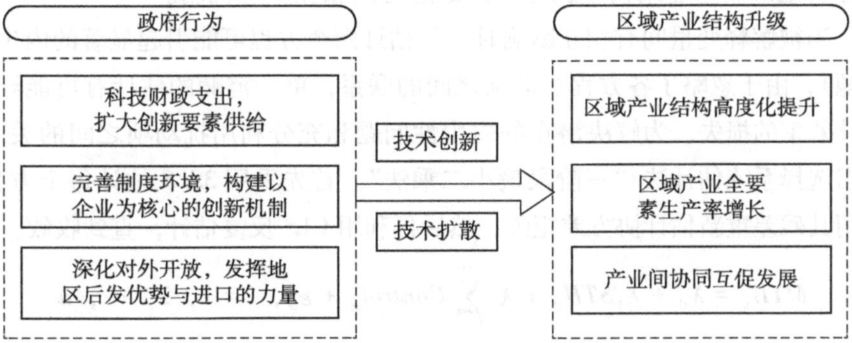

图7-4 政府行为对区域产业结构升级的影响

第三节 模型构建与数据说明

基于上文对我国产业结构升级的阶段性特征与区域差异分析，为验证政府干预对产业结构升级影响机理的理论假设，本书进一步实证检验政府干预对产业结构升级的影响及区域差异。

一、模型构建

（一）广义矩估计模型(SYS-GMM)

本章检验政府干预行为对地区产业结构升级的影响及区域差异。采用动态面板模型检验包括技术创新支持的直接作用以及对地区企业创新活力和地区招商引资的间接作用的政府行为对地区产业结构高度化与产业全要素生产率增长率的影响。

$$TH_{it} = \alpha_0 + \alpha_1 TH_{it-1} + \alpha_2 TTAX_{it} + \alpha_3 EI_{it} + \alpha_4 FDI_{it} + \alpha_i \sum_{i=1}^{n} Control_{it} + \varepsilon_{it},\ i = 1,\ 2,\ \cdots,\ n$$

$$TFPCH_{it} = \beta_0 + \beta_1 TFPCH_{it-1} + \beta_2 TTAX_{it} + \beta_3 EI_{it} + \beta_4 FDI_{it} + \beta_i \sum_{i=1}^{n} Control_{it} + \varepsilon_{it},\ i = 1,\ 2,\ \cdots,\ n$$

（二）三阶段最小二乘法(3SLS)

产业结构升级不仅强调技术进步引致的产业全要素生产率的增长，还强调基于技术扩散的产业间的协同发展。因此，本书采用三阶段最小二乘法分析地区制造业结构与服务业升级过程的相互影响机制。

当被解释变量间有相互影响时（如估计两个方程可能引起显著的内生性问题），由于忽略了各方程扰动项之间的联系，单一范畴的估计有可能导致估计效率的损失。为解决潜在的内生性问题和充分利用扰动项之间的关系，本书选择系统估计法“三阶段最小二乘法”。首先采用3SLS估计每个方程，利用其残差重新估计协方差矩阵，然后再利用GLS反复估计，直到收敛。

$$MTH_{it} = \lambda_0 + \lambda_1 STH_{it} + \lambda_i \sum_{i=1}^{n} Control_{it} + \varepsilon_{it},\ i = 1,\ 2,\ \cdots,\ n$$

$$STH_{it} = \lambda_0 + \lambda_1 MTH_{it} + \lambda_i \sum_{i=1}^{n} Control_{it} + \varepsilon_{it},\ i = 1,\ 2,\ \cdots,\ n$$

二、指标选择与变量说明

（1）被解释变量：一方面，产业结构高度化水平与产业全要素生产率增长率体现了产业结构升级的内涵特征。其中，全要素生产率增长率反映了地区产业技术创新与扩散的情况，体现了结构升级的效率水平；产业结构高度化体现了产业间的比例关系以及劳动生产率的变化，反映了结构升级的结构效应。另一方面，产业结构升级还强调以技术扩散与产业关联为基础的产业间的协同发展水平。因此，分别检验政府干预对产业结构高度化与产业全要素生产率增长率的影响，以及区域制造业与服务业之间的协同升级水平。为了全面反映区域产业结构升级的情况，一是选择反映制造业与服务业结构升级水平的产业结构高度化指数 *MTH*、*STH*。具体计算如公式(7.1)所示。在此基础上，为综合反映地区产业结构升级水平，本书基于制造业与服务业结构高度化，以制造业占比与服务业占比为权重进行加权得到非农产业的结构高度化水平(*TH*)。二是采取基于 Malmquist 生产率指数、以各省的资本存量与就业人数为投入、以地区产业真实增加值为产出测度的区域产业全要素生产率增长率(*TFPCH*)反映地区产业结构升级水平。上述指标的值越大，表明区域产业结构升级水平越高。

(2) 解释变量：本书主要从直接作用和间接作用两个方面分析了政府行为通过培育创新驱动力、构建学习型社会方面的措施对产业结构升级的影响机制，即政府既通过扩大创新要素供给直接影响技术创新，还通过完善制度环境、深化对外开放、优化营商环境等制度供给与公共服务，促进地区企业创新以及扩大外商直接投资。因此，本书主要从地方政府对技术创新的直接支持、地区企业自主创新能力以及地区外商直接投资强度三个方面选择代理变量。

一是政府对地区创新要素的供给主要采用科技财政支持的方式，科技财政支出力度越大，政府对地区的技术创新的直接支持力度越强。因此，本书以地方科技财政支出占比衡量政府科技支持力度(*TTAX*)。

二是由于企业的创新活力和地区的制度环境与市场机制密切相关，政府在保障地方市场机制在要素配置中的效率的基础上，有效弥补市场不足，完善产权制度，影响地区企业的创新活力，进而间接影响地区的技术创新与技术扩散水平。鉴于工业部门是技术创新的关键，且是地区产业发展的核心，因此，参考经典研究，本书选择规模以上工业企业开发新产品经费支出与技术改进消耗吸收经费支出之和反映地区企业的创新活力(*EI*)。地区企业的创新活力越高，越有利于地区产业技术创新，也就越有利于地区产业结构升级。

三是对于后发追赶型经济体而言，地区外商直接投资不仅能够扩大地区的资本供给，更重要的是有利于地区发挥进口的力量，发挥后发优势，学习模仿国际先进技术。而地区的外商直接投资水平与地区的对外开放程度和招商引资水平密切相关，政府能够通过扩大开放程度、优化营商环境来吸引外资，从而间接影响地区产业的技术创新。因此，本书选择“地区外商直接投资占总投资比重”衡量地区的外商直接投资力度(*FDI*)。

(3) 控制变量方面，借鉴经典研究文献的做法，本书选取以下控制变量：①地区实际人均生产总值(*GDPPC*)，表示地区的发展阶段，同时人均生产总值也反映地区居民的收入水平，是影响地区消费结构的重要因素。人均生产总值越高，表明地区的发展阶段越高。②资本深化(*KTL*)，资本要素是影响地区产业发展与结构变迁的重要因素，地区的资本深化程度反映了地区要素禀赋结构，对地区产业结构变迁速度与有效性都有重要影响。资本深化表示为“地区实际资本存量与地区社会从业人员数的比值”。③人力资本(*H*)，反映地区劳动力质量的人力资本与资本要素一样，是影响地区产业发展与结构变迁的基础要素。不同于人口数量，人力资本反映了地区要素的质量，对地区产业结构转型升级有着重要影响。④城市化率(*UR*)，城市化与工业化是地区经济结构变迁的主要方面，城市化能够使农村大量剩余劳动力转移到城市的工业部门，实现工业部门的迅速发展，是工业化的重要支撑。以上控制变量的具体计算与前文一致，具体定义和计算方法如表 7-1 所示。

表 7-1 数据变量的定义和计算方法

变量	变量含义	变量符号	计算方法
被解释变量	产业结构高度化	*TH*	综合产业结构高度化指数
	全要素生产率增长率	*TFPCH*	DEA 方法计算的 Malmquist 指数
	制造业结构高度化	*MTH*	具体计算见公式(7.1)
	服务业结构高度化	*STH*	具体计算见公式(7.1)
解释变量	政府科技支持	*TTAX*	地区教育与科技财政支出比重
	企业创新活力	*EI*	开发新产品经费与技术改进消耗吸收经费支出之和
	外商直接投入	*FDI*	外商投资/全社会总投资
控制变量	人均生产总值	*GDPPC*	地区生产总值/年末人口数
	资本深化	*KTL*	地区实际资本存量/地区社会从业人员数
	人力资本	*H*	6 岁及以上人口平均受教育年限(年/人)
	城市化率	*UR*	地区年末常住人口数/地区年末总人数

为了消除变量的异方差，本书对变量进行对数化处理，其中，*TH*、*EI*、*KTL*、*H* 四个变量是直接取对数，其他变量在原始数据的基础上，乘以100 再取对数。所得的变量统计情况如表 7-2 所示。本章经验分析的数据来源与样本划分与第六章相同，即将地区分为东部、中部以及西部地区。

表 7-2 变量的基本统计特征

变量	观测数	平均值	标准差	最小值	最大值
ln*TH*	690	2.0912	0.8766	-0.2692	3.9512
TFPCH	690	0.9905	0.0514	0.8250	1.1950
MTH	690	12.6636	11.8761	0 .1970	54.299
STH	690	17.0442	11.8755	2.738	62.657
ln*TTAX*	690	-0.0443	0.67303	-2.2322	1.97435
ln*EI*	690	13.7376	1.8674	0.000	18.2487
ln*FDI*	690	5.2272	1.0106	1.9067	7.5733
ln*GDPPC*	690	8.1191	1.04297	4.82283	10.5784
ln*KTL*	690	9.5479	1.0724	7.2780	12.108
ln*H*	690	7.9216	1.8257	2.8554	16.2722
ln*UR*	690	3.7724	0.34736	2.9882	4.4954

第四节 实证结果分析

一、政府行为对区域产业结构升级的影响

本书采用广义矩估计分析政府行为对产业结构合理化以及产业全要素生产率增长率的影响及区域差异，检验结果如表 7-3、表 7-4 所示。

表 7-3 政府行为对区域产业结构高度化的影响的动态面板检验结果

变量	全国		东部地区		中部地区		西部地区	
L. ln*TH*	-0.190	0.033	0.950***	1.014***	0.921***	0.135**	0.946***	0.663***
	(-1.40)	(0.26)	(42.12)	(6.40)	(37.51)	(2.42)	(13.95)	(5.24)
ln*TTAX*	0.627***	0.121**	0.110***	0.511**	0.217***	0.017	0.139*	0.020
	(4.98)	(2.50)	(2.75)	(2.36)	(2.68)	(0.23)	(1.71)	(0.18)

续表

变量	全国		东部地区		中部地区		西部地区	
ln*EI*	0.622***	0.186***	0.012*	0.243*	0.008	0.004	0.005	0.053
	(6.16)	(3.04)	(1.80)	(1.79)	(0.31)	(0.17)	(0.36)	(0.46)
ln*FDI*	-0.369***	-0.321***	-0.003	-0.394	-0.052	-0.109	-0.015	-0.025
	(-3.46)	(-3.12)	(-0.11)	(-1.46)	(-0.58)	(-0.84)	(-0.91)	(-0.37)
ln*KTL*		0.468		0.699*		0.376		0.483
		(1.35)		(1.78)		(1.19)		(0.47)
ln*H*		0.260*		0.451*		0.033		0.385
		(2.34)		(1.93)		(1.34)		(1.06)
ln*UR*		0.221		0.829		0.619		0.235
		(0.35)		(1.50)		(0.88)		(0.25)
ln*GDPPC*		1.452**		-1.810		1.706***		1.489
		(2.12)		(-1.73)		(3.53)		(0.77)
_cons	-4.043***	-4.939***	0.370**	2.331	0.486	-6.000***	0.252	-1.869
	(-3.53)	(-3.85)	(2.46)	(1.57)	(0.58)	(-3.70)	(1.51)	(-0.90)
AR(2)	0.113	0.372	0.042	0.618	0.039	0.618	0.011	0.116
Hansen	0.034	0.233	0.252	0.943	1.000	0.943	0.195	0.943

注：① 样本区间为1994—2016年；② 括号中的数值为z值；③ ***、**、*分别表示在1%、5%和10%的统计意义上显著；④ AR(2)和Hansen是二阶序列相关变量和工具变量有效性的P值。

如表7-3所示，在对产业结构高度化的影响方面，一是各区域政府的科技支持力度均与产业结构高度化有显著正相关关系，其中中部地区的促进作用最大，西部地区次之。二是尽管从全国整体来看，企业创新活力对其呈现显著的促进作用，东部地区企业创新活力也显著地促进了产业结构高度化，但中部与西部地区的正相关关系均不显著。三是外商直接投资对地区产业结构高度化有一定的抑制作用，尽管各地区的限制作用不显著，但全国整体呈显著负相关。从全国整体来看，外商直接投资对产业高度化的限制作用大于政府科技支持力度与企业创新活力的促进作用。东部与中部地区的政府科技支持力度的促进作用大于企业创新活力的促进作用。在控制变量方面，资本深化、人力资本对产业结构高度化有促进作用，且东部地区资本的促进作用较大；中西部地区的促进作用不显著。地区发展水对高度化有一定的促进作用，其中中部地区促进作用最强。而城市化水平对产业结构高度化只有不显著的促进作用。

结果表明，从反映地区产业结构升级的结构效应的产业结构高度化来看，政府科技财政支持是促进地区产业结构高度化的主要因素，东部地区的企业创新活力能够显著促进产业结构升级，而中西部地区的企业创新活力的促进作用不显著。外商直接投资不利于产业结构高度化，这与我国产业在全球产业分工中面临低端锁定的挑战相符。可以看出，尽管政府的科技支持能够显著提升地区产业结构高度化，但忽略地区企业的创新活力以及出口导向型的发展方式不利于地区产业结构升级。

表 7-4 政府行为对区域产业全要素生产率增长率的影响的动态面板检验结果

变量	全国		东部地区		中部地区		西部地区	
L. *TFPCH*	0.384***	0.293	0.232	0.407***	0.733***	0.793***	0.360	0.404
	(2.78)	(1.53)	(1.19)	(2.78)	(4.53)	(2.81)	(1.21)	(1.06)
ln*TTAX*	0.002	0.013*	0.000	0.005	0.002	0.016	0.009	0.007
	(0.74)	(1.72)	(0.09)	(1.00)	(0.33)	(1.19)	(1.01)	(0.75)
ln*EI*	0.001	0.006**	0.001*	0.001*	0.002*	0.003*	0.003	0.004
	(0.59)	(2.42)	(0.22)	(0.20)	(0.96)	(0.28)	(0.34)	(0.66)
ln*FDI*	0.009**	0.016*	0.012*	0.009*	0.000	0.001	0.008	0.005
	(2.40)	(1.88)	(1.59)	(1.12)	(0.09)	(0.11)	(1.27)	(0.86)
lnktl		0.047**		0.011*		0.011*		0.006*
		(1.74)		(1.31)		(0.74)		(0.49)
ln*H*		0.020**		0.003		0.002		0.002
		(2.28)		(0.70)		(0.81)		(0.31)
ln*UR*		0.082						
		(1.12)						
ln*GDPPC*		-0.120**						
		(-2.10)						
_cons	0.577***	0.594***	0.715***	0.446**	0.290	0.333	0.633*	0.575
	(4.09)	(3.13)	(3.46)	(2.20)	(1.63)	(1.16)	(1.65)	(1.11)
AR(2)	0.478	0.414	0.613	0.948	0.916	0.919	0.435	0.343
Hansen	0.021	0.004	0.297	0.349	0.136	0.210	0.091	0.069

注：① 样本区间为 1994—2016 年；② 括号中的数值为 z 值；③ ***、**、* 分别表示在 1%、5%和 10%的统计意义上显著；④ AR(2)和 Hansen 是二阶序列相关变量和工具变量有效性的 P 值。

如表 7-4 所示，在对产业全要素生产率增长率的影响方面，一是各区域政府的科技支持力度对地区产业全要素生产率增长率的促进作用不显著。二是东部地区与中部地区的企业创新活力能够显著地促进地区产业全要素生产率增长，但西部地区的促进作用不显著。三是从全国来看，外商直接投资的促进作用显著，东部地区的促进作用显著，中部与西部地区只有不显著的促进作用。从全国整体以及东部地区来看，外商直接投资的促进作用最大，政府的科技支持力度次之，而企业创新活力的作用较弱。但中部地区仅有企业创新活力有显著促进作用，西部地区的影响则都不显著。在控制变量方面，资本深化与人力资本均有利于产业全要素生产率增长率的提升，城市化水平对其的促进作用不显著，但发展水平对其有一定的限制作用，这与我国随着发展阶段的转变产业技术水平与国际前沿不断趋近有关。

可以看出，从反映产业结构升级效率水平的产业全要素生产率增长率来看，政府科技财政支持的促进作用不显著，企业创新活力与外商直接投资是主要促进因素。对仍处于后发追赶阶段的我国经济而言，利用外商直接投资、发挥地方后发优势仍是促进产业全要素生产率提升的关键因素，特别是发展水平与开放程度越高的区域，外商直接投资与企业的创新活力的促进作用越大。

二、稳健性检验：政府行为、地区非农产业协同发展与产业结构升级

产业间协同发展水平是区域产业结构升级的另一特征。为检验我国制造业与服务业之间协同发展水平，本书进一步构建联立方程，采取三阶段最小二乘法，检验各区域制造业结构高度化与服务业结构高度化之间的相互影响，同时对政府行为对产业结构升级的影响进行稳健性检验。检验结果如表 7-5 所示。

表 7-5　区域制造业与服务业协同机制的联立方程检验结果

变量	全国		东部地区		中部地区		西部地区	
MTH	3SLS	3SLS_ite	3SLS	3SLS_ite	3SLS	3SLS_ite	3SLS	3SLS_ite
STH	0.835***	0.835***	-0.176	-0.176	2.018***	2.018***	-6.308	-6.308
	(3.24)	(3.24)	(-0.51)	(-0.51)	(4.76)	(4.76)	(-0.34)	(-0.34)
ln*TTAX*	1.068	1.068	3.079	3.079	-3.288*	-3.288*	2.804	2.804
	(0.75)	(0.75)	(1.35)	(1.35)	(-1.69)	(-1.69)	(0.40)	(0.40)

续表

变量	全国		东部地区		中部地区		西部地区	
MTH	3SLS	3SLS_ite	3SLS	3SLS_ite	3SLS	3SLS_ite	3SLS	3SLS_ite
ln*EI*	-0.112 (-0.40)	-0.112 (-0.40)	-0.984** (-2.15)	-0.984** (-2.15)	0.220 (0.71)	0.220 (0.71)	7.712 (0.39)	7.712 (0.39)
ln*FDI*	-1.822*** (-4.92)	-1.822*** (-4.92)	-5.641*** (-3.45)	-5.641*** (-3.45)	1.710 (1.59)	1.710 (1.59)	6.891 (0.33)	6.891 (0.33)
ln*KTL*	2.109 (1.29)	2.109 (1.29)	9.528*** (5.16)	9.528*** (5.16)	-0.489 (-0.34)	-0.489 (-0.34)	5.126 (0.37)	5.126 (0.37)
ln*H*	-0.585 (-1.49)	-0.585 (-1.49)	-6.507*** (-3.49)	-6.507*** (-3.49)	-0.472 (-1.42)	-0.472 (-1.42)	-4.919 (-0.43)	-4.919 (-0.43)
ln*GDPPC*	-1.126 (-1.31)	-1.126 (-1.31)	8.776** (2.03)	8.776** (2.03)	-7.487* (-1.69)	-7.487* (-1.69)	7.048 (0.57)	7.048 (0.57)
_cons	3.088 (0.21)	3.088 (0.21)	-5.582*** (-2.78)	-5.582*** (-2.78)	4.760 (1.55)	4.760 (1.55)	-9.265 (-0.39)	-9.265 (-0.39)
MTH	2.728 (1.30)	2.728 (1.30)	1.556*** (5.22)	1.556*** (5.22)	0.763*** (9.28)	0.763*** (9.28)	0.221*** (2.61)	0.221*** (2.61)
ln*TTAX*	4.048 (0.53)	4.048 (0.53)	3.556** (2.45)	3.556** (2.45)	0.465 (0.61)	0.465 (0.61)	3.018*** (5.05)	3.018*** (5.05)
ln*EI*	0.746 (-0.52)	0.746 (-0.52)	0.846** (2.03)	0.846** (2.03)	0.003 (0.02)	0.003 (0.02)	1.289*** (6.40)	1.289*** (6.40)
ln*FDI*	5.377 (1.25)	5.377 (1.25)	4.959*** (3.37)	4.959*** (3.37)	0.741 (1.51)	0.741 (1.51)	0.944*** (3.81)	0.944*** (3.81)
ln*KTL*	5.275 (0.83)	5.275 (0.83)	-5.472 (-1.44)	-5.472 (-1.44)	-0.432 (-0.41)	-0.432 (-0.41)	6.018*** (6.21)	6.018*** (6.21)
ln*H*	3.317 (1.00)	3.317 (1.00)	3.527** (2.52)	3.527** (2.52)	0.288 (1.47)	0.288 (1.47)	-1.196*** (-6.32)	-1.196*** (-6.32)
ln*UR*	7.622 (0.69)	7.622 (0.69)	-10.597** (-2.86)	-10.597** (-2.86)	3.620** (1.99)	3.620** (1.99)	2.789 (1.20)	2.789 (1.20)
_cons	5.260 (0.67)	5.260 (0.67)	7.469 (1.46)	7.469 (1.46)	-2.655 (-0.37)	-2.655 (-0.37)	-6.196*** (-9.30)	-6.196*** (-9.30)
$R^2$1	0.7167	0.7167	0.6485	0.6485	0.7606	0.7606	0.6560	0.6560
$R^2$2	0.6963	0.6963	0.5596	0.5596	0.8586	0.8586	0.9191	0.9191
P 值 1	0.0000	0.0000	0.0000	0.0000	0.0000	0.0000	0.0000	0.0000
P 值 2	0.0000	0.0000	0.0000	0.0000	0.0000	0.0000	0.0000	0.0000

注：① 样本区间为 1994—2016 年；② 括号中的数值为 z 值；③ ***、**、* 分别表示在 1%、5%和 10%的统计意义上显著。

如表 7-5 所示，在对制造业结构升级的影响方面，一是从全国来看，服务业结构高度化与制造业结构高度化呈显著正相关，表明我国服务业结构升级有利于制造业结构升级。但分区域来看，仅有中部地区有显著促进作用，东部与西部地区的服务业结构高度化与制造业结构高度化呈不显著的负相关，表明该区域服务业结构升级对地区制造业结构升级有不显著的限制作用。二是东部与西部地区的政府科技财政支持对制造业结构升级有一定的促进作用，但中部地区有显著的抑制作用。三是中西部地区的企业创新活力与外商直接投资均对制造业结构升级有不显著的促进作用，但东部地区表现为显著的抑制作用。

在对服务业结构升级的影响方面，一是各区域的制造业结构高度化与服务业结构高度化有显著正相关关系，东部地区促进作用最大，中部地区次之，西部地区最小。二是各区域政府科技财政支持、企业创新活力以及外商直接投资均对服务业结构升级有促进作用，东部地区的政府科技财政支持与外商直接投资的促进作用最大，西部地区次之，中部地区不显著。西部地区的企业创新活力的促进作用最大，东部地区次之，中部地区不显著。可以看出，东部地区的政府科技财政支持对服务业结构升级的影响较大，企业创新活力与外商直接投资在限制制造业结构创新的同时促进了服务业结构升级。中部地区的政府科技财政支持更有利于制造业结构升级，企业创新活力与外商直接投资的影响均不显著。西部地区的政府科技财政支持、企业创新活力以及外商直接投资均显著地促进了地区服务业结构升级，对制造业结构升级的影响不显著。

联立方程检验结果表明，发展水平高的地区制造业与服务业有协同升级机制；但对于发展程度较低、初始结构失衡严重的地区，尽管制造业结构升级有利于服务业结构升级，但服务业却有抑制性的反馈机制。

第五节 本章小结

通过对我国区域产业结构升级质量的时序特征的比较分析，以及政府干预对区域产业结构升级的影响检验，本章提出，以技术进步与扩散为基础的产业结构升级，不仅强调各产业产出效率的提高，还注重产业间的协同发展。政府通过培育地区动态比较优势，构建以“干中学”与创新机制为核心的学习型社会，以创新驱动产业结构升级。其中，旨在提升科教水平、提高要素质量的政府行为有利于扩大创新要素供给，促进技术创新与产业结构升级。有效的激励机制与约束机制有利于激励企业创新，企业的创新活力决定了地区创新机制的有效性，有利于各产业产出效率与产业协同发展水平的提高。与此同时，尽管完善基础设施、深化对外开放的政府行为能够扩大对外合作，通过技术溢出效应促进地区产业结构升级，但过度依赖外资，会导致地区产业的低端锁定，限制产业结构升级。

实证结果表明，一方面，尽管政府科技支持有利于区域产业结构高度化的提升，但忽略地区企业创新活力以及出口导向型的发展方式却对其有不利影响。另一方面，利用外商直接投资、发挥后发优势仍是促进产业全要素生产率提高的关键，开放程度越高，外商直接投资与企业创新活力的促进作用越强。此外，发展水平较高的地区制造业与服务业有协同升级机制；但对于发展程度较低、初始结构失衡严重的地区，尽管制造业结构升级有利于服务业结构升级，但服务业却有抑制性的反馈机制。

因此，为促进区域产业结构升级，可考虑从以下四大方面完善政策支持：首先，加大政府对科技创新活动的支持力度，通过优化政府的财政支出结构，加大政府对基础创新领域的财政支持力度。随着技术创新的深入，创新人才成为影响创新效率的关键因素，政府应进一步加大教育支出力度，完善地区高等教育与专业人才教育体系。在此基础上，政府应搭建信息平台，构建协同创新机制，促进不同创新主体之间的合作。其次，要培育地区企业创新活力，培育创新驱动力。既要激发地区企业的自主创新活力，促进地区产业研发活动的开展，还要提高地区企业的消耗吸收再创新水平。再次，要提升地区外商投资水平，注重地区竞争优势的培育。在进一步扩大对外开放、积极发挥进口作用的同时，更关键的是要优化外商投资结构，避免地区产业发展受到跨国企业的挤出，进而对地区产业结构升级形成阻碍，避免地区产业的低端锁定。最后，要增强地区产业升级的协同机制。充分发挥制造业创新的基础作用，提高制造业部门的技术扩散效率，加大服务业对制造业升级的支持力度。

第八章　政府行为对产业结构空间变迁的影响及区域差异——基于产业集聚视角的分析

作为国民经济体系的子系统，区域产业结构变迁不仅反映了区域内产业结构变迁的质量情况，还强调区域间产业结构变迁的协同与联系。作为产业结构变迁的空间特征，产业集聚是区域竞争优势的主要源泉（陈建军，2002），是优化产业空间布局、发挥地区比较优势、促进知识溢出与技术进步的主要途径，同时还是提升地区产业结构专业化程度、实现区域协调发展的重要支撑。地区政府会采取相应措施，完善地区基础设施条件，影响要素跨区域流动以及产业的空间区位选择。特别是分税制改革以来，地区竞争机制激励了地方政府积极采取各类措施吸引要素集聚，影响产业空间布局。因此，本章首先分析了我国不同要素密集型制造业集聚水平的阶段性特征与区域差异。其次基于经济地理学关于产业集聚的影响因素的分析，结合我国“晋升锦标赛”机制的制度激励，提出政府行为对区域产业集聚的影响机理及理论假说。最后采取空间面板模型与动态面板模型检验政府行为对地区产业集聚的影响及区域差异。

第一节　我国区域产业结构空间变迁的典型事实

新经济地理学认为，工业的可转移性使其集聚效应最显著。范剑勇、朱国林（2002）认为，地区工业发展水平的差异是区域差异的主要表现。制造业的空间分布既影响着各地区工业化效率，也关系着国民经济结构的优化。因此，本章聚焦具有较强产业关联与技术扩散能力的制造业部门，对各区域不同要素密集型制造业的集聚水平进行时序特征分析，回顾分税制改革以来我国制造业产业空间变迁的基本特征。

一、区域产业结构空间变迁的内涵与特征

产业结构的空间变迁对地区产出集中度以及区域间的经济联系有重要影响。产业集聚反映了产业在空间上的动态集中过程，具有较强产业关联或符合地区比较优势的企业的集聚有利于区域实现规模经济以及专业化深度发展。区域产业集聚水平不仅表现了地区产业结构空间变迁特征，还反映了地区产业结构专业化程度。比较优势理论认为，区域间产业结构的差异源于区位条件、要素禀赋、自然资源等区域条件的不同，新经济地理学强调集聚在区位选择中的作用，认为资本外部性的相对规模、劳动力迁移的动力的交通成本决定了经济活动和财富在空间配置上的区域整合程度。

二、区域产业结构空间变迁的时序特征

本章采取反映地区某产业的生产相对于全国水平的集中程度的区位熵（LQ）来分析地区不同要素密集型制造业的集聚程度与专业化水平。对1994—2016年30个省份（除西藏、港澳台地区）劳动密集型制造业、资本密集型制造业以及技术密集型制造业的区位熵进行测度。区位熵的具体计算见公式(8.1)。

$$LQ_{ik}=\frac{e_{ik}/e_i}{E_k/E} \tag{8.1}$$

其中，e_{ik}表示i地区k部门的就业人数，e_i表示i地区制造业总就业人数。E_k表示全国k部门的总就业人数，E表示全国制造业行业就业人数。如果$LQ_{ik}>1$，则认为k部门在i地区专业化程度较高，在产业规模上具有一定优势，属于地区专业化部门，是地区的主导产业。如果$LQ_{ik}<1$，则认为k部门在i地区专业化程度较低，在产业规模上不具有优势，在该地区的专业化程度不高。为更加详细比较地区集聚程度的差异，本章将集聚程度划分为：当$LQ>1$时，则地区该产业具有绝对规模优势，产业专业化程度极高；当$0.8<LQ<1$时，则地区该产业具有相对规模优势，产业专业化程度较高；当$0.5<LQ<0.8$时，则地区该产业具有一定的规模优势，产业专业化程度一般；而当$LQ<0.5$时，则地区该产业具有绝对规模劣势，专业化程度最弱。

由于产业集聚是一个长期的动态演化过程，因此，本书分别截取分税制改革初期（1994年）、加入WTO进一步扩大开放时期（2000年）、金融危

机并面临严重产能过剩的 2008 年以及 2016 年等四个时点，比较分析各省份不同要素密集型制造业区位熵的特征，反映区域不同要素密集型制造业集聚水平的变化。

如图 8-1 所示，分税制改革初期，沿海地区的各要素密集型制造业的集聚水平均相对较高，特别是北京、天津、山东、河北等北部沿海地区与上海、江苏、浙江等东部沿海地区。南部沿海地区具有一定的规模优势，特别是劳动密集型制造业的专业化程度相对较高。东北地区有较大差异，其中辽宁的各要素密集型制造业的集聚水平较高，吉林只有技术密集型制造业具有较强的专业化水平，而黑龙江制造业的聚集水平较低。安徽、江西、湖南以及湖北等长江中游地区各要素密集型制造业的集聚程度相似，大多具有相对规模优势。黄河中游地区的山西、内蒙古的制造业集聚水平较低，而陕西与河南的集聚水平相对较高。西南地区的各类要素密集型制造业的集聚水平相对较高，具有一定的相对规模优势。西北地区的各要素密集型制造业集聚水平有较大行业差异，甘肃、青海、宁夏等西北地区的资本密集型制造业的集聚水平较高，新疆的劳动密集型制造业的集聚水平较高，其他制造业则处于规模劣势。

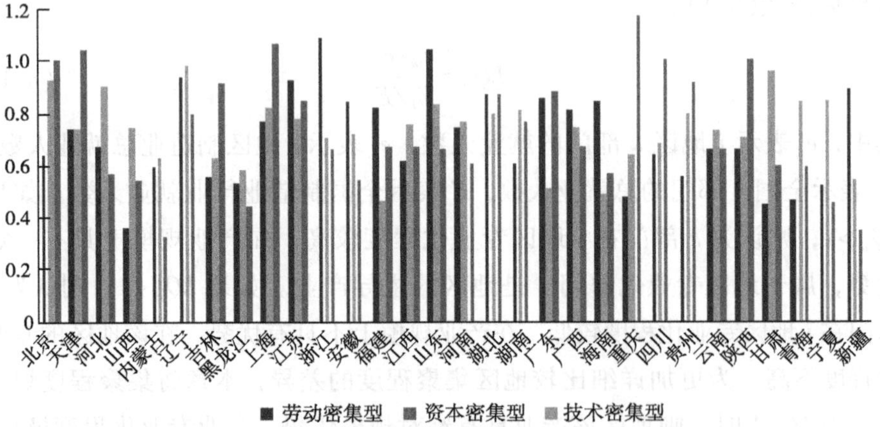

图 8-1 1994 年各省份不同要素密集型产业集聚水平

可以看出，在分税制改革初期，产业的空间分布不仅受计划经济时期产业布局的影响，形成了东北与西北地区的产业集聚，还与改革开放初期试点改革密切相关，促成了沿海地区与长江中游地区制造业集聚。

如图 8-2 所示，随着对外开放与地区竞争的不断深化，各地区的制造业专业化程度发生了较大变化，在加入 WTO，进一步加深全球产业分工合作的初期，沿海地区的劳动密集型制造业的集聚水平有所下降，但山东的劳动密集型制造业依然保持相对优势，北京、天津、上海、广东等地区的技术密集型制造业集聚水平显著提升。东北地区的辽宁各类型制造业均有相对优势，尤其是资本密集型制造业，吉林技术密集型制造业仍有绝对优势，其他制造业则处于绝对劣势，黑龙江的各类型产业集聚水平均较低。长江中游地区各类型产业集聚水平均有优势，其中湖南、江西的资本密集型制造业规模显著扩大，湖北的劳动密集型制造业规模有所减小，安徽产业集聚水平有所降低。黄河中游地区的山西资本密集型制造业集聚优势显著提升，陕西的技术密集型制造业规模有所扩大，而河南与内蒙古制造业集聚水平有限。西南地区的重庆、四川、贵州的技术密集型制造业集聚水平较高，云南的资本密集型制造业集聚程度显著提升。西北地区的制造业集聚程度未发生显著变化。

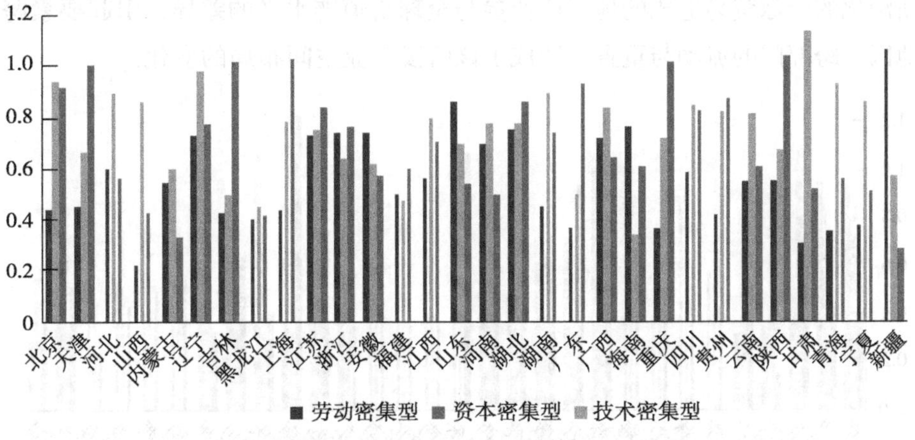

图 8-2 2000 年各省份不同要素密集型产业集聚水平

可以看出，在改革开放与地区“晋升锦标赛”竞争的影响下，初始工业化程度较高、开放程度较高的地区伴随着技术密集型制造业集聚优势显现，原有的劳动密集型制造业集聚程度不断下降。长江中游地区的技术密集型制造业集聚水平小幅提升，其他制造业集聚水平均有所下降。西南地区技术密集型制造业的集聚优势也显著增强。受计划经济产业布局政策影响较大的东北、黄河中游地区与西部地区的集聚程度变化不显著。

如图 8-3 所示，加入世贸组织以后，我国对外开放进一步深化，各地区工业化水平也显著提升，但初始比较优势与后发优势逐渐缩小，传统产业产能过剩的问题逐渐显现。在我国供给侧结构性改革初期，我国各地区制造业结构的集聚程度呈现出新特征。沿海地区的山东劳动密集型制造业集聚水平显著提升，依然保持绝对优势，河北的资本密集型制造业集聚水平显著提升，同时上海、江苏、广东的技术密集型制造业集聚水平依然保持较高水平。东北地区技术与资本密集型制造业集聚优势有所减弱。长江中游地区的湖北各产业的集聚水平均有所提升，但江西与安徽的集聚水平有所下降。黄河中游地区的山西、内蒙古与河南的资本密集型制造业集聚水平有所提升，均呈现相对优势，但陕西的各类型制造业集聚水平均大幅降低。西南地区的重庆技术密集型与云南的资本密集型制造业仍保持一定优势，但四川与贵州产业集聚水平有所下降。西北地区的甘肃、宁夏与青海的资本密集型制造业仍具有一定优势，但新疆失去了劳动密集型制造业的绝对优势。可见，伴随着市场机制在资源配置中决定性作用的不断显现，以及不断深化的全球贸易造成的地区产业参与全球价值链水平的差异，引起要素跨地区、跨部门的流动与重置，造成了该阶段产业空间布局的变化。

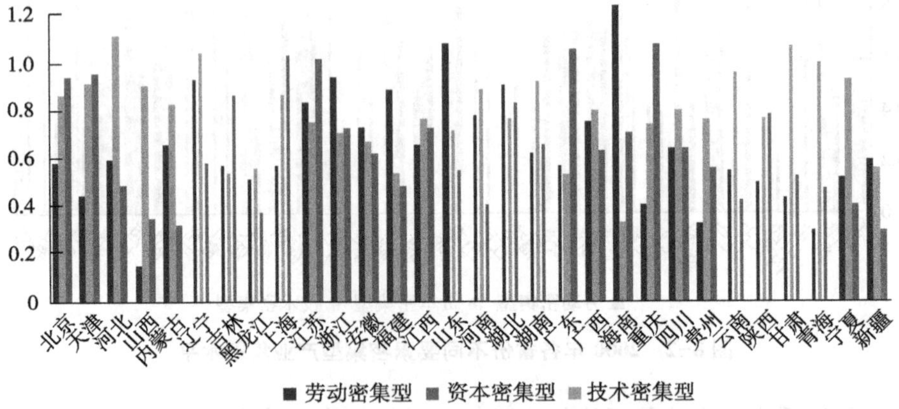

图 8-3　2008 年各省份不同要素密集型产业集聚水平

如图 8-4 所示，随着供给侧结构性改革的不断推进，以及全球贸易格局的变化，我国制造业集聚程度的区域差异进一步扩大，不同要素密集型制造业的集聚水平也有所分化。沿海地区的上海、江苏、广东技术密集型制造业的规模进一步扩大，逐渐形成绝对的规模优势，山东的劳动密集型与河北的资本密集型制造业也保持绝对优势，福建的劳动密集型制造业集聚水平大幅提升。东北地区的辽宁劳动与资本密集型制造业集聚水平大幅提升，具有绝对比较优势，同时吉林的技术密集型与黑龙江的劳动密集型制造业集聚水平也均大幅提升。长江中游地区各省产业集聚水平均有提升。黄河中游地区的河南劳动与资本密集型制造业集聚水平显著提升，山西与内蒙古的产业集聚水平有所下降，陕西的集聚程度变化不显著。西南地区的重庆技术密集型制造业具有绝对优势，四川、云南各制造业集聚水平程度有小幅提升，但贵州制造业集聚程度有所下降。西北地区的甘肃、青海、宁夏的资本密集型制造业的集聚程度较高，但其他类型制造业发展水平较低，新疆的劳动力优势也逐渐衰退。

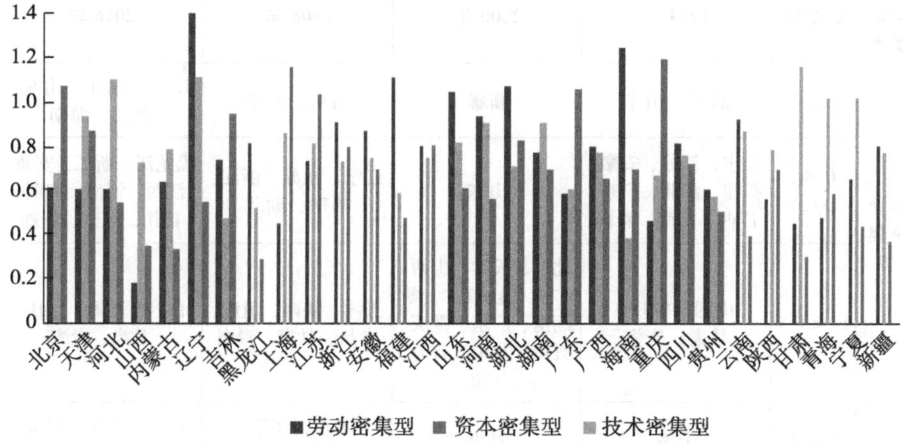

图 8-4　2016 年各省份不同要素密集型产业集聚水平

如表 8-1 所示，我国制造业集聚水平的阶段性变化反映了：一方面，我国制造业集聚水平存在较大的区域差异。其中，沿海地区能充分释放地区初始比较优势，还能实现动态比较优势的积累。山东等地区能够保持劳动密集型制造业的绝对优势，上海、江苏、广州等地区的技术密集型制造业的集聚程度也稳步上升。但受计划经济产业布局影响较大的地区，难以充分释放地区比较优势或实现动态比较优势的积累，导致区域产业集聚水平波动较大。东北地区除了辽宁的制造业具有一定专业化程度外，吉林与黑龙江的制造业集聚水平均较落后。长江中游地区与西南地区能够较好发展符合地区比较优势的制造业。黄河中游地区与西部地区的制造业集聚水平有限。此外，随着对外开放的不断深化，西南地区的产业集聚程度不断提升。另一方面，我国各省份的制造业集聚水平有显著的部门差异。一是在劳动密集型制造业的集聚方面，山东具有绝对规模优势，而西部地区的重庆、甘肃、青海以及中部地区的山西等地区具有绝对规模劣势，专业化程度较低。二是资本密集型制造业的集聚方面，西部地区的甘肃、青海、宁夏以及中部地区的河北、辽宁等地区具有绝对规模优势，东部地区具有相对规模优势，而海南等地区则具有规模劣势。三是技术密集型制造业的集聚方面，北京、上海、江苏等地区具有绝对规模优势，天津、湖北等地区具有相对规模优势，中西部地区的大多数省份则具有规模劣势。

表 8-1　不同要素密集型制造业集聚水平的特征

要素密集类型	区位熵	1994 年	2000 年	2008 年	2016 年
劳动密集型	LQ>1	浙江、山东	新疆	山东、海南	辽宁、福建、山东、湖北、海南
	0. 8< LQ<1	辽宁、江苏、安徽、福建、湖北、广东、广西、海南、新疆	山东	辽宁、江苏、浙江、福建、湖北	黑龙江、浙江、安徽、江西、河南、广西、四川、云南、新疆
	LQ<0. 5	山西、重庆、甘肃、青海	北京、天津、山西、吉林、黑龙江、上海、湖南、广东、重庆、贵州、甘肃、青海、宁夏	天津、陕西、重庆、贵州、甘肃、青海	山西、上海、重庆、甘肃、青海
资本密集型	LQ>1	上海	甘肃	河北、辽宁、甘肃、青海	河北、辽宁、甘肃、青海、宁夏
	0. 8< LQ<1	北京、河北、辽宁、山东、湖南、甘肃、青海、宁夏	北京、河北、山西、辽宁、湖南、广西、四川、贵州、云南、青海、宁夏	北京、天津、山西、内蒙古、上海、河南、湖南、广西、四川、云南、宁夏	天津、上海、江苏、山东、河南、湖南、云南
	LQ<0. 5	福建、海南	黑龙江、福建、海南	海南	吉林、海南
技术密集型	LQ>1	北京、天津、上海、重庆、四川、陕西	吉林、上海、重庆、陕西	上海、江苏、广东、重庆	北京、上海、江苏、广东、重庆
	0. 8< LQ<1	辽宁、吉林、江苏、湖北、广东、贵州	北京、天津、江苏、湖北、广东、四川、贵州	北京、天津、吉林、湖北	天津、吉林、湖北
	LQ<0. 5	内蒙古、黑龙江、宁夏、新疆	山西、内蒙古、黑龙江、新疆	河北、山西、内蒙古、黑龙江、福建、河南、云南、青海、宁夏、新疆	山西、内蒙古、黑龙江、福建、云南、甘肃、宁夏、新疆

尽管市场化程度与开放程度的提升，促进了要素跨地区、跨部门的重置效率，逐渐形成了基于各地区比较优势的产业空间布局与区域产业分工。但随着传统要素红利的衰减以及各地区工业化进程的推进，地方政府在“晋升锦标赛”机制的激励下积极采取相关政策措施提升地区产业结构专业化程度与规模优势，政府行为逐渐成为影响地区产业集聚的重要因素。

第二节 政府行为对产业集聚的影响机理分析与理论假说

作为产业结构空间变迁的重要体现，产业集聚反映了地区产业结构的专业化程度。韦伯(1909)在研究工业区位的布局问题时提出了“工业区位论”，将影响产业区位布局的因素分为“集聚因素”和“分散因素”。新经济地理学认为运输成本越低越有利于产业集聚，劳动力的流动性越差越不利于产业集聚。企业在地理上的区位选择取决于集聚理论和分散理论的相对强弱。对转轨经济而言，政府所提供的公共服务对产业的空间布局、运输成本、交易费用等都有重要影响。金煜、陈钊等(2006)认为经济政策的调整是导致地区间工业布局变化的重要因素。特别是受地区竞争的影响，为提升地区产业结构专业化程度，地方政府会利用财税政策影响企业的生产成本，同时还会通过完善基础设施，优化营商环境等制度供给降低企业的交易费用与流通成本，从而影响企业的产出预期与产出能力。因此，政府行为是影响产业区位选择和投资决策的关键因素。本章主要分析政府干预对地区产业集聚的影响及区域差异。

一、政府基础设施供给对产业集聚的影响

基础设施条件是影响产业集聚的关键因素。Krugman(1998)认为地区间基础设施供给水平的差异是影响产业区位选择的关键，对产业转移的方向有重要影响。Bjorvatn(2000)发现优化基础设施有利于弥补区位劣势，吸引产业转移到基础设施更完善的地区。Holl(2004)认为改善交通基础设施有利于降低交通运输成本，实现规模经济和聚集经济。Devereux 等(2007)指出，较完备的交通基础设施能够降低运输成本，促进地区产业集聚。Martin 和 Roger(2011)认为政府提供基础设施有利于生产与消费的结合，

同时还有利于产业集聚到道路交通更发达的地区。

需要注意的是，基础设施对产业集聚的影响机制与地区发展阶段以及主导产业有关。在区域发展差异较大，且地区经济联系较密切的情况下，政府对基础设施方面的完善，特别是对地区道路交通等的优化会对不同地区产业集聚造成差异化的影响。对于发展水平较高、制造业以资本或技术密集型为主的地区，区域道路交通等基础设施的优化更有利于打破地区的市场壁垒，但会对落后地区形成“虹吸效应”，降低欠发达地区的产业集聚，加强发达区域的产业集聚。随着各地区工业化进程的不断推进，道路交通等基础设施的完善对不同要素密集型、不同价值链地位产业的集聚影响也有所不同，加工制造环节的产业会随着地区基础设施完善形成一定的集聚规模，但是对资本密集型与技术密集型产业的影响较弱。

据此，提出假说1：基础设施水平对地区产业集聚的影响与地区的发展阶段以及主导产业有关。基础设施水平对技术含量越高的产业的吸引力越小。

二、地区企业税收强度对产业集聚的影响

随着分税制的确立，在“晋升锦标赛”机制的影响下，地区政府有能力也有动力积极采取措施吸引企业布局与要素集聚。作为地区政府竞争的主要体现，财税优惠政策是地区招商引资的重要措施。企业税收强度对产业的投资方向与区位选择有着直接影响，而产业结构的空间变迁也会影响转出地与转入地的经济增长以及地区政府的财政收入规模。可见，适度的税收强度是保障地区政府财政收入的关键，也是吸引要素与产业集聚的重要举措。

一方面企业税收强度会直接影响地区企业的生产成本。适度的税收强度能够激励企业为获得更多收益进行技术创新；但过重的税收负担则会制约企业的生产活力，并会限制消费的扩张，抑制市场需求。另一方面政府在初次分配与再分配领域的财税政策，会通过干预要素报酬，影响地区要素价格与比较优势；政府通过对劳动力流动及其价格实施管制，使企业获取廉价劳动力的竞争优势；通过对地区资本市场的监管，影响地区资本要素的配置结构。政府还会利用土地要素，通过低价出让工业用地，建立大批工业园区和开发区吸引企业。此外，政府还通过向企业提供的各种政策

优惠条件，降低企业生产成本与交易费用，吸引企业为获得超额利润向本地区转移。政府的税收强度对产业集聚的影响与发展阶段以及产业的技术密集程度和产业效率有关。技术密集型制造业面临更高的创新风险，对企业生产成本的反应更灵敏，因此，技术含量越高的产业受地区税收强度的影响较大。Okubo(2012)研究指出，税收优惠政策更能吸引高生产率企业。尽管传统要素密集型产业的集聚主要受地区要素禀赋条件的影响，但在产业结构相似且存在地区竞争的市场环境下，地区的税收强度也是影响低技术含量产业的集聚重要因素。

据此，提出假说2：地区企业的税收强度对不同技术密集型产业集聚的影响有所差异，技术含量越高的产业受到的影响越大。

三、行政性市场进入壁垒对产业集聚的影响

市场进入和退出成本是影响产业区位选择的重要因素。对市场机制尚不完善的转轨经济而言，行政性市场进入壁垒是指政府利用行政权力对市场主体的经营活动进行限制和干预，通过影响企业的生产成本与交易费用，限制其进出市场的效率(韩剑，2014)。

行政性市场进入壁垒对地区产业集聚的影响具有阶段性特征。在工业化初期，行政性市场进入壁垒不仅有利于集中有限的资源要素，特别是利用国有资本与国有企业推动地区资本密集型产业的集聚，还有利于通过国有资本投资，发挥后发优势，引进先进的技术设备，并利用国有企业的竞争性垄断力量促进产业的技术进步，整合创新资源，提高创新主体的协同创新效率，促进地区技术密集型产业的发展，但同时也会限制中小企业的发展，影响劳动密集型制造业的集聚水平。随着工业化进程的推进与工业体系的完善，行政性市场进入壁垒会限制市场机制在资源配置中的决定性作用，影响要素跨部门、跨地区的重置水平以及企业进出市场的效率，对地区产业集聚的影响逐渐由集聚转为分散。行政性市场进入壁垒会扭曲要素配置结构，造成被扶持产业的市场拥挤效应并导致产能过剩，同时还会制约企业技术创新与参与全球价值链，限制产业升级。

据此，提出假说3：地区行政性市场进入壁垒对产业集聚的影响具有阶段性差异，在经济起飞阶段有利于地区资本与技术密集型产业的集聚，但随着工业化进程的推进，则会限制要素重置与企业进出市场的效率，逐

渐由集聚因素转变为分散因素。

四、政府行政管理水平对产业集聚的影响

作为公共服务的供给主体，政府除了会通过提供道路交通等硬基础设施影响产业集聚外，还会通过优化营商环境、完善公共服务等软基础设施影响产业布局。政府行政管理水平反映了地区政府作为“看不见的手”对市场主体活动的影响，不仅对企业的生产成本与交易费用有重要影响，还会通过地区营商环境对企业的生产决策效率造成影响。政府的行政管理主要是通过影响制度环境质量与市场机制的有效性，影响地区企业的区位选择和投资决策。高效完善的政府行政管理水平，能够保障市场机制在资源配置中的决定作用，并能通过完善的信息平台、精简的行政审批制度以及健全的产权保障制度降低企业的交易费用，提高企业的决策效率。低效的政策管理则会替代市场，扭曲价格信号，降低要素配置效率，并会因冗余的行政审批制度和滞后的产权保障体系，加大企业的交易费用与生产成本，并滋生“设租”“寻租”等腐败问题，恶化地区营商环境。

据此，提出假说 4：高效的行政管理能够通过优化地区营商环境提升地区软基础设施水平，促进地区产业集聚以及专业化水平的提升；低效的行政管理能力则会造成政府失灵，增加企业的交易费用，限制产业集聚。

第三节 模型构建与数据说明

根据上文对我国区域产业集聚的部门差异与阶段性特征的分析，结合政府行为对产业集聚的影响机理，本书采取空间面板模型比较不同政府行为对地区不同要素密集型制造业的集聚水平的影响差异与阶段性特征。

一、模型构建

空间杜宾模型（SDM）也称为面板空间交互模型。空间依赖效应可能是区域间内生和外生的交互效应以及具有自相关的误差项共同作用的结果。

$$LQ_{it}=\rho\omega_{ij}LQ_{it}+\beta_1 FARS_{it}+\beta_2 TAX_{it}+\beta_3 SOE_{it}+\beta_4 GTAX_{it}+\beta_5\omega_{ij}X_{it}+\mu_i+\gamma_i+\varepsilon_{it}$$

其中，LQ_{it}表示 i 地区 t 时间的不同要素密集型制造业的区位熵，$FARS_{it}$、

TAX_{it}、SOE_{it}、$GTAX_{it}$分别表示政府的四种行为，$\omega_{ij}X_{it}$表示解释变量的空间滞后变量，ρ表示被解释变量空间滞后性的估计系数，β_i分别是核心解释变量、控制变量以及解释变量空间滞后项的估计系数。本书设置地理距离权重矩阵。ω_{ij}是矩阵i行和j列的元素，行和列都对应相关的空间单元，对角线上的空间权重都为0。

$$\omega_{ij}=\begin{cases}\frac{1}{d_{ij}^2},\ i\neq j\\0,\ i=j\end{cases}$$

其中，d_{ij}为i和j之间的球面距离。本书采用省份中心球面距离平方的倒数作为权重矩阵以及经济地理相邻权重矩阵，通过各省份的经度和纬度计算得到。

二、指标选取与变量说明

（1）被解释变量：为反映地区产业集聚程度，本书分别选择地区不同要素密集型制造业的区位熵作为被解释变量，包括劳动、资本以及技术密集型制造业的区位熵。区位熵越高，表明地区该产业的集聚程度与专业化水平越高。具体计算如式(8.1)所示。

（2）解释变量：根据上节关于政府行为对产业集聚的影响机理的分析，参考经典研究文献，选择如下解释变量：一是地区政府所提供的基础设施条件、道路交通条件是影响产业集聚的关键，对企业的流通成本和区域经济联系都有直接影响。因此，本书选择“地区人均公路里程数”反映地区的基础设施水平(*FARS*)，该指数越高表明地区的基础设施水平越高，越有利于降低企业流通成本，吸引企业集聚。二是地方竞争促使地方政府通过财税政策吸引企业集聚，企业税收也是地区财政收入的重要来源，是政府关注的重点。因此，在衡量地区企业税收负担方面，选择“地区企业所得税占地区财政收入比重”代表地区的税收强度(*TAX*)，该指数越高，表明地区的税收优惠越少，企业的生产成本较高，越不利于产业集聚。三是地方的行政性市场进入壁垒是影响企业进退市场效率的重要因素，是影响区域产业集聚和规模效应的关键。因此，本书选择“地区国有及国有控股工业产值占地区工业产值比重”反映地区的行政性市场进入壁垒(*SOE*)，行政性市场进入壁垒越高，越不利于地区要素流动与产业转移。四是地方政府不仅会影响地区的硬基础设施水平，还会影响地区的营商环境等软基础设施水平，政府的行政管理水平是影响地区软基础设施的关键，高效的行政管理意味着精简高效的行政服务、及时有效的地区信息服务平台，有利于降低企业的交易费用和生产成本，为地区产业集聚提供基础。因此，本书选择“地区的行政管理费用占地区财政支出比重”反映地区的行政管理水平(*GTAX*)。行政管理费用占比越高说明政府的效率越低，越不利于吸引企业转移。

(3) 控制变量：根据已有经典文献研究，本书选择以下控制变量：①选择反映地区产业参与全球价值链程度的外商直接投资强度。地区外商直接投资不仅能够扩大地区的资本供给，更重要的是有利于地区发挥进口的作用，发挥后发优势，学习模仿国际先进技术。而地区的外商直接投资水平与地区的对外开放程度与招商引资水平密切相关，政府能够通过扩大开放程度、优化营商环境吸引外资，从而间接影响地区产业的技术创新。因此，本书选择“地区外商直接投资占总投资比重”衡量地区的外商直接投资力度(*FDI*)。②资本深化(*KTL*)，资本要素是影响地区产业发展与结构变迁的重要因素，地区的资本深化程度反映了地区要素禀赋结构，对地区产业结构变迁速度与有效性都有重要影响。资本深化表示为“地区实际资本存量与地区社会从业人员数的比值”。③人力资本(*H*)，反映地区劳动力质量的人力资本与资本要素一样，是影响地区产业发展与结构变迁的基础要素。不同于人口数量，人力资本反映了地区要素的质量，对地区产业结构转型升级有着重要影响。④城市化率(*UR*)。城市化与工业化是地区经济结构变迁的主要方面，城市化能够使农村大量剩余劳动力转移到城市的工业部门，实现工业部门的迅速发展，是工业化进程的重要支撑。上述控制变量的具体计算与数据来源以及区域划分与前面章节相同，变量的具体定义和计算方法如表 8-2 所示。

表 8-2　数据变量的定义和计算方法

变量	变量含义	变量符号	计算方法
解释变量	劳动密集型制造业区位熵	*LLQ*	具体计算见式(8.1)
	资本密集型制造业区位熵	*CLQ*	
	技术密集型制造业区位熵	*TLQ*	

续表

变量	变量含义	变量符号	计算方法
解释变量	基础设施水平	*FARS*	地方公路里程/总人口
	税收强度	*TAX*	企业所得税占地区财政收入比重
	行政性市场进入壁垒	*SOE*	地区国有及国有控股工业产值占比
	行政管理效率	*GTAX*	地方行政管理支出占财政支出比重
控制变量	参与全球价值链程度	*FDI*	外商直接投资占比
	人力资本	*H*	平均受教育年限
	资本深化	*KTL*	资本存量/地区就业人数
	城镇化	*UR*	调整后常住人口口径城市人口占比

为消除变量的异方差，对解释变量与控制变量进行对数化处理，所得的变量统计情况如表 8-3 所示。本章分析的数据来源和样本划分与上一章相同，即将地区分为东部、中部以及西部地区。

表 8-3 变量的基本统计特征

变量	观测数	平均值	标准差	最小值	最大值
LLQ	690	0. 6463	0. 2224	0. 146	1. 419
CLQ	690	0. 7795	0. 18446	0. 249	1. 248
TLQ	690	0. 6882	0. 2418	0. 24	1. 217
ln*FARS*	690	2. 9143	0. 72501	0. 9844	4. 8867
ln*TAX*	690	2. 4432	0. 3782	1. 3968	3. 5555
ln*SOE*	690	3. 7545	0. 5397	2. 2602	4. 4985
ln*GTAX*	690	10. 6364	3. 2099	3. 1082	20. 8202
ln*FDI*	690	5. 2292	1. 0106	1. 90672	7. 67331
ln*H*	690	7. 9216	1. 8257	2. 8554	16. 2722
ln*KTL*	690	9. 5479	1. 0724	7. 27803	12. 108
ln*UR*	690	3. 7724	0. 3474	2. 9882	4. 4954

第四节 实证结果分析

一、产业集聚的空间相关性检验

空间经济学认为，不同区域间地理位置相近或相离会导致地区间存在正的或负的空间相关性。鉴于中国行政区域划分以及区域经济增长差异演化的阶段特征，本书主要采用经济地理相邻权重矩阵，并分阶段采用全局 Moran'I 指数判别被解释变量与核心解释变量是否存在空间相关性。

如表 8-4 所示，以社会经济地理距离为权重矩阵时，一方面，反映政府行为的政府直接干预强度与行政性市场进入壁垒均具有显著正相关关系。另一方面，反映地区制造业集聚程度的三个区位熵也有一定的区域相关性。其中劳动与技术密集型制造业的集聚存在显著的正相关关系，而资本密集型的集聚程度有不显著的负相关性，这表明我国区域劳动密集型与技术密集型制造业的集聚对其他地区有正溢出效应，但资本密集型则有不显著的负溢出效应。同时，政府直接干预强度与行政性市场进入壁垒对其他地区也有正外溢性效应。

表 8-4　基于全局 Moran'I 指数的变量空间相关性检验

年份	*LLQ*	*CLQ*	*TLQ*	*GTAX*	*SOE*
1994	0.120** (1.468)	−0.096 (−0.590)	0.070* (0.993)	0.230*** (2.548)	0.329*** (3.495)
2000	−0.093 (−0.566)	−0.022 (0.117)	0.100 (1.268)	0.139** (1.658)	0.218*** (2.474)
2008	0.119* (1.490)	−0.094 (−0.574)	0.121* (1.467)	0.251*** (2.710)	0.301*** (3.221)
2016	0.044 (0.765)	−0.145 (−1.055)	0.164** (1.885)	0.238*** (2.625)	0.187** (2.087)

注：① 括号中的数值为 z 值；② ***、**、** 分别表示在 1%、5%和 10%的统计意义上显著。

二、政府行为对产业集聚空间影响计量模型检验结果

确定存在空间相关性后，本书进一步检验 1994—2016 年政府行为对区域不同要素密集型制造业集聚水平的影响。Hausman 检验表明应采取随机效应的 SDM。所得结果如表 8-5 所示。

如表 8-5 所示，首先，地区基础设施条件与劳动密集型制造业集聚有显著的负相关关系，与资本密集型及技术密集型制造业集聚有不显著的负相关关系。可见，地区基础设施条件的完善不利于传统劳动密集型制造业集聚。随着交通物流的完善，地区间的经济联系更加紧密，发达地区对欠

表 8-5 1994—2016 年政府行为对不同要素密集型产业集聚的影响的空间面板检验结果

	劳动密集型(*LLQ*)			资本密集型(*CLQ*)			技术密集型(*TLQ*)		
权重矩阵	社会经济	地理	0-1	社会经济	地理	0-1	社会经济	地理	0-1
ln*FARS*	-0.129*** (-4.16)	-0.122*** (-3.10)	-0.084** (-2.25)	-0.049 (-1.54)	-0.040 (-1.03)	-0.059 (-1.37)	-0.055 (-1.24)	-0.062 (-1.03)	-0.061 (-1.01)
ln*TAX*	-0.015 (-0.65)	-0.015 (-0.59)	-0.007 (-0.26)	-0.056** (-2.01)	-0.036 (-1.11)	-0.029 (-0.96)	-0.004 (-0.14)	-0.008 (-0.23)	-0.033 (-1.02)
ln*SOE*	-0.115** (-2.52)	-0.161*** (-3.29)	-0.153*** (-3.36)	-0.042 (-1.12)	-0.054 (-1.49)	-0.068** (-2.02)	-0.104** (-2.29)	-0.122*** (-3.13)	-0.119*** (-3.29)
ln*GTAX*	0.007 (1.63)	0.004 (0.78)	0.002 (0.40)	0.006 (1.64)	0.000 (0.10)	0.003 (1.03)	-0.001 (-0.17)	-0.001 (-0.21)	-0.000 (-0.00)
_cons	1.863*** (7.22)	1.519*** (4.66)	1.899*** (4.30)	0.911*** (3.95)	0.633*** (2.59)	0.539*** (3.12)	1.744*** (5.63)	0.917*** (3.41)	0.941*** (3.21)
W×ln*FARS*	-0.001 (-0.03)	-0.019 (-0.53)	-0.048 (-0.99)	0.041 (1.08)	0.045 (0.93)	0.070 (1.48)	-0.111*** (-3.58)	-0.023 (-0.38)	-0.023 (-0.43)
W×ln*TAX*	-0.027 (-1.03)	-0.021 (-0.63)	-0.004 (-0.13)	0.040 (1.25)	0.022 (0.64)	0.010 (0.33)	0.001 (0.02)	0.003 (0.07)	0.044 (1.42)
W×ln*SOE*	-0.181*** (-4.43)	-0.088 (-1.54)	-0.159** (-2.35)	-0.009 (-0.17)	-0.032 (-0.55)	-0.065 (-1.31)	-0.075 (-1.09)	-0.048 (-0.77)	-0.058 (-0.92)
W×ln*GTAX*	0.000 (0.01)	0.000 (0.06)	0.004 (0.64)	0.007* (1.78)	0.001 (0.22)	0.005 (1.18)	0.002 (0.43)	0.003 (0.45)	0.000 (0.08)
W×*Y*	0.354*** (4.37)	0.471*** (5.62)	0.344*** (3.56)	0.136* (1.67)	0.326** (2.37)	0.366*** (3.73)	0.133 (1.42)	0.405*** (3.46)	0.278** (2.35)
对数似然估计	0.6440	0.6440	0.6440	0.6440	0.6440	0.6440	0.6440	0.6440	0.6440

注：① 括号中的数值为 z 值；② ***、**、** 分别表示在 1%、5%和 10%的统计意义上显著。

发达地区的要素有一定的“虹吸”作用，促进要素跨地区的流动重置。其次，地区企业税收强度与各类要素密集型制造业集聚均有不显著的负相关关系，表明地区企业税收强度对各类要素密集型产业的集聚均有限制作用，且对资本密集型制造业的不利影响最大。资本密集型制造业是重工业的主要组成部分，也是传统制造业的核心，随着我国各区域工业化进程的推进，资本密集型制造业成为地区发展集聚的重点，是地区政府招商引资的主要目标，因此，受地区企业税收强度的影响较大。再次，地区的行政性市场进入壁垒与各种要素密集型制造业集聚均有显著负相关关系。这表明对地区企业进出市场造成严重阻碍的市场进入壁垒对各类要素密集型制造业的集聚均有显著的限制作用。其中，对劳动密集型制造业集聚的限制最大，对技术密集型的影响次之。最后，政府行政管理水平与劳动和资本密集型制造业集聚有不显著的正相关关系，与技术密集型制造业有不显著的负相关关系，表明我国各区域政府的行政管理水平对地区制造业集聚的影响不显著，低效的行政管理水平对技术密集型制造业集聚的限制作用最显著。

空间系数项($W\times Y$)表明地区各要素密集型制造业集聚程度均有显著的正相关性，这表明制造业集聚水平有显著的正外溢性，有利于相邻地区的制造业集聚。其中，劳动密集型制造业的溢出效应最大，资本密集型次之。在空间相关性方面，在对产业结构集聚的影响中，政府行为的外溢性均不显著。一是基础设施条件与劳动和技术密集型制造业集聚有负相关性，与资本密集型制造业集聚有不显著的正相关性。二是企业税收强度与劳动密集型制造业集聚有不显著的负相关性，与资本密集型以及技术密集型制造业集聚有不显著的正相关性。三是行政性市场进入壁垒与各类要素密集型制造业的集聚均有负相关性。四是政府的行政管理水平与劳动密集型制造业集聚与技术密集型制造业集聚的相关性很弱且不显著，与资本密集型制造业集聚有显著的正相关性。可以看出，尽管地区制造业集聚存在空间溢出作用，但是政府行为的空间影响有限，其中对资本密集型制造业的空间集聚的影响相对较大。

三、基于动态面板模型的稳健性检验

为检验政府行为对地区产业集聚的影响，本书进一步采取 SYS-GMM 动态面板模型检验政府行为对地区不同要素密集型制造业集聚水平的影响

及区域差异。所得结果如表 8-6、表 8-7 所示。

表 8-6 全国政府行为对不同要素密集型产业集聚影响的动态面板检验结果

变量	劳动密集型(*LLQ*)		资本密集型(*CLQ*)		技术密集型(*TLQ*)	
	(1)	(2)	(1)	(2)	(1)	(2)
L. *LQ*	0.991*** (15.04)	1.014*** (16.58)	0.954*** (13.59)	0.969*** (17.54)	0.885*** (10.78)	0.867*** (10.05)
ln*FARS*	-0.008 (-0.72)	-0.007 (-0.46)	-0.034*** (-2.88)	-0.034** (-2.16)	-0.053*** (-2.84)	-0.042* (-1.95)
ln*TAX*	-0.021 (-1.46)	-0.024** (-2.02)	-0.036** (-2.42)	-0.023 (-1.36)	-0.020** (-2.06)	-0.018 (-1.45)
ln*SOE*	-0.047** (-2.24)	-0.058** (-2.40)	-0.065*** (-3.19)	-0.067*** (-2.65)	-0.066*** (-5.09)	-0.072*** (-3.03)
ln*GTAX*	0.003* (2.57)	0.003** (2.83)	0.004*** (3.91)	0.004*** (3.08)	-0.002* (-2.39)	-0.003** (-3.04)
ln*FDI*		-0.015* (-1.77)		-0.023** (-2.47)		0.005 (0.54)
ln*H*		0.004 (1.11)		0.006 (1.10)		-0.002 (-0.43)
ln*KTL*		-0.002 (-0.14)		-0.012 (-0.70)		0.001 (0.03)
ln*UR*		-0.002 (-0.08)		0.004 (0.09)		0.005 (0.12)
_cons	0.184 (1.22)	0.334 (1.57)	0.425*** (2.88)	0.570*** (2.84)	0.507*** (4.02)	0.512*** (2.67)
AR(2)	0.397	0.460	0.012	0.011	0.759	0.821
Hansen	0.026	0.050	0.016	0.051	0.124	0.027

注：①样本区间为 1994—2016 年；②括号中的数值为 z 值；③***、**、*分别表示在 1%、5%和 10%的统计意义上显著；④AR(2)和 Hansen 是二阶序列相关和工具变量有效性的 P 值。

表 8-7 区域政府行为对不同要素密集型产业集聚影响的动态面板检验结果

变量	东部地区			中部地区			西部地区		
	LLQ	*CLQ*	*TLQ*	*LLQ*	*CLQ*	*TLQ*	*LLQ*	*CLQ*	*TLQ*
L. *LQ*	1.225*** (7.56)	1.051*** (9.07)	0.959*** (44.19)	1.104*** (10.80)	0.891*** (10.39)	0.791*** (7.78)	0.937*** (5.54)	1.169*** (9.45)	1.159*** (6.74)

续表

变量	东部地区			中部地区			西部地区		
	LLQ	*CLQ*	*TLQ*	*LLQ*	*CLQ*	*TLQ*	*LLQ*	*CLQ*	*TLQ*
ln*FARS*	0.075*** (3.12)	-0.009 (-0.45)	-0.059*** (-4.67)	0.028 (1.11)	-0.073*** (-2.96)	-0.089*** (-4.50)	-0.009 (-0.30)	-0.112** (-2.49)	-0.014 (-0.13)
ln*TAX*	-0.094* (-2.51)	-0.004 (-0.52)	-0.004 (-0.47)	-0.025 (-1.48)	-0.023 (-0.82)	-0.023 (-1.14)	-0.001 (-0.08)	-0.014 (-0.32)	-0.027 (-0.98)
ln*SOE*	-0.037 (-1.04)	-0.031* (-1.87)	-0.051*** (-3.32)	-0.011 (-0.16)	-0.107* (-1.94)	-0.115*** (-3.16)	-0.084** (-1.99)	-0.174* (-1.86)	-0.094 (-0.49)
ln*GTAX*	0.073* (1.84)	0.042 (1.46)	0.031** (2.32)	0.071 (1.27)	0.144** (2.22)	0.105*** (2.99)	0.025 (1.40)	0.014 (0.36)	0.012 (0.36)
_cons	-0.889** (-2.22)	0.008 (0.07)	0.294*** (3.62)	-0.203 (-0.74)	0.433** (2.38)	0.652*** (4.66)	0.343 (0.96)	0.877* (1.91)	0.374 (0.33)
AR(2)	0.410	0.593	0.596	0.066	0.108	0.042	0.961	0.142	0.517
Hansen	0.762	0.565	0.851	0.298	0.426	0.495	0.664	0.077	0.252

注：① 样本区间为 1994—2016 年；② 括号中的数值为 z 值；③ ***、**、* 分别表示在 1%、5%和 10%的统计意义上显著；④ AR(2)和 Hansen 是二阶序列相关和工具变量有效性的 P 值。

如表 8-6 所示，对于不同要素密集型制造业的空间面板检验结果与空间面板回归的系数相关性检验结果基本一致。一是基础设施水平与各类要素密集型制造业的集聚均有负相关关系，且对技术密集型的限制作用最大，对资本密集型的影响次之。二是企业税收强度、行政性市场进入壁垒与制造业集聚水平均有显著的负相关性，其中，税收强度对资本密集型制造业集聚的限制作用最大，行政性市场进入壁垒对技术密集型制造业集聚的限制作用最大。三是政府的行政管理水平与地区劳动及资本制造业集聚有显著的正相关性，但不利于技术密集型制造业。这表明，我国基础设施条件、企业税收强度以及行政性市场进入壁垒均不利于地区制造业集聚，其中基础设施与行政性市场进入壁垒对技术密集型制造业集聚的不利影响最大，资本密集型次之；企业税收强度对资本密集型制造业集聚的不利影响最大，劳动密集型次之。政府的行政管理水平对劳动与资本密集型制造业集聚有一定的促进作用，对资本密集型制造业集聚的促进作用最大。总体来看，资本密集型制造业集聚水平受政府行为的影响最大。在控制变量方面，地区参与全球价值链分工程度与地区劳动密集型和技术密集型制造业的集聚有显著的负相关关系，但与地区技术密集型制造业集聚有不显著的正相关关系。地区的人力资本、资本深化以及城市化水平对制造业集聚的影响均不显著。

分区域的政府行为对制造业集聚水平影响的动态面板检验结果如表8-7所示，区域发展阶段与市场化程度的差异使得政府行为对不同要素密集型制造业集聚的影响有显著差异。

首先，基础设施水平与区域劳动密集型制造业集聚整体表现为正相关性，其中东部地区的影响显著，中西部地区的影响不显著；与资本密集型制造业集聚有负相关性，其中东部地区的影响不显著，中西部地区的负相关性显著；与技术密集型制造业集聚有负相关性，其东中部地区显著，西部地区不显著。这表明，基础设施水平对地区产业集聚的影响与地方发展阶段密切相关，发展水平低的地区，基础设施水平的提升可能会加速发达地区对其的“虹吸效应”，抑制本地产业集聚；发展水平高的地区，基础设施水平的提升有利于地区产业集聚。同时，基础设施对技术含量越高的产业的吸引力越小，尽管有利于地区劳动密集型制造业集聚，但对其他制造业的集聚有一定的不利影响。

其次，企业税收强度与区域制造业集聚具有的负相关性，其中对东部地区劳动密集型制造业集聚的抑制作用最显著，但对资本与技术密集型制造业的不利影响不显著。西部地区的企业税收强度对各要素密集型制造业集聚的不利影响不显著。这表明企业税收强度与地区的发展阶段以及产业技术进步水平有关，对发达地区的低技术密集型制造业的影响较大。

再次，行政性市场进入壁垒与区域制造业集聚具有负相关性。在东、中部地区，对技术密集型制造业集聚的限制影响最大，对资本密集型制造业集聚的限制影响次之，对劳动密集型制造业集聚的限制作用不显著。但在西部地区则对资本密集型制造业集聚的限制最大，对劳动密集型制造业集聚的限制次之，对技术密集型制造业的集聚影响不显著。这表明行政性市场进入壁垒对不同发展水平地区的产业集聚影响有显著差异，对发展水平较低地区的低技术密集型制造业聚集，以及发达地区的高技术密集型制造业集聚的影响较大。

最后，地区政府的行政管理水平与各区域制造业集聚均有正相关性。其中，对东、中部地区的产业集聚促进作用较为显著，其中东部地区中对劳动密集型制造业集聚的促进作用最大，对技术密集型集聚的促进作用次之。在中部地区对资本密集型制造业集聚的促进作用最大，对技术密集型制造业集聚的促进作用次之。对西部地区的制造业集聚促进作用不显著。可见，发达程度越高的地区，政府行政管理水平对地区产业集聚的影响越显著。

第五节 本章小结

本章分析了政府行为对产业结构空间变迁的影响，作为产业结构空间变迁的重要体现，产业集聚反映了地区产业结构的专业化程度。为促进地区产业集聚，地方政府不仅会利用财税政策影响企业生产成本，还会通过完善基础设施，优化营商环境等制度供给降低企业的交易费用与流通成本。但区域发展阶段与市场化程度的差异使得政府行为对不同要素密集型制造业集聚的影响有显著差异。实证检验表明：不同要素密集型制造业的集聚均有显著的溢出效应，有利于相邻地区的产业集聚，其中，劳动密集型制造业的溢出效应最大，资本密集型制造业次之。与此同时，地区基础设施水平对技术含量越高的产业的吸引力越小，基础设施的优化对发展水平较高地区产业集聚的促进作用较强。企业税收强度与行政性市场进入壁垒是限制区域产业集聚的重要因素。发展水平越高的地区的企业税收强度对低技术密集型制造业的影响越大，而行政性市场进入壁垒对高技术密集型制造业集聚的影响越大，同时政府行政管理水平对地区产业集聚的影响也越显著。

基于以上研究分析，本书提出如下政策建议：首先，应提升地区的基础设施条件。不仅应强调道路交通建设的优化，还应注重信息物流的便利性。尽管随着地区产业空间布局的逐步形成，产业技术含量也普遍提升，公路、交通等领域的基础设施也已初步完善，但地区产业集聚的影响有所减弱。欠发达地区应进一步优化地区的基础设施条件，有力支撑地区承载发达地区的产业转移。更重要的是，应进一步完善信息物流等基础条件，增强区域经济联系，以及区域产业分工协作，在充分发挥地区比较优势的基础上，有效平衡各地区的产业规模与效率。其次，应调整地区企业税收政策，降低企业的税收负担。随着我国工业化进一步推进，释放中小企业创新活力成为支撑地区产业结构升级的关键因素。因此，应优化地区税收政策，降低企业的生产成本，激发其技术创新活力。再次，需破除地区的行政性市场进入壁垒，推进市场主体改革，破除地区要素流动与产业转移的制度约束，保障市场机制在资源配置中的决定性作用。特别是随着服务业比重的不断上升，中小企业逐渐成为经济活动的主体，有效的市场进入和退出机制能够保障地区要素重置与主导产业更替，避免产能过剩与产能不足等供求矛盾。最后，还需进一步优化地区营商环境，推进地区产业更深融入全球价值链，发挥进口的技术溢出效应以及产业关联效应。对于开放程度较低的欠发达地区，应通过优化营商环境等软基础设施，提升地区承接产业转移的能力，以及直接参与全球产业分工，提高地区产业效率。对于开放程度较高、已经深度融入全球价值链的地区，应注重培育地区竞争优势，通过构建学习型社会，提高区域产业自主创新能力，培育新兴产业，避免地区产业的低端锁定。

第九章　政府行为促进区域产业结构变迁的增长效应分化

地方政府在“晋升锦标赛”的制度环境下，积极采取各类政策措施推动工业化发展和经济增长，但并未实现区域经济增长的显著收敛(潘文卿，2012)。已有研究发现，尽管中国地区人均生产总值不存在显著的绝对收敛，但工业部门的劳动生产率在省际表现出绝对的收敛特征，地区工业化程度的差异使得工业部门的收敛未能引起整体经济的收敛(戴觅，2014)。区域经济增长的差异演变与产业结构变迁路径的分化，反映了长期存在的制约中国经济高质量发展的不平衡不充分的发展问题。因此，本章首先采取了偏离—份额分析法分析了1978—2016年各省经济增长以及非农产业的结构效应。其次采取门限面板模型与空间面板模型检验了产业结构变迁对地区经济增长的影响，以及对地区经济增长收敛性的影响。最后对缓解高质量发展不平衡不充分约束提出针对性的政策建议。

第一节　区域产业结构变迁对经济增长影响的阶段性特征比较

为全面反映区域产业结构变迁的增长效应，本书通过基尼系数测度产业结构变迁以及经济增长的区域差异的时序特征，并采取偏离—份额法分析改革开放以来各省产业结构变迁对地区经济增长影响的阶段性特征与部门差异。

一、产业结构变迁与经济增长的区域差异

本书利用变异系数测度地区经济增长与产业结构变迁差异的时序特征。如图9-1所示，1980年以来，中国人均产出和劳动生产率的变异系数

反映出区域经济增长差异在2013年之前呈现显著的"先降后升再降"的倒N型演变轨迹，并在2014年起出现小幅回升态势。从中国区域产业结构变迁差异来看，中国区域工业化程度存在显著差异。在产值结构方面，区域第一产业产值比重的差异最大，并自1985年起不断扩大。第二产业产值比重差异自1982年起趋于收敛，第三产业产值比重的差异在改革初期相对平稳，之后呈倒N型波动。在就业结构方面，区域第一产业就业比重的差异不断扩大，2013年以来与第二产业就业比重的差异程度相当。第二产业就业比重的差异最大，自1986年起呈波动缩小态势。第三产业就业比重的差异自改革开放以来呈逐年下降的趋势，并在2000年之后趋稳。各产业产值比重与就业比重的区域差异演变的不一致也反映了各地区产业结构变迁路径的分化。

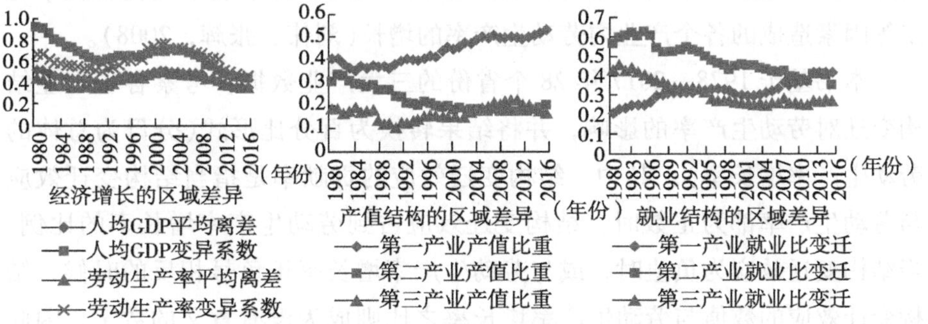

图9-1 区域经济增长与产业结构变迁差异演化

注：变异系数是相关指标的标准差除以该部门的平均值。

二、各省域产业结构变迁的增长效应测度

我国地区经济增长与产业结构变迁长期存在较大差异，本书进一步对各地区内结构变迁对经济增长的贡献进行分析。参照刘伟和张辉(2008)的劳动生产率分解式，将结构变迁效应从劳动生产率增长中分解出来。令经济总体的劳动生产率为LP^t，LP_i^t是指各个产业部门的劳动生产率，上标t表示时期，下标i表示不同产业部门，$i=1,2,3$，分别代表第一产业、第二产业和第三产业，LP_i^t表示i产业t期的劳动生产率。S_i^t是t期产业i的劳动所占份额。

总体劳动生产率表示为：

$$LP_t = \frac{Y^t}{L^t} = \sum_{i=1}^{n} \frac{Y_i^t L_i^t}{L_i^t L_i^t} = \sum_{i=1}^{n} LP_i^t S_i^t$$

根据公式，可以推知 t 期的总体劳动生产率相对于 0 期的增长率：

$$\frac{LP^t - LP^0}{LP^0} = \frac{\sum_{i=1}^{n}(S_i^t - S_i^0)LP_i^0 + \sum_{i=1}^{n}(LP_i^t - LP_i^0)(S_i^t - S_i^0) + \sum_{i=1}^{n}(LP_i^t - LP_i^0)S_i^0}{LP^0}$$

该式可以进一步分解为三项，右边第一项被称为静态结构变迁效应，是指要素从劳动生产率较低的产业流向较高的产业而引起的总体劳动生产率的净增长。右边第二项表示动态结构变迁效应，反映的是从劳动生产率增长较慢的产业流向增长较快的产业所引起的总体劳动生产率的净提升。右边第三项是生产率增长效应，是因各个产业内部技术效率变化和技术进步等因素造成的各个产业内劳动生产率的增长(刘伟、张辉，2008)。

本书基于 1978—2017 年 28 个省份的三大产业数据，考察各省产业结构变迁对劳动生产率的影响，并将结果转换为百分比形式(分母为总体的劳动生产率增长率)。其中，结构变迁效应的贡献率是指当结构变迁效应与劳动生产率都为正数时，结构变迁效应占到劳动生产率增长率的比例。当结构变迁效应为负值时，或与劳动生产率增长率正负号相反的时候，结构变迁效应的数值与劳动生产率增长率之比则成为没有意义的数字，因此当结构变迁效应为显著的负值时，我们假定结构变迁效应的贡献率为零。结合改革开放以来我国财税分权、融入全球化、金融危机等重大转折点，将 1978 年至 2017 年划分为 1978—1993 年、1994—2000 年、2001—2008 年以及 2009—2017 年四个时间段分析各省的阶段性特征。

(一) 结构变迁对地区经济增长贡献的阶段性特征

如表 9-1 所示，产业结构变迁对劳动生产率的贡献有较大的地区差异。整体上，各地区的产业结构变迁的贡献均弱于产业内制度变革和技术进步共同推动的劳动生产率提高，结构变迁效应的贡献呈现先减小后回升之后再下降的倒 N 型波动。分阶段来看，在 1994—2000 年，在分税制改革初期各省份的产业结构变迁效应的贡献均有所减弱。随着国际贸易的不断深入，加入 WTO 之后，我国各地区的产业结构变迁对劳动生产率的影响也有所增强。2009—2017 年产业结构变迁的贡献也出现了区域分化。分地区来看，东北地区的结构变迁效应相对较弱，南部沿海地区、北部沿海地区以及长江中游地区的结构变迁效应相对较强，西南地区的结构变迁效应大于西北地区。

表 9-1 我国产业结构变迁对经济增长影响的阶段性特征与区域差异

地区	1978—1993 年			1994—2000 年			2001—2008 年			2009—2017 年		
	静态结构变迁效应	动态结构变迁效应	产业内增长效应	静态结构变迁效应	动态结构变迁效应	产业内增长效应	静态结构变迁效应	动态结构变迁效应	产业内增长效应	静态结构变迁效应	动态结构变迁效应	产业内增长效应
北京	3.10	6.98	89.92	-0.63	1.28	99.35	14.91	-3.50	88.59	0.60	-0.46	99.87
天津	0.45	3.05	96.50	-1.30	-3.22	104.53	2.34	4.35	93.31	25.54	-2.35	76.81
河北	9.60	27.07	63.32	4.77	4.59	90.64	7.83	10.11	82.06	8.23	4.70	87.07
山西	8.62	21.00	70.39	-2.87	-6.64	109.51	4.20	8.06	87.73	9.52	6.36	84.11
内蒙古	3.52	12.13	84.35	-2.66	-9.91	112.57	1.21	5.18	93.61	15.02	1.73	83.25
辽宁	3.66	13.14	83.20	-6.09	-22.87	128.96	2.44	2.49	95.07	0.86	2.70	96.44
吉林	-0.31	0.69	99.61	-3.98	-13.09	117.07	3.76	6.03	90.21	17.53	7.31	75.16
黑龙江	3.85	12.09	84.06	-15.81	-53.33	169.14	1.83	1.76	96.42	-2.48	-6.44	108.92
上海	8.28	17.94	73.77	-2.06	-3.11	105.18	6.68	4.61	88.71	-48.52	17.17	131.35
江苏	5.86	26.11	68.02	-0.45	-0.90	101.35	16.12	12.45	71.44	1.46	3.48	95.07
浙江	4.90	30.97	64.13	4.71	5.77	89.52	16.62	10.37	73.02	4.71	5.03	90.26
安徽	8.90	23.26	67.84	0.80	0.67	98.53	15.90	13.75	70.35	10.06	5.93	84.01
福建	4.67	24.65	70.67	3.99	5.10	90.91	16.70	10.47	72.83	9.32	2.69	87.99
江西	9.09	16.96	73.95	-0.17	-2.45	102.61	14.39	13.73	71.87	9.70	8.01	82.29
山东	7.32	26.52	66.16	2.81	3.17	94.02	11.66	15.28	73.06	14.40	7.11	78.49
河南	6.83	24.73	68.44	-3.66	-3.83	107.49	12.74	17.93	69.33	12.38	10.11	77.50
湖北	6.34	22.39	71.27	2.00	0.59	97.41	11.99	8.89	79.12	-4.46	-7.37	111.83
湖南	6.42	18.92	74.66	0.87	2.10	97.03	11.12	13.42	75.46	6.75	8.38	84.86
广东	6.33	30.28	63.39	-1.02	-0.75	101.77	12.89	11.56	75.55	9.50	2.23	88.27
广西	3.75	14.49	81.76	7.57	-0.34	92.76	14.32	7.77	77.91	4.24	4.08	91.68
四川	19.15	31.42	49.42	2.49	1.39	96.13	16.05	15.03	68.92	4.27	5.14	90.59
贵州	2.59	9.58	87.83	11.74	3.95	84.32	11.88	16.13	71.99	1.86	-11.37	109.50
云南	3.58	22.37	74.05	4.34	2.70	92.96	22.13	13.88	63.98	13.41	8.12	78.46
陕西	2.95	14.62	82.43	5.01	1.02	93.97	6.92	12.95	80.13	-1.14	-5.93	107.07

续表

地区	1978—1993 年			1994—2000 年			2001—2008 年			2009—2017 年		
	静态结构变迁效应	动态结构变迁效应	产业内增长效应	静态结构变迁效应	动态结构变迁效应	产业内增长效应	静态结构变迁效应	动态结构变迁效应	产业内增长效应	静态结构变迁效应	动态结构变迁效应	产业内增长效应
甘肃	22. 36	14. 87	62. 77	-3. 77	-6. 93	110. 70	6. 48	6. 79	86. 73	-0. 40	-10. 21	110. 61
青海	9. 85	7. 28	82. 87	-5. 69	-11. 47	117. 16	17. 71	20. 32	61. 97	7. 46	6. 81	85. 73
宁夏	4. 11	12. 33	83. 59	3. 09	2. 96	93. 95	9. 11	16. 20	74. 69	-1. 09	-1. 36	102. 45
新疆	2. 23	16. 63	81. 15	-3. 65	-12. 60	116. 25	4. 22	2. 67	93. 10	17. 14	7. 03	78. 02

可以看出，沿海地区与中部地区的结构红利较大，地区产业结构变迁能够有效地促进地区经济增长；而受“重工业优先发展”影响较大的东北与西北地区的结构变迁的有效性较低，难以支持地区经济增长。总体来看，结构变迁对地区经济增长的贡献小于制度变革与技术进步的贡献，但随着发展阶段的转变与对外合作的加深，结构变迁的贡献也不断增长。其中，发展水平较高、开放程度较深的地区结构变迁对经济增长的贡献相对较高。

（二）地区第二产业产出增长贡献的阶段性特征

由于地区发展阶段与产业结构变迁路径的差异，本书进一步分析结构变迁对非农产业增长的影响。如表 9-2 所示，各地区的第二产业结构变迁对劳动生产率的贡献有较大的地区差异。1978—1993 年，天津、吉林、贵州与青海的结构变迁效应均为负，表明该地区的劳动力从第二产业部门转移出来，第二产业劳动力份额呈下降趋势。同时河北、浙江、江西、山东、广东、四川以及甘肃在该阶段的结构变迁效应大于产业内增长效应。1994—2000 年，除河北、浙江与福建外，各省的结构变迁效应均为负，表明劳动力从第二产业部门转移出来，劳动力份额呈下降趋势，且各地区结构变迁效应均小于产业内增长效应。2001—2008 年，北京、黑龙江与上海的结构变迁效应均为负，表明该地区的劳动力从第二产业部门转移出来，第二产业劳动力份额呈下降趋势。同时江苏、浙江、安徽、福建、江西、广西、四川以及青海在 2001—2008 年的结构变迁效应大于产业内增长效应。2009—2017 年，北京、天津、内蒙古、辽宁、江苏、湖北、广西、

表 9-2 我国第二产业结构变迁对经济增长影响的阶段性特征与区域差异

地区	1978—1993 年				1994—2000 年				2001—2008 年				2009—2017 年			
	劳动生产率增长率	静态结构变迁效应	动态结构变迁效应	产业内增长效应	劳动生产率增长率	静态结构变迁效应	动态结构变迁效应	产业内增长效应	劳动生产率增长率	静态结构变迁效应	动态结构变迁效应	产业内增长效应	劳动生产率增长率	静态结构变迁效应	动态结构变迁效应	产业内增长效应
北京	42.34	1.66	4.06	36.63	26.50	-4.45	-7.71	38.66	11.82	-17.58	-15.61	45.01	15.67	-4.95	-6.83	27.45
天津	53.92	-0.47	-1.42	55.82	47.50	-4.84	-9.51	61.85	58.03	0.83	1.71	55.50	4.62	-33.69	-8.41	46.72
河北	50.09	7.54	18.49	24.05	51.28	0.32	0.40	50.56	57.58	8.35	11.01	38.23	41.43	6.70	2.95	31.78
山西	47.13	7.68	14.44	25.01	45.36	-6.76	-11.46	63.58	62.90	1.59	4.26	57.05	8.46	3.62	0.16	4.68
内蒙古	36.31	1.67	5.39	29.25	38.87	-7.66	-15.67	62.20	55.24	0.61	2.92	51.70	35.97	-6.48	-2.64	45.08
辽宁	47.36	3.07	7.18	37.12	49.37	-14.68	-29.64	93.68	55.20	0.45	0.69	54.06	6.51	-2.45	-0.18	9.15
吉林	47.86	-1.52	-5.69	55.06	37.33	-9.09	-20.19	66.60	52.63	1.63	3.48	47.52	45.27	9.39	3.65	32.22
黑龙江	52.34	3.72	8.76	39.86	57.31	-25.24	-54.05	136.60	51.70	-0.41	-0.58	52.69	128.86	12.76	-6.15	122.25
上海	54.35	6.89	11.42	36.04	39.62	-6.50	-11.07	57.19	40.61	-2.43	-2.62	45.67	116.45	89.24	-9.55	36.76
江苏	53.39	4.91	20.99	27.49	50.20	-4.72	-6.61	61.53	56.63	14.86	13.48	28.29	36.72	-1.87	-1.59	40.18
浙江	51.90	4.40	23.56	23.94	54.35	0.03	0.03	54.29	55.47	17.15	11.75	26.56	38.49	0.21	0.17	38.11
安徽	44.57	5.10	15.29	24.19	31.93	-3.92	-3.93	39.78	53.03	16.27	14.63	22.13	48.14	0.71	0.71	46.72
福建	40.74	3.38	15.72	21.64	42.74	0.97	1.02	40.75	53.39	16.17	10.96	26.25	48.71	0.31	0.23	48.17
江西	39.30	7.35	14.82	17.13	34.41	-6.18	-10.56	51.14	59.32	18.61	19.50	21.20	44.47	7.56	5.01	31.90

续表

地区	1978—1993 年				1994—2000 年				2001—2008 年				2009—2017 年			
	劳动生产率增长率	静态结构变迁效应	动态结构变迁效应	产业内增长效应	劳动生产率增长率	静态结构变迁效应	动态结构变迁效应	产业内增长效应	劳动生产率增长率	静态结构变迁效应	动态结构变迁效应	产业内增长效应	劳动生产率增长率	静态结构变迁效应	动态结构变迁效应	产业内增长效应
山东	48.39	7.10	20.47	20.82	50.62	-0.97	-1.16	52.75	60.55	8.22	12.73	39.61	31.00	10.41	2.21	18.38
河南	46.65	5.75	17.42	23.49	42.73	-3.52	-3.23	49.48	62.51	10.53	16.92	35.06	36.91	6.74	2.72	27.46
湖北	40.25	4.08	12.68	23.50	42.08	-4.67	-8.10	54.85	47.74	9.79	10.03	27.91	43.30	-6.22	-8.54	58.06
湖南	37.15	4.40	11.14	21.60	37.00	-2.60	-3.57	43.17	47.39	8.24	10.88	28.27	41.39	3.68	4.02	33.69
广东	49.37	5.58	25.25	18.53	44.60	-2.84	-3.41	50.85	54.04	8.41	8.31	37.31	36.48	11.10	4.00	21.38
广西	37.28	0.33	2.15	34.80	28.63	-7.49	-4.70	40.81	48.53	18.48	14.86	15.19	46.30	-0.59	-0.90	47.80
四川	45.69	14.37	18.78	12.53	41.33	-4.53	-5.35	51.22	59.78	14.75	16.45	28.59	43.47	4.39	4.03	35.05
贵州	36.41	-0.60	-2.55	39.56	39.10	-3.34	-3.08	45.52	38.58	4.45	5.98	28.15	40.40	7.38	10.96	22.07
云南	41.83	1.82	8.80	31.21	39.08	-3.29	-3.14	45.51	45.00	11.43	9.03	24.54	35.50	0.53	0.50	34.47
陕西	41.97	1.16	3.56	37.26	43.33	-5.47	-7.61	56.41	56.67	4.57	10.22	41.88	46.94	-6.71	-12.69	66.34
甘肃	33.42	16.82	5.58	11.02	37.07	-7.56	-12.40	57.02	50.50	1.89	2.98	45.63	23.99	5.21	1.82	16.96
青海	42.19	-1.01	-3.20	46.40	40.66	-13.47	-18.20	72.33	61.38	13.79	18.64	28.95	44.34	2.58	2.09	39.68
宁夏	41.75	0.45	1.34	39.97	41.22	-2.69	-2.62	46.53	55.26	6.66	13.24	35.36	45.16	-3.18	-3.66	52.00
新疆	40.75	1.70	9.20	29.85	41.26	-10.12	-18.63	70.01	57.60	0.52	1.04	56.03	13.04	3.14	0.30	9.59

陕西以及宁夏的结构变迁效应均为负，表明该地区的劳动力从第二产业部门转移出来，第二产业劳动力份额呈下降趋势，且仅上海的结构变迁效应大于产业内增长效应。

可以看出，地区的工业化进程有显著差异，发展水平越高，地区第二产业的劳动力份额越少。工业化程度越低的地区，第二产业的结构变迁的增长效应越大。对沿海地区而言，尽管地区第二产业的劳动力份额不断下降，但由于地区制造业技术含量较高，对地区经济增长的影响较大。

（三）地区第三产业产出增长贡献的阶段性特征

如表 9-3 所示，各地区的第三产业结构变迁对劳动生产率的贡献有较大的地区差异。1978—1993 年，各地区的结构变迁效应均为正，表明该地区的劳动力流入第三产业。同时河北、江苏、浙江、安徽、福建、江西、湖北、湖南、广西、四川、贵州以及甘肃和青海在该阶段的结构变迁效应大于产业内增长效应。1994—2000 年，仅河南的结构变迁效应为负，劳动力由第三产业转移出来，且仅广西和贵州的结构变迁效应大于产业内增长效应。2001—2008 年，江西与广西的结构变迁效应均为负，劳动力由第三产业转移出，且北京与云南的结构变迁效应大于产业内增长效应。2009—2017 年，黑龙江、广东、贵州、甘肃的结构变迁效应为负，劳动力从第三产业部门转移出来，且天津、内蒙古、黑龙江、上海与云南的结构变迁效应大于产业内增长效应。

这表明，我国各地区结构变迁对第三产业的增长的贡献作用逐渐减小，并出现区域分化。在发展初期，各地区的劳动力大量进入第三产业，促进了其增长。但随着各地区工业化的推进，劳动力难以从服务业部门流入其他部门。

结果表明，地区产业结构变迁路径的差异造成地区产业结构变迁对经济增长以及非农产业发展的贡献的不同。总体来看，各地区结构变迁对经济增长的贡献小于制度变革与技术进步的贡献，但随着发展阶段的转变与对外合作的加深，结构变迁的贡献也不断增长。发展水平较高、开放程度较深的地区结构变迁对经济增长的贡献相对较高，同时随着工业化进程的推进，地区结构变迁对第二产业的增长的贡献降低，劳动力逐渐流入第三产业带动第三产业发展。

表 9-3　我国第三产业结构变迁对经济增长影响的阶段性特征与区域差异

地区	1978—1993 年				1994—2000 年				2001—2008 年				2009—2017 年			
	劳动生产率增长率	静态结构变迁效应	动态结构变迁效应	产业内增长效应	劳动生产率增长率	静态结构变迁效应	动态结构变迁效应	产业内增长效应	劳动生产率增长率	静态结构变迁效应	动态结构变迁效应	产业内增长效应	劳动生产率增长率	静态结构变迁效应	动态结构变迁效应	产业内增长效应
北京	51.49	2.13	14.81	34.55	72.63	3.60	8.94	60.09	89.08	34.28	13.00	41.81	84.22	5.75	6.46	72.01
天津	39.38	1.23	6.07	32.08	49.29	3.04	5.96	40.29	41.37	2.01	2.96	36.40	95.85	62.50	9.38	23.97
河北	34.15	3.38	13.93	16.84	35.93	6.07	5.70	24.16	32.00	1.23	1.74	29.03	50.34	4.07	3.55	42.73
山西	40.02	2.28	12.27	25.47	48.99	3.18	4.54	41.27	34.68	3.13	4.25	27.30	86.44	7.22	6.96	72.26
内蒙古	36.76	3.21	14.19	19.36	44.32	4.16	5.24	34.92	36.96	0.98	2.82	33.17	56.08	25.54	7.39	23.15
辽宁	39.93	1.63	12.65	25.65	41.82	6.16	5.68	29.98	36.21	2.82	2.90	30.49	82.59	4.19	3.35	75.05
吉林	32.54	1.71	7.71	23.12	47.36	3.34	5.97	38.05	35.90	3.40	4.27	28.23	50.26	13.12	6.28	30.85
黑龙江	33.02	1.92	9.56	21.54	38.78	1.63	1.71	35.44	35.02	2.82	3.27	28.94	−25.22	−18.11	−0.56	−6.55
上海	43.60	2.15	12.07	29.38	59.23	3.81	7.80	47.63	59.24	9.88	8.40	40.96	−20.01	−141.6	26.36	95.20
江苏	31.62	2.13	13.79	15.70	41.30	4.57	5.90	30.83	39.48	4.70	6.13	28.65	59.14	3.97	5.67	49.50
浙江	33.93	1.89	15.85	16.19	40.10	6.58	7.03	26.49	42.76	2.98	3.72	36.07	58.18	5.82	6.71	45.65
安徽	32.30	6.36	16.05	9.89	42.64	5.45	5.38	31.81	35.67	3.21	3.81	28.65	45.49	13.11	8.86	23.52
福建	37.88	2.43	18.03	17.42	44.68	4.71	5.44	34.52	40.53	5.01	4.47	31.05	45.00	12.46	6.10	26.44
江西	31.82	4.17	13.22	14.43	48.87	8.10	9.64	31.12	29.98	−1.45	−2.14	33.56	49.05	5.57	6.38	37.10

续表

地区	1978—1993 年				1994—2000 年				2001—2008 年				2009—2017 年			
	劳动生产率增长率	静态结构变迁效应	动态结构变迁效应	产业内增长效应	劳动生产率增长率	静态结构变迁效应	动态结构变迁效应	产业内增长效应	劳动生产率增长率	静态结构变迁效应	动态结构变迁效应	产业内增长效应	劳动生产率增长率	静态结构变迁效应	动态结构变迁效应	产业内增长效应
山东	31.68	1.24	12.09	18.34	38.60	4.71	4.96	28.92	32.36	5.62	6.25	20.49	65.29	7.22	6.85	51.22
河南	31.37	2.39	12.40	16.59	36.17	-0.95	-1.17	38.29	26.37	4.64	5.00	16.73	56.86	9.00	9.73	38.13
湖北	36.19	4.09	18.25	13.85	48.08	9.18	10.13	28.77	37.98	5.42	5.30	27.26	47.91	0.31	0.40	47.20
湖南	34.10	3.59	14.62	15.88	49.85	4.37	6.13	39.35	39.24	5.13	5.97	28.14	49.92	4.75	6.29	38.89
广东	35.73	1.80	15.76	18.17	51.27	1.78	2.65	46.83	42.95	6.45	5.29	31.21	59.58	-0.24	-0.26	60.08
广西	35.95	4.25	16.43	15.26	46.33	18.99	7.05	20.29	33.32	-2.65	-4.72	40.69	40.96	6.09	6.43	28.44
四川	26.22	3.51	9.68	13.04	40.82	10.03	9.09	21.70	26.93	4.73	4.24	17.95	47.21	1.56	3.16	42.50
贵州	33.91	3.84	14.33	15.73	46.09	19.69	9.16	17.23	51.25	10.23	13.62	27.41	43.29	-6.21	-24.06	73.55
云南	36.67	2.35	15.64	18.68	42.24	8.52	6.52	27.19	39.26	13.08	8.03	18.14	51.82	15.59	10.96	25.27
陕西	38.18	2.69	14.04	21.45	48.10	11.97	9.47	26.66	34.22	3.25	4.64	26.33	44.96	5.92	7.24	31.81
甘肃	41.40	7.16	13.78	20.46	48.04	3.57	5.30	39.17	37.66	6.03	5.44	26.19	63.45	-6.68	-12.76	82.89
青海	38.55	12.32	15.99	10.24	54.63	7.33	6.66	40.64	30.59	5.89	5.16	19.54	48.29	6.57	6.77	34.95
宁夏	39.28	4.41	13.68	21.19	50.60	6.71	5.92	37.97	37.00	3.79	5.32	27.89	48.86	1.82	2.13	44.91
新疆	34.83	1.28	12.96	20.58	44.89	6.17	5.88	32.84	27.94	4.96	3.17	19.81	74.36	20.29	10.77	43.31

第二节 政府行为、区域产业结构变迁及其增长效应的理论分析

基于我国结构变迁对经济增长以及非农产业部门贡献的区域差异与阶段性特征事实，结合前面章节关于政府行为对区域产业结构变迁不同维度的影响机制的理论分析与实证检验，本章进一步分析地区政府行为差异所引起的区域产业结构变迁路径的分化对区域增长效应以及区域经济增长差异的影响。

一、政府直接干预行为对区域产业结构变迁及其增长效应的影响

作为对市场机制的替代，政府对产业结构变迁的直接干预是政府释放地区初始比较优势的主要措施。主要表现为以传统产业政策为代表的对地区要素市场发育的干预，对地区要素重置的方向、路径和效率，以及地区产业对外合作程度与产业空间布局都有重要影响。政府直接干预对产业结构变迁及其增长效应的影响有一定的阶段差异。

随着收入水平和供给能力的提升，中国居民消费结构不断升级，居民对不同工业产品的需求有一定的阶段差异。在经济起飞阶段的高速增长时期，受地区居民消费需求偏好的影响，农业部门的劳动力逐渐减少，工业部门与服务业部门的劳动力均逐渐增加。其中，消费资料产品部门的劳动力增长显著，资本资料产品部门的劳动力不变，服务业部门中消费性服务业的劳动增长率较大。随着收入水平和供给能力的提升，一方面代表家庭对工业品产品的需求偏好会发生转变，家庭对消费资料产品的需求偏好逐渐稳定；另一方面工业化程度的加深、产品价值链的延伸、生产精细化水平的提升，使得对资本资料产品存在一个最低的生存性需求量。

因此，随着发展阶段转变，地区农业部门的劳动力会持续减少，工业部门的劳动力则由增长转为减少，形成了工业部门的倒 U 形曲线，服务业部门的劳动力则继续保持增加趋势。如果政府的行为有利于维护市场机制，保障产业结构自发演进，就会使得要素配置到产值比重较大、生产率水平较高的部门，即由农业部门流出的劳动力，大量进入产值比重不断上升的工业部门，并随着工业产值比重的下降，逐渐进入服务业部门。充分

的工业化不仅实现了劳动生产率的持续提高，还促进了各部门均衡发展。

如果政府替代市场机制，干预要素重置与产业结构变迁，特别是若政府为促进经济增长，在工业化初期侧重发展脱离地区比较优势与市场需求但也具有更高附加值的资本资料产业部门的扩张，则会扭曲工业部门内部结构，制约符合发展阶段消费需求的消费资料产品部门的发展，导致工业部门的就业比重低于产值比重，不仅造成不充分的工业化发展，即当工业产值比重最高时，仍具有较大的劳动力跨部门流动空间，还使大量从农业部门流出的劳动力直接进入消费性服务业部门，使服务业成为新的就业“蓄水池”（袁富华，2014）。这种不充分工业化造成了服务业的就业“蓄水池”效应，但劳动力在服务业部门通过“干中学”所积累的人力资本和技术创新难以满足后工业化阶段工业部门发展的人力与技术需求，造成劳动力流动路径依赖与自我锁定，制约了劳动力重置效率，即从农业部门直接流入服务业的劳动力难以回流到工业部门，使服务业低端锁定为消费性服务业，引起后工业化阶段经济增速的大幅下降。因此，脱离发展阶段与比较优势的强制型政府行为不仅导致各产业的就业结构与产值结构失衡，造成不充分的工业化，还引起劳动力流动的自我锁定，形成后工业化时期以附加值和技术进步相对有限的消费性服务业为主导的产业结构，制约经济的可持续增长。

二、政府间接干预行为对区域产业结构变迁及其增长效应的影响

作为对市场机制的一种补充，政府的间接干预活动是以弥补市场失灵、保障市场机制在资源配置中的决定性作用为目标，以优化制度环境、完善公共服务、提升公共服务水平为主要内容，不会直接干预要素重置，而是通过提升要素质量，培育动态比较优势，激励企业创新等间接影响产业结构转型升级。

保障地区产业自发演进的政府行为，能够为地区各产业发展以及产业间互动提供同质的公共服务，不仅能够通过优化收入分配制度、优化各要素在不同部门间的报酬结构，减少劳动力跨部门流动的制度障碍，还可以为地区各产业发展提供完善的营商环境，通过构建信息平台，减少地区产业的交易费用，释放企业生产与创新活力。由于生产性服务业是制造业的中间投入，其发展依赖于制造业在扩张过程中不断扩大的服务需求，并且生产性服务业的技术创新主要来源于制造业（文一，2016；张亚军、干春

晖、郑若谷，2014）。在自发演进型产业结构变迁中，部门技术进步差异导致了部门产品相对价格的差异，使得劳动力能够自发流入技术进步相对较慢的部门。

如果为实现高速经济增长，政府提供非均等公共服务，造成要素在不同产业部门的报酬差距，则会抑制要素重置效率。特别是城市化与工业化进程的协同程度对地区要素重置效率与技术进步扩散水平有重要影响。由于服务业大多集中在公共服务水平较高的城市，这种地区非均等的公共服务水平会引起部门工作环境、员工福利、社保制度等方面的差异，造成劳动力实际工资收入的部门差异，缩小部门间产品的相对价格差距，限制劳动力由服务业部门回流至工业部门，形成劳动力流动的第二重自我锁定效应。

不同政府行为对区域产业结构变迁及其增长效应的影响差异，形成了政府诱致型产业结构变迁与自发演进型产业结构变迁及其增长效应的差异，如图 9–2 所示。符合发展阶段与比较优势的政府直接干预以及良好的营商环境与公共服务，有利于形成自发演进型产业结构变迁，可以通过有效的要素重置实现充分工业化，促进就业结构与产值结构协同演变，实现相对平稳的经济增长，避免经济增速大幅波动。而脱离地区发展阶段与比较优势的直接干预以及非均等公共服务的间接影响会造成政府诱致型产业结构变迁，不仅导致地区在加速工业化阶段形成不充分的过早工业化，弱化产业结构变迁对经济增长的促进作用，还造成劳动力流动的双重自我锁定效应，引起后工业化阶段经济增速的大幅下降。

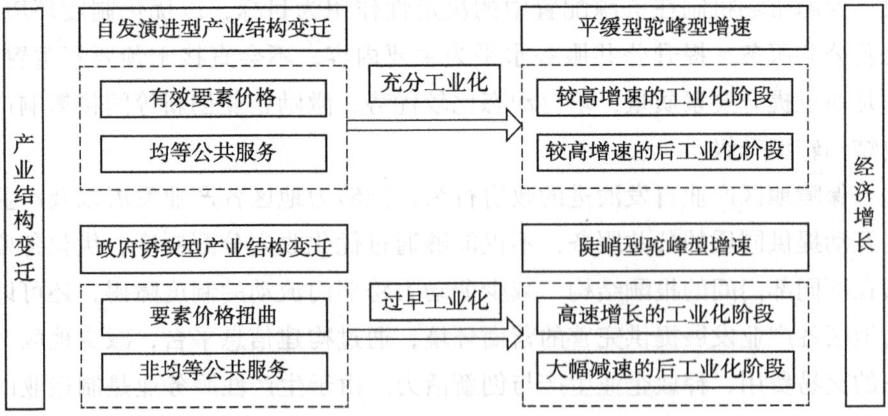

图 9–2　产业结构变迁及其增长效应差异

三、区域产业结构变迁路径分化的增长效应

政府行为的差异造成了不同的收入效应和相对价格效应，引起产业结构变迁路径的分化，形成了区域经济增长差异的波动演化。参照钱纳里(1986)关于工业化阶段的划分，本书将发展阶段划分为初级产品生产阶段(*T*1)、工业化阶段初期(*T*2)、工业化阶段中期(*T*3)、工业化阶段后期(*T*4)以及后工业化阶段(*T*5)。图 9-3 反映了两种产业结构变迁的差异。其中，工业 1 与服务业 1 的两条曲线代表自发演进型产业结构变迁，工业 2 与服务业 2 的两条曲线代表政府诱致型产业结构变迁。可以看出，在自发演进型产业结构变迁中，非农部门在工业化阶段的扩张速度相对平稳，工业部门在工业化的中后期达到最大值，之后的降幅也相对较小，工业和生产服务业比重在后工业化阶段相对均衡，使经济维持在一个较高增速的可持续发展状态。而在政府诱致型产业结构变迁中，非农部门在工业化的初期的扩张速度相对较快，工业部门比重在工业化的初期或中期达到最大值，之后的降速和降幅也相对较大，工业部门的大幅缩小以及技术水平较低的消费性服务业部门的扩张加剧了经济体在后工业阶段出现大幅结构性减速的风险。

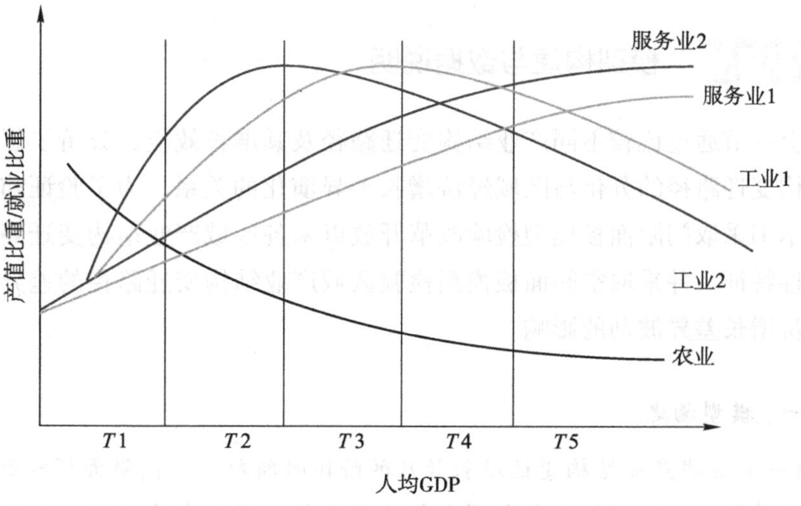

图 9-3　产业结构变迁的路径分化

根据地区发展阶段与要素禀赋条件，政府会采取不同的政府行为模

式，通过直接干预经济活动、提供公共服务以及优化制度供给等措施，全面影响产业发展与结构变迁。政府干预模型的差异造成了区域产业结构变迁及其增长效应的分化，进而引起地区经济增长差异的波动。区域产业结构变迁路径的差异是改革开放以来中国区域经济增长差异呈倒N型演变的结构性因素。在改革开放初期的经济起飞阶段，两种产业结构变迁都能通过工业部门的迅速扩张推动经济快速增长，使区域经济增长相对差异呈现缩小态势，但工业部门产值比重的持续扩大，不充分工业化与充分工业化的差异造成了区域经济增长差异逐渐扩大；之后，服务业部门产值比重扩大，区域经济增速出现整体下降，使得区域经济差异有所收敛；但进入以服务业为主导的后工业化阶段，区域服务业内部结构的差异引起区域发展再次分化。

据此，提出假说：产业结构变迁路径的分化是造成区域经济增长差异波动的重要原因。以要素结构与产值结构协同演变为基础的充分的工业化有利于实现相对平稳的经济增长，避免经济增速大幅波动；而不充分的过早工业化尽管有利于实现经济起飞，但会弱化产业结构变迁对经济增长的促进作用，造成劳动力流动的双重自我锁定效应，引起后工业化阶段经济增速的大幅下降。

第三节 模型构建与数据说明

上一节通过比较不同产业结构变迁路径及其增长效应，分析了区域产业结构变迁路径的分化与区域经济增长差异演化的关系。为了验证前文假说，本书采取门限面板模型检验改革开放以来各区域产业结构变迁路径的阶段性特征，并采取空间面板模型检验区域产业结构变迁路径的差异对区域经济增长差异波动的影响。

一、模型构建

（一）区域产业结构变迁增长效应的阶段性特征——门限面板模型

为验证中国区域是否存在不充分的工业化，以及产业结构变迁的增长效应的阶段性特征，本书进一步采用面板门限回归模型估计各产业比较劳动生产率与经济发展水平的非线性关系。其中，选择用于衡量产业变迁进程的工业化程度作为门限变量，考察各产业相对结构对经济发展的门限效应。面板门限构建基于 Hansen 等对面板数据门限模型的修正，基本方程为：

$$y_{it}=\mu_i+\beta_1' x_{it} I(q_{it}\leqslant\gamma)+\beta_2' x_{it} I(q_{it}>\gamma)+e_{it}$$

其中，q_{it}为标量，x_{it}为 K 维向量，$e_{it}\sim \mathrm{iid}(0, \sigma^2)$，$\gamma$ 为未知门槛，$I(\cdot)$ 为指标函数。样本观察值被分为两个区域，当 $q_{it}\leqslant\gamma$ 时，$I(\cdot)=1$；反之为 0。可以得出误差平方和，使方程和取最小的 γ 即为门限值。

（二）区域产业结构变迁增长效应的空间相关性检验——空间杜宾模型

在确定存在空间相关性的基础上，本书采用空间杜宾模型对区域产业结构变迁对经济发展的影响进行分阶段检验。

$$GDPPC_{it}=\rho\omega_{ij}GDPPC_{it}+\beta_1 E_{it}+\beta_2 ES_{it}+\beta_3 GOV_{it}+\beta_4 SOE_{it}+\sum a_{it}control_{it}$$
$$+\beta_5\omega_{ij}X_{it}+\mu_i+\gamma_i+\varepsilon_{it}$$

其中，反映 i 地区 t 时间的发展水平的 $GDPPC_{it}$为被解释变量，E_{it}、ES_{it}分别为产业结构偏离度与产业结构高级化，GOV_{it}、SOE_{it}表示政府直接干预强度与行政性市场进入壁垒。$control_{it}$表示人力资本、投资率、城市化水平、对外开放程度等控制变量。$\beta_5\omega_{ij}X_{it}$表示解释变量的空间滞后变量。ρ 是表示被解释变量空间滞后性的估计系数，a_{it}表示控制变量的估计系数，β_i 分别是核心解释变量、控制变量以及解释变量空间滞后项的估计系数。

二、指标选择与变量说明

（1）被解释变量：反映地区发展水平的地区实际人均 GDP（$GDPPC$），根据地区经济总量除以地区年末常住人口数计算，并根据平减指数调整为 1978 年的价格。

（2）解释变量：结合前文对各省 1978—2016 年地区产业结构变迁对经济增长贡献的偏离—份额分析，分别选择反映各产业产值与就业相对结构的比较劳动生产率（$PL1$、$PL2$、$PL3$）、产业结构偏离度（E）与产业结构高级化（ES）程度作为核心解释变量。其中，$E=\sum_{i=1}^{n}\left|\frac{Y_i/L_i}{Y/L}-1\right|$，表示地区产业结构偏离度，$Y_i$、$L_i$ 分别表示农业、工业以及服务业的产值和就业，i 表示产业，n 为产业总数。产业结构偏离度（E）越大，表明地区产业结构合理化程度越低。借鉴干春晖等（2011）构建的产业结构高级化指标（ES），即

第三产业产值与第二产业产值之比，*ES*越大，表明地区产业结构高级化水平越高。

（3）门限变量：地区的工业化差异是影响地区结构变迁对地区经济增长作用的重要阶段性因素。因此，本书选择地区的工业化程度（*IND*），即地区工业企业增加值/地区生产总值作为门限变量。

（4）控制变量：本书结合第五章的研究，选择以地区一般财政预算支出占地区生产总值比重反映"政府直接干预"（*GOV*），以地区国有及国有控股工业企业总产值占比表示地区"行政性市场进入壁垒"（*SOE*），全面考察政府行为的影响。根据已有经典文献研究，选择反映劳动力质量的人力资本（*H*）、反映地区投资水平的投资率（*INV*）、资本深化（*KTL*）、城市化水平（*UR*）以及对外开放程度（*OPEN*）作为控制变量。具体计算方法与前面章节相同。具体指标说明如表 9-4 所示。

表 9-4　数据变量的定义和计算方法

变量含义	变量符号	计算方法
地区实际人均生产总值	*GDPPC*	以 1978 年为基期折算人均 GDP
第一产业比较劳动生产率	*PL1*	第一产业增加值占比/第一产业就业人数占比
第二产业比较劳动生产率	*PL2*	第二产业增加值占比/第二产业就业人数占比
第三产业比较劳动生产率	*PL3*	第三产业增加值占比/第三产业就业人数占比
产业结构偏离度	*E*	产值结构与就业结构的差异
产业结构高级化	*ES*	第三产业增加值/第二产业增加值
工业化程度	*IND*	地区工业企业增加值/地区生产总值
政府干预强度	*GOV*	财政预算支出/地区生产总值
行政性市场进入壁垒	*SOE*	地区国有及国有控股工业企业总产值占比
人力资本	*H*	6 岁及以上人口平均受教育年限（年/人）
投资率	*INV*	固定资产投资额/地区生产总值
资本深化	*KTL*	资本存量/地区就业人数
城镇化	*UR*	调整后常住人口口径的城市人口占比
对外开放程度	*OPEN*	进出口总额/地区生产总值

为消除变量之间的异方差，本书对变量进行对数化处理。所得的变量基本特征如表 9-5 所示。本书基于中国 1978—2016 年 28 个省（除西藏、

海南、港澳台地区，重庆归入四川）面板数据进行分析数据来源与样本划分与第四章相同，即分为八大区域进行分样本检验。

表 9-5 变量的基本统计特征

变量	观测数	平均值	标准差	最小值	最大值
ln*GDPPC*	1092	7.5404	1.1845	5.1564	10.5686
*PL*1	1092	3.7232	4.6920	0.1000	25.0002
*PL*2	1092	2.2270	1.1009	0.5195	6.6088
*Pl*3	1092	0.7823	0.3871	0.1693	4.1653
E	1092	2.2270	1.1009	0.5195	6.6088
ES	1092	0.8006	0.3758	0.2081	4.1653
IND	1092	39.1153	8.6286	15.5288	76.0493
ln*GOV*	1092	2.6811	0.4517	1.5927	4.2160
ln*SOE*	1092	3.9588	0.5059	2.2873	4.5424
ln*H*	1092	7.3023	1.8688	2.9375	16.2722
ln*INV*	1092	3.5940	0.51146	2.0876	4.9961
ln*KTL*	1092	8.7846	1.3429	6.2996	12.1431
ln*UR*	1092	3.5730	0.4812	2.3620	4.4954
ln*OPEN*	1092	2.3795	1.2663	-4.7531	5.3950

第四节 实证结果分析

本章采取面板门限模型检验地区产业结构变迁对各地区经济增长影响的阶段性特征与区域差异，并采取空间面板模型分析产业结构变迁增长效应的空间相关性。

一、区域产业结构变迁对区域经济增长影响的阶段性特征

如表 9-6 所示，除南部沿海和西南地区不存在门限效应外，其他区域均存在单一门限效应。在存在单一门限的基础上，对两地区进行双重门限效应检验，均接受原假设，即不具有双重门限效应。因此，本书进一步对存在门限效应的区域进行回归检验。

表 9-6 以工业化程度为门限变量的分区域门限效应检验

地区	模型	Wald F 值	P 值	结论
全国	单一门限	167.86	0.001	拒绝原假设
北部沿海	单一门限	64.35	0.000	拒绝原假设
东北	单一门限	17.28	0.000	拒绝原假设
东部沿海	单一门限	31.05	0.000	拒绝原假设
黄河中游	单一门限	77.11	0.006	拒绝原假设
南部沿海	单一门限	13.59	0.242	接受原假设
西北	单一门限	24.5	0.082	拒绝原假设
西南	单一门限	17.31	0.260	接受原假设
长江中游	单一门限	164.05	0.000	拒绝原假设

如表 9-7 所示，中国区域产业相对结构对经济发展存在阶段性影响。从机制转变的门限值来看，全国在工业化率达到 37.54%时出现转变，长江中游、黄河中游以及西北地区在工业化程度 35%左右发生转换，而北部沿海地区与东北地区在工业化程度 51%左右时有所转变。影响机制在较低工业化程度的转变反映了区域工业化不充分的特征，其中，西北地区不充分的过早工业化现象最为严重，长江中游地区与黄河中游地区次之，沿海地区的工业化发展相对充分。此外，东北地区的机制转变与其改革开放初期重工业布局有关。

表 9-7 区域产业结构变迁对地区产业门限回归结果

变量	全国	北部沿海地区	东北地区	东部沿海地区	长江中游地区	黄河中游地区	西北地区
IND	37.54	51.522	51.009	42.309	35.801	37.450	32.884
ln*PL*1(Ⅰ)	-0.342*** (-7.46)	-0.386*** (-6.75)	-0.756*** (-5.46)	-0.056 (-0.77)	-1.081*** (-7.83)	-0.592*** (-5.69)	-0.470*** (-3.26)
ln*PL*1(Ⅱ)	-0.634*** (-15.00)	0.341*** (2.93)	-0.316 (-1.13)	0.029 (0.41)	-1.946*** (-11.81)	-0.892*** (-8.83)	-0.499*** (-3.70)
ln*PL*2(Ⅰ)	0.057 (1.04)	0.174 (1.51)	-0.756*** (10.76)	-0.459*** (-2.89)	-0.422*** (-3.65)	-0.046 (-0.47)	-0.133 (0.89)
ln*PL*2(Ⅱ)	0.134*** (2.32)	1.681*** (4.46)	0.509 (1.09)	-0.124 (-0.91)	-0.796*** (-5.18)	0.116 (0.9)	0.178 (1.55)
ln*PL*3(Ⅰ)	-0.159** (-2.32)	-0.496*** (-5.26)	-0.798*** (-3.66)	-0.678*** (-4.18)	-0.950*** (-9.68)	-0.383*** (-3.24)	0.064 (0.44)

续表

变量	全国	北部沿海地区	东北地区	东部沿海地区	长江中游地区	黄河中游地区	西北地区
lnPL3(Ⅱ)	-0.587*** (-8.43)	0.478 (1.62)	-0.040 (-0.08)	-0.181 (-0.91)	-2.049*** (-16.10)	-1.201*** (-8.98)	-0.326*** (-2.65)
lnES	0.698*** (17.16)	0.297*** (4.93)	0.378*** (2.82)	0.249*** (3.08)	0.853*** (10.21)	0.429*** (9.03)	0.369*** (2.89)
lnH	0.928*** (13.05)	2.759*** (10.91)	3.177*** (8.91)	2.874*** (8.81)	0.113** (2.01)	0.397*** (4.96)	1.350*** (6.88)
lnINV	0.531*** (18.79)	0.607*** (10.94)	0.549*** (10.76)	0.032 (0.56)	0.183*** (3.50)	0.478*** (9.03)	0.370*** (4.97)
lnUR	0.822*** (12.47)	0.556*** (4.84)	0.912** (2.13)	0.952*** (6.77)	0.169 (1.38)	1.005*** (7.62)	0.646*** (4.51)
lnGOV	0.188*** (6.64)	0.0214 (0.47)	0.133** (2.29)	0.320*** (5.75)	0.191*** (3.05)	-0.117** (-2.02)	0.153*** (2.75)
lnOPEN	0.014 (1.10)	-0.132*** (-5.17)	-0.030 (-1.12)	0.004 (0.11)	-0.005 (0.22)	-0.038 (-1.62)	0.081*** (2.66)
系数	0.043 (0.18)	-1.856*** (-3.98)	-4.633*** (-3.10)	-1.658*** (-2.94)	5.210*** (11.41)	1.320*** (3.05)	0.068 (0.13)
Adj-R^2	0.99	0.99	0.99	0.99	0.99	0.98	0.98
F检验	64.50	70.59	2.84	45.9	22.26	64.62	43.93

注：① 样本区间为1978—2016年；② 括号中的数值为z值；③ ***、**、*分别表示在1%、5%和10%的统计意义上显著。

从影响机制的转变特征来看，在全国层面，第二产业的比较劳动生产率与经济发展存在大幅增强的正相关关系，其他产业与经济发展有着增强的显著负相关性。分区域来看，北部沿海地区第二产业的比较劳动生产率对经济发展的促进作用显著增强，其他产业与经济发展的影响由负相关转为正相关；东北地区的第二产业比较劳动生产率与经济发展则由显著负相关转变为不显著正相关，其他产业与经济发展负相关性逐渐减弱；东部沿海地区的第一产业的比较劳动生产率与经济发展由不显著负相关转为不显著正相关，非农产业的比较劳动生产率与经济发展的负相关也逐渐减弱；长江中游地区各产业的比较劳动生产率与经济发展的负相关性均逐渐增强；黄河中游地区第二产业比较劳动生产率与经济发展由不显著负相关转变为不显著正相关，其他产业与经济发展的负相关性逐渐增强；西北地区的第一产业比较劳动生产率与经济发展的负相关性逐渐增强，第二产业则由不显著负相关转变为不显著正相关，第三产业由不显著正相关变为显著负相关。

区域各产业比较劳动生产率对经济发展的阶段性影响反映了：一是各区域第一产业与第三产业相对结构对经济发展的影响相同，其中，北部沿海、东北地区与东部沿海对经济发展不利影响逐渐减小，而长江中游、黄河中游以及西部地区的不利影响显著增强。二是第二产业相对结构除对长江中游地区的经济发展不利影响有所增大外，对其他地区后一阶段经济发展的促进作用都显著提高或不利影响都大幅缩小。这表明，随着工业化程度的加深，第二产业的相对结构有所优化，逐渐成为区域经济发展的积极因素；在工业化不充分的中西部地区，第三产业相对结构对经济发展的不利影响显著增强，而在工业化较为充分的东部地区，第三产业的相对结构对该地区后工业化阶段发展有积极促进作用。这也再一次验证了诱致型产业结构变迁对地区经济发展以及区域增长差异演变的影响。

在控制变量方面，人力资本、投资率、城市化率和产业结构高级化程度均与地区经济发展显著正相关。但在政府能力方面，黄河中游地区的政府能力对经济发展有着不利的作用，北部沿海地区的政府作用机制也不显著，东部地区、东部沿海以及西部地区和西南地区的政府能力对区域经济发展有着积极的作用。同时，除东部沿海和西部地区的对外开放有利于地区经济增长外，其余地区其均与经济发展呈负相关关系。

二、区域产业结构变迁增长效应的空间面板模型检验

可以看出，我国区域工业化程度有显著差异，各地区产业结构变迁的增长效应也有所不同，因此，本书采用空间面板模型检验地区产业结构变迁增长效应的空间相关关系。

（一）空间相关性检验

空间经济学认为不同区域间地理位置相近或相离会引起地区间正的或负的空间相关性。鉴于中国行政区域划分以及区域经济增长差异演化的阶段特征，本书主要采用地理相邻权重矩阵并分阶段采用全局 Moran’I 指数判别被解释变量与核心解释变量是否存在空间相关性。

如表 9-8 所示，一方面，区域经济发展水平具有显著正的空间相关性，空间相关性具有倒 U 形演化的特征。区域政府直接干预强度也具有显

著正的空间相关性，并具有一定的增长态势。另一方面，为了全面反映地区产业结构变迁的空间相关性，本书分别检验了产业结构高度化、高级化以及产业结构合理化与结构偏离度四个方面的情况，其中，区域的产业结构转型升级情况均有一定的空间相关性。这表明中国区域发展水平与产业结构变迁的空间相关关系具有阶段性特征。

表 9-8 基于全局 Moran'I 指数的变量空间相关性检验

年份	ln*GDPPC*	ln*GOV*	*TL*	*TH*	*E*	*ES*
1978	0.305*** (2.932)	0.148* (1.515)	0.014 (0.436)	−0.045 (−0.261)	0.089 (1.007)	0.148* (1.515)
1994	0.433*** (3.866)	0.363*** (3.200)	0.528*** (4.728)	0.044 (0.678)	0.306*** (2.895)	−0.026 (0.087)
2000	0.486*** (4.275)	0.298*** (2.683)	0.359*** (4.513)	0.225** (2.289)	0.300*** (2.799)	−0.113 (−0.692)
2008	0.486*** (4.187)	0.400*** (3.471)	0.079*** (2.885)	0.231** (2.178)	0.362*** (3.166)	−0.039 (−0.033)
2016	0.431*** (3.725)	0.475*** (4.123)	−0.003* (1.576)	0.024 (0.495)	0.470*** (4.002)	−0.007 (0.377)

注：① 样本区间为 1978—2016 年；② 括号中的数值为 z 值；③ ***、**、* 分别表示在 1%、5%和 10%的统计意义上显著。

（二）空间计量模型检验

本章样本区间为 1978—2016 年，分为 1978—1993 年、1994—2000 年、2001—2008 年、2009—2016 年四个阶段，对全国产业结构变迁与经济发展水平之间的关系进行实证分析。Hausman 检验表明应采取随机效应的 SDM。

如表 9-9 所示，在解释变量影响方面，一方面，地区产业结构偏离度总体上与地区经济发展有不显著的正相关性，只在 1994—2000 年有不显著的负相关性。地区产业结构高级化总体上与地区经济发展有显著负相关性，但在 1978—1993 年以及 2001—2008 年有不显著的正相关性，呈现先增强后减弱的限制作用。这表明，我国不合理的产业结构对地区经济发展有不显著的促进作用，以服务业相对比重衡量的产业结构高级化对地区经济发展的不利影响先增强后减弱。另一方面，政府直接干预强度和行政性市场进入壁垒与地区产业经济发展基本呈负相关性，但有逐渐减小的趋势。

表 9-9 分阶段全国产业结构对经济增长的影响

变量	1978—2016 年	1978—1993 年	1994—2000 年	2001—2008 年	2009—2016 年
E	0. 020 (0. 68)	0. 019 (0. 97)	-0. 018 (-1. 35)	0. 019 (1. 34)	0. 001 (0. 20)
ES	-0. 106*** (-4. 03)	0. 025 (0. 31)	-0. 132*** (-2. 71)	0. 001 (0. 05)	-0. 065** (-2. 06)
ln*GOV*	-0. 165 (-1. 56)	-0. 105* (-1. 74)	0. 046 (0. 75)	-0. 028 (-0. 42)	-0. 099** (-2. 31)
ln*SOE*	-0. 149*** (-3. 06)	-0. 304** (-2. 51)	-0. 037 (-1. 48)	-0. 026 (-0. 67)	-0. 081*** (-2. 63)
ln*KTL*	0. 275*** (6. 61)	0. 212*** (4. 79)	0. 202*** (3. 39)	0. 402*** (7. 98)	0. 163*** (4. 35)
ln*H*	0. 037*** (3. 39)	0. 074* (1. 73)	0. 002 (0. 23)	0. 005*** (3. 16)	-0. 007 (-1. 12)
ln*UR*	0. 329*** (3. 46)	0. 301*** (2. 98)	0. 468*** (2. 76)	0. 034 (0. 32)	0. 264** (2. 11)
ln*OPEN*	0. 031* (1. 69)	0. 010 (0. 83)	0. 017 (0. 64)	0. 019 (0. 81)	0. 011 (0. 80)
_cons	-0. 315 (-0. 60)	0. 373 (0. 51)	-0. 034 (-0. 07)	0. 296 (0. 29)	0. 953 (1. 54)
W×*E*	0. 030 (1. 27)	-0. 000 (-0. 02)	0. 038 (1. 40)	-0. 012 (-0. 71)	0. 030* (1. 89)
W×*ES*	0. 187*** (2. 89)	0. 026 (0. 21)	0. 168 (1. 32)	0. 126** (2. 12)	0. 090* (1. 84)
W×ln*GOV*	0. 125 (1. 13)	0. 079 (1. 29)	-0. 061 (-0. 77)	0. 115* (1. 73)	0. 170** (2. 01)
W×ln*SOE*	0. 084 (0. 86)	0. 319*** (2. 63)	-0. 029 (-0. 49)	-0. 140* (-1. 71)	0. 070 (1. 17)
W×Y	0. 518*** (8. 58)	0. 462*** (6. 19)	0. 311*** (2. 66)	0. 360*** (3. 21)	0. 613*** (9. 49)
R-sq	0. 992	0. 9650	0. 9712	0. 9908	0. 9900
对数似然估计	988. 7620	493. 9327	314. 536	399. 2511	443. 8190

注：① 样本区间为 1978—2016 年；② 括号中的数值为 z 值；③ ***、**、* 分别表示在 1%、5%和 10%的统计意义上显著。

在空间相关性方面，一是空间系数项($W \times Y$)在各阶段的系数表明中国区域经济发展存在先缩小后扩大的正空间相关性。这与地区经济发展之间存在一定的溢出效应和扩散效应有关，并且溢出效应在区域差异缩小的阶段较强，在差异扩大的阶段较弱，与1978年以来中国区域经济发展差异的演变特征相符。二是区域产业结构变迁对其他区域有一定程度的外溢效应。其中，产业结构偏离度仅在2009—2016年有显著的正外部性，在其他发展阶段的溢出效应不显著。产业结构高级化则基本保持正外部性，且溢出效应不断减弱。三是我国区域政府行为对其他地区有一定的正外部性，其中政府直接干预在2001年至2016年有不断增强的显著正外部性。市场进入壁垒则经历了由正外部性转为负外部性后又转变为正外部性的过程。随着工业化进程的推进，地区经济发展的正外部性呈U型变化，同时地区产业结构高级化的正外部性不断减弱，而产业结构偏离程度的外部性不断增强，区域产业结构变迁对优化地区协同发展的积极作用不断减弱。随着地区服务业比重的上升，地区产业结构高级化对其他地区的正溢出效应不断减弱，而地区产业结构扭曲对其他区域结构的不利影响增强。我国区域产业结构变迁的协同绩效有待进一步提升。

第五节 本章小结

本章采取偏离—份额法比较了1978—2016年28个省份产业结构变迁对地区经济增长以及非农产业部门的贡献的差异与阶段性特征，并分析了不同政府行为对区域产业结构变迁路径及其增长的影响机制与地区差异。进一步采用面板门限模型与空间面板模型分析了地区产业结构变迁对经济增长的影响的阶段性特征。区域产业结构变迁路径分化的增长效应检验表明，我国区域发展水平以及产业结构变迁存在一定的空间相关性，各部门发展的空间相关性的阶段转换是引起区域经济发展差异波动的重要因素。同时地方政府干预较强的中西部地区，不充分的过早工业化现象较为严重，而东部地区的工业化程度较充分，更能有效促进经济增长。尽管中国区域发展水平以及产业结构变迁存在一定的空间相关性，随着工业化的推进，地区产业结构高级化的正外部性减弱，但产业结构偏离程度引起的结构扭曲对其他地区产业结构的不利影响不断增强，区域产业结构变迁的协同绩效有待提升。基于上述研究，本章提出如下政策建议：

首先，应提升公共服务水平，加强高端要素培育，化解劳动力自我锁定效应。双重劳动力自我锁定效应反映了中国城市化与工业化进程的失衡，应提高乡村基础设施水平，促进城乡教育、医疗以及养老等公共服务的均等化，缓解城乡二元结构对劳动力重置以及人力资本培育等方面的限制，打破因要素报酬差异形成的劳动力流动的自我锁定。与此同时，随着中国传统要素红利的衰减，政府需要优化再分配结构，加强高端要素培育，既要扩大教育投入，提高劳动力的质量，更重要的是，还要充分发挥职业技术教育对优化劳动力供给、减少结构性失业的积极作用，结合劳动力市场的完善，根据有效的价格机制和市场需求信息，有针对性地提升劳动力的技能水平，缓解因技能约束形成的劳动力流动的自我锁定。

其次，应实施普惠性的产业政策，弥补市场失灵，降低交易费用，提升政府的综合协调能力。特别是在技术创新方面，高风险的创新活动除了需要政府通过普惠性的产业政策，增加创新要素的投入，还要完善创新风险分担和防范机制以及产权制度，优化创新环境，激发各创新主体的创新活力。同时，作为实现高质量发展的根本动力，创新驱动力的产生需要企业、学校、科研机构等多元创新主体的协同推动，以及知识技术创新、产品产业创新、市场需求创新以及制度创新等各创新环节的有效衔接。由于单纯依靠市场机制协调创新活动，需要较高的交易成本和创新周期，政府应充分发挥综合协调能力，积极创建学习型社会，培育产业自主创新能力和协同创新机制，完善国家创新体系。

最后，应强化竞争政策的基础地位，保障市场机制在资源配置中的决定性作用。有序的市场竞争不仅能提高企业的生产决策水平，还能激励企业创新，培育企业的竞争优势，提高产品价值，促进产业优化升级。因此，一方面应完善要素市场，优化要素价格的决定机制，既要减少要素重置的制度障碍，提高劳动报酬，促进劳动力的重置效率，还应通过完善金融市场，优化企业投融资环境，提升资本回报率；另一方面应进一步优化财税体系，减少选择性财政补贴和税收优化措施对价格机制的干预，减少政府失灵对产业产品价格的扭曲，发挥市场供求结构对价格的决定作用，利用价格机制解决产能过剩与产能不足等问题。

第十章 优化政府行为推动现代化产业体系建设的政策建议

面对全球新一代的技术创新与产业变革，我国需推动制造业向中高端迈进，构建现代产业体系。高质量发展既强调基于全球产业分工与国际市场需求引导下的产业升级，还注重产业协同发展与区域产业分工协作，以不断升级的要素禀赋和比较优势以及开放统一的市场环境，促进产业结构不断升级。为释放更多结构红利支持高质量发展，需要重塑产业政策的制定机制，优化产业政策措施，提升政府治理能力，构建我国新时代现代化产业体系。

第一节 高质量发展阶段区域产业变迁的目标

通过前面章节关于我国政府行为对产业结构变迁不同方面的影响机理与区域差异的介绍，可以发现我国产业结构变迁存在诸多尚待优化完善的地方。因此，在提出政策建议时，首先要明确我国区域产业结构变迁的约束与目标。

一、深化工业化进程，避免过早去工业化

通过前文的研究分析，发现我国部分区域存在严重的不充分工业化问题，中国区域产业相对结构对经济发展存在阶段性影响。受“重工业优先发展”战略影响较大、政府干预较强的中西部地区，不充分的过早工业化现象较为严重，不仅会引起工业化阶段第二产业相对结构的失衡，阻碍工业化进程，还会加剧后工业化阶段第三产业结构失衡对经济发展的不利影响。过早去工业化实质是低生产率部门替代了高生产率部门的过程（屈宏

斌，2015）。不充分的工业化会引起劳动力流动的自我锁定，限制要素的重置效率，限制服务业的发展。消极的去工业化一般会导致经济增长停滞、“产业空心化”等问题。因此，高质量发展阶段，需要进一步推动工业化，避免过早去工业化造成对经济增长和效率提升的限制。

丹尼·罗德里克(2016)将制造业视为“扶梯行业”，认为以制造业为主体的工业部门是带动经济增长与生产率提升的“扶梯”。制造业的生产能力和知识积累，是一个国家长期经济发展的关键。因此，为实现高质量发展，应通过有效的要素重置，增加具有较高产出效率与技术进步率的制造业部门的比重。

一是要协调好农业部门与非农部门之间的关系，特别是城市化进程与工业化进程的关系。城市化进程会通过影响劳动力重置以及基础设施条件，影响非农产业的要素供给与产业布局。要避免城市化与实体经济脱节，让城市化进程真正发挥对实体经济转型升级的需求引导作用。

二是注重发展阶段的转变与工业化进程协同。随着收入水平的增加，居民消费升级对工业化生产组织方式有着重要影响。重要的还有，随着我国与发达国家经济差距缩小引起的技术保护主义与贸易保护主义，不仅不利于我国发挥比较优势与外需的拉动作用，还会限制我国直接引进先进技术设备促进技术进步的空间。加之国际贸易保护主义的制约，亟须通过提升我国以企业为核心的自主创新水平，突破在全球产业分工中的锁定。以制造业为主导产业的产业结构能够更好地带动地区经济发展，避免陷入“中等收入陷阱”。

三是尽管我国已具有较为完整的工业体系与门类齐全的产业部门，但技术密集型高的制造业部门占比较低，制造业部门的创新能力较弱，技术对外依存度较高，生产方式仍以规模扩张的粗放式为主。同时，受全球产业分工低端限制，我国制造业仍处于全球产业链和价值链的中低端。因此，应关注制造业内部的转型升级，推动制造业向中高端迈进。实现制造业强国的关键是技术进步，去除落后产能，而促进要素重置是深化工业化进程的关键，其核心是提升制造业的创新能力，加强核心技术攻关与提高成果转化效率，注重专用材料设备等高端要素设备的自给自足。在此基础上，应积极推动传统制造业转型，发挥有效的市场机制，淘汰落后产能，去除无效供给，促进要素重置，化解旧动能。同时还需积极发展战略性新兴制造业，注重新能源、新材料等领域的创新，推动高端制造业发展，促进地区产业升级，促进地区全产业链价值提升。

二、构建现代化产业体系，释放新一轮结构红利

尽管我国产业结构变迁的合理化、高度化水平有所提升，但依然存在较大的部门差异与区域差异。各地区第一产业的技术较为薄弱，农业的规模化、集约化和现代化水平有限。同时，以制造业为核心的第二产业的规模较大，但在全球产业分工中的地位依然较低，制造业内部的轻重工业结构失衡问题依然存在。第三产业的优化升级较慢。高质量发展阶段的产业结构变迁不仅强调能够实现可持续且高效率的经济增长，还注重产业发展中与结构变迁的低成本与低代价。因此，该时期的产业发展与结构变迁更强调开放经济条件下地区产业链生产能力的全面提升。高质量发展阶段的产业结构升级注重以有效的要素重置为基础的产业结构的合理化与高级化，强调行业间的要素重置和技术扩散，利用产业融合与产业集聚，提高创新外溢和技术扩散的效率，促进高附加值高产出的技术密集型产业发展。面对国际贸易环境的变化以及国际分工体系的重构，高发展阶段产业内部升级的关键是突破产业分工中的低端锁定，促进企业由中间制造环节向研发售后环节延伸。既要实现传统产业链的功能与产品升级，还需创造新的产业链，重构分工体系。因此，需要协同发挥市场机制与规模经济在提高产业国际竞争力方面的积极作用。这要求在深化工业化进程中，实现由制造业大国向制造业强国升级，构建实体经济、科技创新、现代金融和人力资源协同发展的现代化产业体系。现代化产业体系强调以实体经济为支撑，建设基础比较稳固的农业，技术比较先进的工业，尤其是装备工业比较先进的工业，门类比较齐全的服务业（刘志彪，2019）。

一是要实现农业现代化，通过农业部门间的交叉融合，推进农业产业链延伸，并利用农业集约生产，提高农业产出效率与附加值。同时还应积极融合信息技术，通过农业电子商务，有效调节农业市场供求关系，通过现代生物技术的推广，提高农业产出效率。

二是要促进工业现代化，充分发挥科技创新、人力资本与现代金融的提质增效作用。强调创新是引领发展的第一动力，提高科技创新在实体经济发展中的贡献份额。注重金融服务业对实体经济的贡献，避免制造业空心化。调整传统制造业，淘汰落后产能，缓解低端产能过剩造成的要素错

配。提高产业技术水平，扩大高端产能供给，支撑我国制造业迈向以重工业、高加工度以及技术知识密集型为特征的中高端。同时，还应通过积极发展新兴产业、变革新的生产组织方式，更好把握以人工智能、量子生物与新能源为代表的新一轮技术革命。三是发展现代服务业。随着服务业占比的不断提高，服务业的产出效率与附加值水平成为影响地区发展的关键因素。避免鲍莫尔成本病对经济发展的制约，关键是要发展交通运输、物流通信、科技服务业等与制造业高度关联的生产率较高的现代服务业，促进先进制造业与现代服务业的融合发展。

三、优化产业空间布局，增强区域产业联系

随着我国传统人口红利的衰减，劳动力跨地区流动的规模逐渐缩小，同时随着物流通信的多样化与道路交通成本的降低，劳动力成本、区位优势与政策保护等因素对产业转移的影响逐渐减弱。因此，高质量发展阶段的产业转移与集聚应建立在地区比较优势的基础上，降低区域产业结构趋同程度，增强区域间的分工协作。

一方面应以地区比较优势为基础促进产业集聚，充分发挥比较优势，加深与地区其他产业的关联，形成有效的带动作用与溢出效应，优化区域生产网络，在促进各区域产业结构转型升级的同时，优化国内价值链和产业分工体系，增强区域间的创新协同，提高产业关联效率，使得各地区产业更好融入区域价值链与全球价值链。另一方面为避免由于区域间产业级差造成的产业转移低效，在完善地区基础设施条件的基础上，应关注地区已有产业发展与产业链升级水平，促进转入产业能够更好融入地区产业链，扩大地区产业发展的规模，提高效率，全面促进地区产业链的升级。同时应强调以产业关联为基础的产业转移，发挥区域间产业间的协同互促作用，在发挥地区比较优势的同时培育地区产业的竞争优势，构建地区比较优势的内生机制。

不容忽视的是，高质量发展阶段还应构建多维度的区域分工合作模式，利用区域发展战略，通过城市群、经济带等模式增强区域合作，细化区域间产业分工，从而全面促进整体国民经济的发展。高质量发展阶段应通过实施“京津冀协同发展”战略，带动北部地区发展；推行“长三角一体化发展”战略，充分发挥长三角区域的引擎作用，通过创新驱动经济转

型升级，从而深度融入全球经济体系；利用“长江经济带”战略，以长三角城市群、长江中游城市群和成渝城市群带动长江流域产业升级；建设粤港澳大湾区，构建具有全球影响力的国际科技创新中心，建立内地与港澳深度合作示范区；借力“一带一路”倡议，进一步扩大对外开放，增强与沿线国家的经济合作。

第二节 以政府行为的优化促进政府治理能力的提升

针对高质量发展阶段我国区域产业结构变迁的目标与约束，本书主要从以下几个方面提出政策建议：

一、提升治理措施制定的科学性和合理性，规避政府失灵的风险

进入高质量发展阶段我国已形成门类齐全的工业体系，随着后发优势的减弱，以及全球经济格局的转变，通过对标工业化国家产业发展进行增长甄别、选择主导产业的风险不断增强，同时，面对新一轮的技术革命与产业变革，无论是促进传统产业的转型还是新兴产业的成长，替代市场、扭曲要素价格的非均衡的政策措施都难以发挥作用。因此，政府需发挥市场机制在资源配置中的决定性作用，明晰政府的职能边界，聚焦高质量发展阶段的市场失灵，化解数量型增长阶段粗放型生产方式造成的生态环境约束，通过完善产权、反垄断等方面的制度环境，减少协调成本与交易费用。政府需完善产业政策的制度设计，根据公共部门的能力与治理水平来制定产业政策，通过管理体制改革解决政策制定过程中存在的利益冲突与协调困难问题，避免产业政策的根本缺陷。构建科学合理的产业政策制定、评估、调整、监督体系，提高政策制定、实施、调整、退出等各环节的科学性和合理性，降低产业政策失效的系统性风险，减少政府设计以及政策实施过程的时间不一致性和政策措施的低效。与此同时，还需要深化政治体制改革，优化国家治理体系，增强行政监督机制，减少政策执行过程中的“设租”“寻租”以及腐败等问题，消除官员索贿的“反公共地悲剧”。此外，还应着力解决前期非均衡产业发展引起的收入分配不公和生态环境代价问题，通过建立健全相关的法律法规，降低企业的负外部性，并通过优化收入分配制度，促进产业升级成果共享。在以有效的产业政策

促进产业升级的同时，降低政策的实施成本与生态环境代价，通过可持续的产业升级，实现高质量的经济发展。

二、确立以竞争政策为基础的政策体系，提高中央与地方政府政策协调性

在优化产业政策制定机制的基础上，还需优化调整政策措施。对于转轨经济，在高速增长阶段，政府为扩大产出规模、加速结构变迁，会替代市场机制，利用选择性的产业政策，扭曲要素价格，干预要素重置，实现非均衡的产业发展。但随着工业体系的建立健全，以及市场机制的完善，特惠性产业政策措施会加剧结构失衡，阻碍产业发展。因此，政府在高质量发展阶段需实施竞争政策，既要发挥市场在配置资源过程中的效率与激励优势，也要发挥政府的协调与监管职能。通过制定反垄断法，加强国有资产管理，降低垄断导致的效率损失，并进一步完善市场准入制度、消除市场进入壁垒，释放中小企业活力，形成有效的价格信号与公平有序的竞争机制，保障市场机制在资源配置中起决定性作用。更重要的是，化解经济发展不平衡不充分问题，还需优化中央政府与地方政府产业政策制定与实施的协调性。应全面优化地区基础设施，减少非均衡的区域发展政策与选择性产业政策，优化产业空间布局，遏制地区产业结构趋同发展，促进地区产业互补与协同发展，形成有效的区域产业分工。同时，通过深化对外开放政策与提高贸易便利化，促进各地区的企业直接融入全球价值链，通过全面深度地融入复杂的全球价值链分工，发挥地区比较优势，并利用进口贸易的技术溢出效应，提高本地企业的产出效率，促进地区增长收敛。

三、完善要素市场，发挥市场机制在资源配置中的决定性作用

完善要素市场是提高要素重置效率的关键，也是优化产业结构变迁路径的基础。完善要素市场的关键是进一步推进要素市场改革。一是要构建合理的要素价格体系，形成能够有效反映要素供求关系的价格信号，引导要素跨部门、跨区域有序重置。二是要提升要素质量，促进要素市场与产品市场的协同发展，满足产业结构转型升级的需求。特别是对于人力资本的培育和配置，不仅需要优化人口政策、完善教育体系，通过对职业技术教育的扶持，转变劳动力结构以适应产业结构优化的需求，为经济增长创

造更多的人力资本红利，逐渐替代“人口数量红利”的贡献作用；还应打破劳动力的流动限制，化解劳动力市场地区分割所导致的劳动力流动阻滞，统一城乡要素市场，缩小地区社会保障差异，建立平等的社会保障机制。在资本的配置效率方面，需要优化投融资环境、提高投资效率，通过金融市场改革，优化企业发展的融资渠道，释放民间投资增长的活力，为中小企业的融资提供有力支持。通过健全国有资本管理体制，提高国有资本的配置效率，有效推动国有企业改革。三是完善收入分配体制，通过财税体制和工资制度优化要素报酬结构。

四、优化政府职能，充分发挥政府在弥补市场失灵中的作用

斯蒂格利茨（2017）认为发展中国家与发达国家之间不仅存在资源差异，还存在知识水平差异，发展中国家应通过提升学习能力和发展对其他产品有更多溢出效应的产业和技术来缩小知识水平的差异。高质量发展的产业结构变迁更强调以产业升级与产业协调发展为基础的产业结构升级。由于市场机制在知识溢出与技术创新过程中难以发挥作用，市场自身难以产生学习型社会，实现充分的学习与经济增长，需要利用产业政策弥补市场在知识溢出与技术创新领域的失灵。

知识溢出与技术创新是政府机制发挥作用的关键环节，也是决定我国产业结构变迁潜力的关键。因此，需要发挥政府在弥补市场机制在知识溢出与技术创新方面的失灵中的作用，通过扩大政府公共产品供给，培育创新驱动能力。一是应加大创新要素投入，释放潜在创新要素活力。增加创新资本投入，应扩大政府的科技财政支出比重，提高政府对基础创新领域的资金支持以及针对高等院校和科研机构的专项研究经费支持，提升知识创新和科技创新等基础创新驱动能力，为创新成果转化奠定基础，同时还需加大企业在新产品研发等自主创新方面的资本投入力度，充分利用市场价格信号机制，以产品创新和产业创新为路径，提升科技成果的转化水平。在学习能力提升方面，需进一步优化教育体制，降低学习的成本，提高学习的预期收益。既要扩大政府的公共教育的财政支出，优化地区教育资源分布结构，提升基础教育的普及度，提高高等教育的质量，全面提升劳动力质量，还应丰富劳动力学习的方式，着力增强劳动力的技能教育，发挥劳动力在“干中学”中积累的技能资本，化解劳动力流动的制度约束

以及劳动力流动的自我锁定引起的结构性失业。二是应在扩大教育经费投入、全面提升教育水平、积累人力资本的同时，注重素质教育和技能教育，有效提高潜在创新主体的知识水平和创新素质。积极利用对外开放的机遇，采取与国外的合作交流、引进 FDI 等方式，通过"干中学"在创新驱动能力中培养不同领域的创新人才。三是在构建国家创新体系方面，政府应充分发挥辅助协调作用，构建合作交流平台，加快构建以企业为核心的产学研协同创新体系，积极构建国家创新体系与学习型社会。通过完善技术市场和产权制度，制定能使市场良好运转的各项制度，保证创新主体的利益，培育并发挥企业家才能，激励企业自主创新和企业间的协同创新与知识外溢。进一步扩大开放，发挥进口的作用，通过模仿示范与产业关联提高技术溢出作用。政府需要扩大创新要素供给，优化创新环境，围绕学习能力提升，构建以企业为核心的产学研创新体系，提升知识技术创新、产品产业创新以及市场需求创新等不同创新环节的协同效率。

五、延伸工业化链条，充分发挥制造业的"扶梯"作用

实现工业大国向工业强国转变是高质量发展阶段的要求。应增强新兴产业的培育和发展，走新型工业化道路。在产业升级的过程中应该坚持结构性去工业化。首先，在调整产业的过程中应保留地区符合比较优势的产业，特别是制造业部门，避免产业空心化造成的经济减速。其次，需积极推进地区制造业升级，扩大高技术密集型制造业的比重，提升我国制造业在全球产业分工中的地位。最后，应该主动去工业化，向外转移不符合地区发展阶段与市场需求的低附加值产业，优化地区要素配置，化解传统要素红利衰减的约束。

一方面，应促进制造业内部的技术升级与产业升级。不仅要基于地区的比较优势，发挥需求的作用，特别是发挥内需的拉动作用，以国内市场为导向，发挥消费升级对产业升级的带动作用，还应进一步扩大开放，依靠进口的力量，提升地区技术进步与要素供给，共同发挥需求拉力与供给推力的作用，促进地区产业技术含量与附加值的提升，培育产业的竞争优势，激励地区产业高水平融入全球价值链。在向制造业强国转变的过程中，传统要素红利衰减使得我国传统制造业，特别是劳动密集型制造业部门面临成本上升与国际竞争加剧的挑战。因此，既要优化税收政策，减少

企业税收负担，防止实体经济的空心化现象，还应完善金融市场，降低中小企业的资本成本，保障制造业产业活力。

另一方面，增强制造业与服务业的联系。发展服务业并不意味着一定要去工业化。高质量发展阶段的产业结构升级不是服务业占比的扩大，高端制造业与现代服务业的融合发展才是高质量发展的目标要求。随着全球价值链的延长以及产业分工体系的深化，产业间的联系日益密切，产业间的协同发展成为地区释放结构红利的关键。因此，通过完善市场环境，降低交易费用，促进产业协同发展，既要发挥制造业技术的拉动作用也要优化服务业的反馈机制，在促进技术进步与扩散的同时催生新产业与新业态，形成发展新动能。特别是应把握新一轮科技革命的机遇，积极促进“大数据、物联网、云计算以及人工智能”等服务业技术革新对改造传统产业、带动新兴产业、催生新商业模式以及增强生产端与消费端的协同机制方面的重要的溢出效应(任保平、宋文月，2019)。

六、优化营商环境，促进区域产业协同发展

不仅要实现各区域产业结构变迁的效率提高，还要注重区域间产业结构变迁的协同机制，要通过产业转型，优化产业空间布局，提高区域间产业分工协作水平。由于交易费用、运输成本以及地区市场规模是影响产业集聚水平的直接因素，因此政府应通过扩大政府的公共产品供给，提高地区道路交通、电子通信等基础设施水平，促进地区要素市场与产品市场的统一，提升物流效率，降低企业的流通成本。与此同时，地区的营商环境、政府的行政管理效率对地区产业集聚以及区域间产业结构协同变迁有重要影响，因此，应提高政府的行政管理能力，特别是在优化营商环境方面，除了要缩短政府在开办企业、施工许可等方面的办理时间，减免相关办理费用，降低企业的投入成本，提高企业的生产效率外，还应加大知识产权保护力度，保障不同所有制企业在资质许可、政府采购、科技项目、标准规定等方面享受公平待遇，避免行政垄断和限制竞争的情况。与此同时，需构建区域垂直分工协作体系，推动全国层面的产业升级，利用大国优势产生的分工优势、互补优势、适应性优势和稳定性优势(欧阳峣，2011)。随着土地成本与劳动力成本的上升，东部地区需培育地区的竞争优势，强调地区产业向高附加值高技术复杂度的产业升级，保持区域内产

业创新的引领地位，实现全球价值链分工的升级，并将不符合地区比较优势的产业逐渐转移到内陆地区，实现地区产业升级更新。内陆地区则需根据地区的要素禀赋结构，发挥地区比较优势与后发优势，加强本地产业配套和产业集聚发展，形成规模经济，降低交易成本。借助完善的基础设施与有序的市场环境承接东部地区的产业转移，并积极直接融入全球价值链，加速地区产业结构的转型升级，实现区域产业分工与全球产业分工的协同融合。

第十一章 结论与展望

第一节 主要结论

本书的主要结论可以归纳为以下七个方面：

（1）在对区域产业结构变迁的综合评价方面，本书通过构建反映区域产业结构变迁特征、原因及影响的综合评价指标体系，具体包括涉及变迁速度、结构转型、升级质量以及集聚的区域产业结构变迁特征，影响产业结构变迁的要素禀赋条件与制度环境，以及对地区经济增长的影响等七个维度，对1994—2016年30个省与八大区域的产业结构变迁情况进行比较分析。结果表明，随着地区发展水平的提升，我国区域的要素禀赋条件与制度环境不断优化完善，区域产业结构变迁速度有所放缓，结构变迁转型、升级以及集聚的质量均不断提升，对增长的贡献也逐渐显现。其中，沿海地区的产业结构变迁水平较高，长江中游地区、西南以及黄河中游地区的发展势头相对较好，各方面都不断发展，超越黄河中游、东北、西北等地区。东北地区在发展初期较高，但之后提升缓慢甚至出现回落的态势。西北地区产业结构变迁初期的水平相对较低且增长缓慢。总体来看，开放程度越高、市场机制作用发挥越充分的地区产业结构变迁质量以及增长效应越显著；而开放程度较低、政府干预较强的地区，特别是重工业初始占比较高地区的产业结构变迁质量虽有提升，但对地区增长的作用有限，未能释放结构红利支持地区经济发展。

（2）在政府行为对区域产业结构变迁的影响的理论模型分析中，本书首先分析了不同发展阶段政府行为对产业结构变迁的必要性。其次利用多任务委托—代理模型进行研究，结果表明，在发展阶段较低、以传统要素为主、市场化水平与开放程度较低的地区，政府更倾向于采取强制型干预措施，而在发展阶段较高，以人力资本、技术创新等高端要素为主，市场化水平与开放程度较高的地区，政府更倾向实施诱致型干预措施。随着中央政府制定的宏观发展战略的升级，中央对地方政府考核目标由“重规模”的数量型增长转变为“重效率”的质量型增长，地方政府逐渐倾向落实诱致型干预措施。最后采用多部门增长模型进行研究，结果表明，后发追赶型经济体的政府行为模式的选择对地区产业结构变迁的收入效应与相对价格效应有着重要影响，是造成区域工业化程度差异的重要原因。如果政府能够保障符合地区发展阶段、居民消费需求以及要素禀赋条件的产业结构变迁，就能使得地区要素自由流入生产率较高的部门，推动就业结构与产值结构协同演变，实现充分的工业化。但如果政府采用主导产业结构加速变迁的治理模式，通过影响要素配置加速工业化，就会使得部门的产值比重与就业比重失衡，造成过早的不充分的工业化，引起后工业化阶段经济增速的大幅下降。

（3）在政府行为对产业结构变迁的速度与有效性影响的阶段性特征及区域差异的判断中，首先回顾了自新中国成立以来，我国政府行为对产业结构变迁影响的历史特征，并采用面板门限模型与动态面板模型分析了政府行为对产业结构变迁影响的阶段特征与区域差异。结果表明，随着发展阶段的转变，政府直接干预对变迁速度的限制作用以及对结构高度化的促进作用均不断增强，对产业结构合理化的不利影响呈先增强后减弱的变化趋势。行政性市场进入壁垒对变迁速度的限制作用逐渐减弱，对结构合理化促进作用先增强后减弱，对结构高度化的促进作用不断增强。区域差异主要体现为，尽管各区域政府行为对变迁速度均有阶段性影响，但只有东西部地区政府行为对产业结构变迁质量有阶段性影响，其中，东部地区表现为对产业结构高度化的影响的阶段性差异，西部地区表现为对产业结构合理化的影响的阶段性差异。与此同时，市场化程度较高的东部地区的政府行为对区域产业结构变迁的影响与发展水平较低的中西部地区有一定差异。东部地区的政府行为更关注产业结构转型质量，而中西部地区则偏向加速产业结构变迁下规模扩张引起的产业结构高度化，且发展水平越低的区域，政府行为的影响力度越强。

（4）在政府行为对产业结构转型的影响检验方面，对我国区域制造业与服务业结构转型的时序特征的比较分析，以及政府行为对区域产业结构转型的影响机理进行分析，结果表明，发展阶段与市场化程度越低的地区，政府行为对区域制造业结构转型的不利影响越大，并且该影响会随要素市场扭曲程度的降低更加显著。其中，要素市场扭曲程度对于东部地区政府直接干预以及中部地区的行政性市场进入壁垒的调节效应最为显著。与此同时，在对区域服务业结构转型的影响中，尽管各区域政府直接干预对其均有促进作用，但行政性市场进入壁垒却有不利影响。同时，东部地区的政府行为会抑制要素市场扭曲，间接促进服务业结构转型；而西部地区的政府行为则会加剧要素市场扭曲，对其产生间接限制影响；中部地区的政府直接干预会抑制要素市场扭曲，但其行政性市场进入壁垒会加剧要素市场扭曲。可以看出，政府行为对产业结构转型的影响机制与地区发展阶段与市场化程度有关。在发展水平与市场化程度较低的地区，尽管政府会偏向于采取管控要素重置的直接干预措施，加剧要素市场扭曲，限制结构转型，但适度的行政性市场进入壁垒有利于地区发挥比较优势。在发展水平与市场化程度较高的地区，政府偏向于选择培育动态比较优势的直接干预措施，优化要素市场，促进结构转型，但过度的行政性市场进入壁垒会加剧要素市场扭曲、抑制转型。

（5）在构建学习型社会、培育创新驱动力为代表的政府行为对产业结构升级的影响检验方面，对我国区域产业结构升级的时序特征的比较分析，以及政府干预对我国产业结构升级的影响进行检验，结果表明，一是尽管政府的科技支持能够显著促进地区产业结构高度化水平，但忽略地区企业的创新活力以及出口导向型的发展方式不利于地区产业结构高度化的提升。二是对仍处于后发追赶阶段的我国经济而言，利用外商直接投资、发挥地方后发优势仍是促进产业全要素生产率提高的关键因素，特别是开放水平越高的区域，外商直接投资的促进作用越显著，同时发展水平与工业化程度越高的地区，企业的创新活力反映的自主创新水平对其的促进作用越大。三是尽管发展水平越高的地区制造业结构升级越能促进服务业结构升级，但服务业反馈机制的区域差异表明地区产业结构变迁路径的差异、地区初始产业结构的失衡以及要素流动的路径依赖是引起服务业升级抑制制造业结构升级的主要原因。可以看出，政府会通过构建以“干中学”与创新机制为核心的学习型社会，培育地区动态比较优势，以创新驱动产业结构升级。一方面，旨在提升科教水平的政府行为有利于扩大创新要素供给，促进技术创新与产业结构升级。另一方面，有效的激励机制与约束机制有利于激励企业创新，企业的创新活力决定了地区创新机制的有效性，有利于各产业产出效率与产业协同发展水平的提高。此外，尽管完善基础设施、深化对外开放的政府行为，能够扩大对外合作，通过技术溢出效应促进地区产业结构升级，但过度依赖外资，会导致地区产业的低端锁定，限制产业结构升级。

(6) 在优化营商环境、以招商引资为代表的政府行为对产业结构集聚的影响检验方面，结果表明，不同要素密集型制造业的集聚水平均有显著的溢出效应，有利于相邻地区的产业集聚，其中，劳动密集型制造业的溢出效应最大，资本密集型制造业次之。在“晋升锦标赛”背景下，地方政府行为对产业集聚的影响主要表现为：地区基础设施水平对技术含量越高的产业的吸引力越小，基础设施的优化对发展水平较高地区产业集聚的促进作用较强。企业税收强度与行政性市场进入壁垒是限制区域产业集聚的重要因素。发展水平越高的地区的企业税收强度对低技术密集型制造业的影响越大，而行政性市场进入壁垒对高技术密集型制造业集聚的影响越大，同时政府行政管理水平对地区产业集聚的影响也越显著。可以看出，为促进地区产业集聚，地区政府不仅会利用财税政策影响企业生产成本，还会通过完善基础设施和营商环境等制度供给降低企业的交易费用与流通成本。但区域发展阶段与市场化程度的差异使得政府行为对不同要素密集型制造业集聚的影响有显著差异。

(7) 在区域产业结构变迁的增长效应方面，本书主要分析了各地区1978—2016年结构变迁对经济增长影响的阶段性差异与部门差异，探讨了不同政府行为对产业结构变迁路径及地区经济增长的影响以及对区域增长收敛性的影响。进一步采用面板门限模型分析了地区产业结构变迁对经济增长的影响的阶段性特征，并采用空间面板模型分析了产业结构变迁对地区经济增长的影响。结果表明，我国区域发展水平以及产业结构变迁存在一定的空间相关性，各部门发展的空间相关性的阶段转换是引起区域经济发展差异波动的重要因素。同时地方政府干预较强的中西部地区，不充分的过早工业化现象较为严重；而东部地区的工业化程度较充分，更能有效促进经济增长。尽管中国区域发展水平以及产业结构变迁存在一定的空间相关性，但随着工业化的推进，地区产业结构高级化的正外部性减弱，产业结构偏离程度引起的结构扭曲对其他地区产业结构的不利影响不断增强，区域产业结构变迁的协同效应有待提升。

第二节 研究展望

由于本书体量以及作者研究能力有限，本书有如下不足：①检验结果显著程度不够高；②政府行为的代理变量不够精确，指标选择有待进一步优化；③划分产业结构的维度不够精致，测度产业结构变迁特征的维度需要改进，同时实证检验中东部、中部、西部区域的划分比较粗浅；④研究在进行基准回归中 R^2 没有达到最优，拟合度不够好。

针对以上研究中存在的不足，可以从以下几个方面展开进一步研究：

（1）综合评价区域产业结构变迁的视角选择，在比较区域产业结构变迁的差异时，应进一步分析区域产业结构变迁的关联效应，以及对结构转型、升级与聚焦之间相互作用进行讨论。此外，通过比较产业结构变迁的国际差异与区域差异，寻求产业结构变迁国别差异与区域差异的共性与差异。

（2）改进政府行为对产业结构变迁影响的理论模型，一方面，可以通过引入财政支出乘数、政府消费、政府投资等更加细致地探讨政府行为在市场消费、技术进步等方面的影响程度；另一方面，可以在开放的市场环境下，考虑全球价值链分工、全球贸易与汇率等因素对区域产业结构变迁的影响。

（3）改进测算产业结构变迁的变量指标。本书主要通过政府直接干预与行政性市场进入壁垒反映政府行为，并基于市场化指数构建了要素市场扭曲程度反映地区要素市场，对政府行为以及区域要素市场发育的刻画不够精确细致，区域差异不够显著。此外，在测度产业结构变迁的特征时，可以进一步优化对微观企业的分析，从微观、中观以及宏观三个层次进行分析。

（4）进一步深化政府行为对产业结构变迁的实证研究对象。本书从要素重置、技术创新以及产业集聚等视角分析政府行为对区域产业结构变迁的影响，可以进一步结合区域产业分工、区域参加价值链等视角进行讨论，对政府行为的刻画与分析应进一步考虑地区财税竞争的影响。

(5) 对于文章内容的延伸。尽管本书对我国不同政府行为对区域产业结构变迁的影响机制进行了不同维度的分析，但仍将各区域作为一个相对封闭的经济体进行考虑。应深入探讨区域产业与国际产业分工视角下，区域产业结构变迁的特征、原因及影响。此外，还可以分析地区政府间的竞争机制对区域产业结构变迁及其增长效应的影响。

参考文献

[1] A. O. HIRSCHMAN, G. SIRKIN. Investment criteria and capital intensity once again [J]. The Quarterly Journal of Economics, 1958, 72 (3): 469-471.

[2] ACEMOGLU, DARON and GUERRIERI, VERONICA. Capital deepening and nonbalanced economic growth [J]. Journal of Political Economy, 2008, 116(3): 467-498.

[3] AERTS, K., D. CZARNITZKI. Using innovation survey data to evaluate R&D policy: The case of belgium [R]. ZEW-Centre for European Economic Research Discussion Paper, 2004, No. 4-55.

[4] AGHION, P., J. CAI, M. DEWATRIPONT, L. DU, A. HARRISON, and P. LEGROS. Industrial policy and competition [J]. American Economic Journal: Macroeconomics, 2015, 7(4): 1-32.

[5] AKAMATSU, K. WAGAKUNI YOMOKOGYOHIN NO BOEKI SUISEI. The trend of Japan's trade in woolen goods [J]. Shogyo Keizai Ronso, 1935(13): 129-212.

[6] ALONSO- CARRERA, J., X. RAURICH. Demand - based structural change and balanced economic growth [J]. Journal of Macroeconomics , 2015(46): 359-374.

[7] ALTENBURG T. SCHMITZ H., ANDREAS S. Breakthrough? China's and India's transition from production to innovation [J]. World Development, 2008, 36 (2): 325-344.

[8] BALDWIN R. E. The case against infant industry protection [J]. Journal of Political Economy, 1969(77): 296-305.

[9] BARON, R. M. and D. A. KENNY. The moderator-mediator variable distinction in social psychological research: Conceptual, strategic, and statistical considerations [J]. Journal of Personality and Social Psychology, 1986, 51(6): 1173-1182.

[10] BARTELSMAN, ERIC J. and MARK DOMS. Understanding productivity: Lessons from longitudinal microdata [J]. Journal of Economic Literature, 2000, 38(3): 569-594.

[11] BAUMOL, W. J. Macroeconomics of unbalanced growth: The anatomy of urban crisis

[J]. American Economic Review, 1976(57): 415-426.

[12] BELL, D. The Coming of post - industrial society [M]. New York: Basic Books, 1973.

[13] BETTS, C. M., GIRI, R., VERMA, R. Trade, reform and structural transformation in south Korea [Z]. Manuscript, University of Southern California, 2011.

[14] Bjorvatnk, J. Urban infrastructure and industrialization [J]. Journal of Urban Economics, 2000, 48(2): 205-218.

[15] BLOMSTR, M. M., KOKKOA. Multinational corporations and spillovers [J]. Journal of Economic Surveys, 1998, 12(3): 247-277.

[16] BRANDT, L., ZHU, X. D. Accounting for China's growth [R]. University of Toronto, Department of Economics Working Paper No. 394, 2010.

[17] BUSOM, I. An empirical evaluation of the effects of R&D subsidies [J]. Economics of Innovation and New Technology, 2000, 9(2): 111-148.

[18] CARLSEN, F. LANGSET, B., RATTS, J. The relationship between firm mobility and tax level: Empirical evidence of fiscal competition between local government [J]. Journal of urban economics, 2005, 58(2): 273-288.

[19] CASELLI,F. AND COLEMAN, J. The U. S. structural transformation and regional convergence: A reinterpretation [J]. Journal of Political Economy, 2001, 109(3): 584-616.

[20] CHANDER, A. D. The growth of the transnational industrial firm in the united states and the United Kingdom: A comparative analysis [J]. Economic History Review, 1980, 33 (3): 396-410.

[21] CHENERY H. Patterns of industrial growth [J]. American Economic Review, 1960 (5): 624-654.

[22] CHENERY, H., M. SYRQUIN. Patterns of development, 1950—1970 [M]. Oxford University Press, 1975.

[23] CLARK C. Theconditions of economic progress [M]. London: Macmillan, 1940.

[24] DAVIES R. B, ECKEL, C. Tax competition for heterogeneous firms with endogeous entry [J]. American Economic Journal: Economic Policy, 2010, 2(1): 77-102.

[25] DE VRIES, G. J., A. ERUMBAN, M. P. TIMMER, I. VOSKOBOYNIKOV, AND X. WU. Deconstructing the BRICs: Structural [Z]. 2012.

[26] DEKLE, ROBERT AND GUILLAUME VANDENBROUCKE. A quantitative analysis of China's structural transformation [J]. Journal of Economic Dynamic and Control, 2012(36): 119-135.

[27] DIEGO COMIN, DANIAL LASHKARI AND MARTI MESTIERI. Structural change with

long-run income and price effects [R]. NBER Working Paper 21595, 2015 .

[28] ELLISON, G. , GLAESER, E. , AND KERR, W. What causes industry agglomeration? Evidence from coagglomeration patterns [J]. American Economic Review, 2010, 100 (3).

[29] FELDMAN,M. P. , AND M. R. KELLEY. The ex ante assessment of knowledge spillovers: Government R&D policy, economic incentives and private firm behavior [J]. Research Policy , 2006, 35(10): 1509-1521.

[30] FOELLMI, RETO AND ZWEIMULLER, JOSEF. Structural change, engle' s consumption cycles and kaldor' s facts of economic growth [J]. Journal of Monetary Economics, 2008, 55(7): 1317-1328.

[31] FUCHS, VICTOR. The service economy [M]. Columbia University Press, New York, 1968.

[32] FUJITA M. AND THISSE J. F. Economics of agglomeration: Cities, industrial location and regional growth [Z.] Cambridge University Press, 2002.

[33] FUJITA, M. , P. KRUGMAN, AND A. J. Venables, The Spatical economy: Cities, regions and international trade [Z]. The MIT Press, 1999.

[34] GEREFFI, G. International trade and industrial upgrading in the apparel commodity Chain [J]. Jouranl of International Economics, 1999, 1(48): 37-70.

[35] H. PACK, AND K. SAGG. Is there a case for industrial policy? A critical survey [J]. World Bank Research Observer, 2006, 21(2): 267-297.

[36] HANSEN, B. E. Threshold effects in non-dynamic panels: Estimation, testing, and inference [J]. Journal of Econometrics, 1999, 93(2): 345-386.

[37] HAYTER, R. The dynamics of industrial location: The factory, the firm and the production system [M]. New York: Wiley, 1997.

[38] HERRENDORF B. , ROGERSON R. , VALENTINYI A. Growth and structural transformantion [R]. National Bureau of Economic Research, 2013.

[39] HERRENDORF, B., R. ROGERSON, and A. Valentinyi. Two perspectives on preferences and structural transformation [J]. American Economic Review, 2013(103): 2752-2789.

[40] HIRSCHMAN, ALBERT O. The strategy of economic development [M]. New Haven, CT: Yale University Press, 1958.

[41] HOFFMANN W. G. The growth of industrial economies [M]. Manchester: Manchester University Press, 1958.

[42] HOLL, A. Manufacturing location and impacts of road transport infrastructure: Empiri-

cal evidence from spain [J]. Regional Science and Urban Economics, 2004, 34(3): 341-363.

[43] HOLMSTROM, B., AND MILGROM, P. Multitask principal-agent analyses: Incentive contracts, asset ownership, and job design [J]. Journal of Law, Economic & Organization, 1991(7): 24-52.

[44] HSIEH, C. AND KLENOW, P. Misallocation and manufacturing TFP in China and India [J]. Quarterly Journal of Economics, 2009(124): 1403-1448.

[45] HU, A. G. Ownership, government R&D, private R&D and productivity in Chinese Industry [J]. Journal of Comparative Economics, 2001, 29(1): 136-157.

[46] KALDOR, N. Capital accumulation and economic growth [A]// Lutz, F., and D. Hugue (eds.). Theory of Capital [M]. New York: St. Martin's Press, 1961: 177-222.

[47] KAPLINSKY, R. Globalization and unequalisation: What can be learned from value Chain Analysis [M]. Journal of Development Studies, 2000, 37(2): 117-145.

[48] KEVIN. Z. Z. Innovation, imitation, and new product performance: The case of China [J]. Industrial Marking Management, 2006(35): 394-402.

[49] KLEEPER, S. Firm survival and the evolution of oligopoly [J]. Rand Journal of Economics, 2002(1): 37-61.

[50] KOJIMA, K. Direct foreign investment: A Japanese model of multinational business operations [M]. London: Croom Helm, 1978.

[51] KONGSAMUT, PIYABHA, SERGIO REBELO, AND DANYANG XIE. Bayond balanced growth [J]. Review of Economic Studies, 2001(68): 869-882.

[52] KRUGMAN, P. Increasing returns and economic geography [R]. National Bureau of Economic Research, 1990.

[53] KRUGMAN, P. R. Geography and trade [M]. Massachusetts: MIT Press, 1991.

[54] KUZNETS, S., MURPHY J. T. Modern economic growth: Rate, structure, and spread [M]. Yale University Press New Haven, 1966.

[55] KUZNETS, S. Modern economic growth: Findings and reflections [J]. American Economic Review, 1973, 63(3): 829-846.

[56] KUZNETS, S. Quantitative aspects of the economic growth of nations: II [J]. Economic Development and Cultural Change, 1957, 5(Supplement): 3-111.

[57] KUZNETS. Economic growth and income inequality [J]. The American Economic Review, 1995, 45(1).

[58] LEE, M. H., I. J. HWANG. Determinants of corporate R&D investment: An empirical study comparing Korea's IT industry with its Non-IT industry [J]. Etri Journal,

2003, 25(4): 258-265.

[59] LEWIS, T. Economic development with unlimited supplies of labor [J]. The Manchester School, 1954, 22(1): 139-150.

[60] LUDEMA, R. D. and Wooton I. Economic geography and the fiscal effects of regional integration [J]. Journal of International Economics, 2002(52): 331-357.

[61] MARSHALL, A. Principles of economic [M]. Macmillan Press, 1920.

[62] MARTIN, P., ROGERSCA. Industrial location and public infrastructure [J]. Journal of International Economics, 1995, 39(3/4): 335-351.

[63] MATSUYAMA, KIMINORI. Structural change in an interdependent world: A global view of manufacturing decline [J]. Journal of the European Economic Association, 2019, 7(2/3): 478-486.

[64] YOUNG, A. Gold into base metals: Productivity growth in the people's republic of China during the reform period [J]. Journal of Politicl Economy, 2003, 111(6): 1220-1261.

[65] MAURER, D. B. R&D, Innovation and industrial structure [M]. Physica-Verlag HD, 1996: 1431-1933.

[66] MCCANN, P., SHEPPARD, S. The rise, fall and rise again of industrial location theory [J]. Regional Studies, 2003, 37(6): 6.

[67] METCALF, C. J. Persistence of technological leadership: Emerging technologies and incremental innovation [J]. Journal of Industrial Economics, 2011(59).

[68] MYRDAL, G. Economic theory and under-developed regions [M]. London: Gerald Duckworth & Co Ltd., 1957: 28-56.

[69] NELSON, R. R., WINTER, S. G. An evolutionary theory of economic change [M]. Boston: Harvard University Press, 1982.

[70] NGAI, L. R. and PISSARIDES, C. A. Structural change in a multisector model to growth [J]. American Economic Review, 2007, 97(1): 429-443.

[71] NGAI, RACHEL, and CHRISTOPHER PISSARIDES. Structural change in a multi-sector model of growth [J]. American Economic Review, 2007(97): 429-443.

[72] OKUBO, T. Anti-agglomeration subsidies with heterogeneous firms [J]. Journal of Regional Science, 2012(52): 285-299.

[73] PENEDER, M. Industrial structure and aggregate growth [J]. Structural Change and Economic Dynamics, 2003, 14(4): 427-448.

[74] PETTY, W. Political arithmetick [R]. McMaster University Archive for the History of Economic Thought, 1690.

[75] PREBISCH, R. The economic development of latin America and its principal problems [M] //New York: United Nations, 1950. [J]. Reprinted in Economic Bulletin for Latin America, 1962, 7(1): 22.

[76] QIAN, Y. and G. ROLAND. Federalism and the soft budget constraint [J]. American Economic Review, 1998(77): 265-284.

[77] QIAN, YINGYI, and CHENGGANG XU. Why China' s economic reforms differ: The M-Form hierarchy and entry expansion of the non state sector [J]. Economics of Transition, 1993(1): 135-170.

[78] ROGERSON, R. Structural transformation and the deterioration of european labor market outcomes [J]. Journal of Political Economy, 2008, 116(2): 235-259.

[79] ROSENSTEIN-RODAN, P. N. Problems of industrialization of eastern and south-eastern europe [J]. Economic Journal, 1943(53): 202-211.

[80] ROSTOW, W. W. The stages of economic growth [M]. Cambridge University Press, 1960.

[81] SWIECKI, T. Determinants of structural change [J]. Review of Economic Dynamics, 2017(24): 95-131.

[82] SYRQUIN, M., H. CHENERY. Three decades of industrialization [J]. World Bank Economic Review, 1989, 3(2): 145-181.

[83] SYRQUIN, M. Productivity growth and factor reallocation [M]. Oxford University Press, 1986.

[84] TERUTOMO OZAWA. Asia' s labor-driven economic development, flying-geese style: An unprecedented opportunity for the poor to rise [R]. APEC Study Center, Colorado State University, Discussion Paper No. 40, 2005.

[85] TIMMER, M., A. SZIRMAI. Productivity growth in asian manufacturing: The structural bonus hypothesis examined [J]. Structural Change and Economic Dynamics, 2000, 11(4).

[86] UTTERBACK, J. M, ABEMATHY, W. J. A dynamic model of process and product innovation [J]. Omega: The International Journal of Management Science, 1975, 3(6): 639-656.

[87] UY, T., YI. K. M, ZHANG. J. Structural change in an open economy [J]. Journal of Monetary Economics, 2013, 60(6): 667-682.

[88] YI,K. M., AND J. ZHANG. Structural change in an open economy [J]. Research Seminar in International Economics, University of Michigan, 2010, 60(6): 667-682.

[89] 朱希伟，陶永亮. 经济集聚与区域协调 [J]. 世界经济文汇，2011(3)：1-24.

[90] 安虎森，李锦. 适度的“政策梯度”是实现区域协调发展的战略选项：基于新经济地理学循环累积因果聚集机制的讨论［J］. 学术月刊，2010(1)：75-81.

[91] 安礼伟. 中国出口产品技术结构变迁及其成因：基于国际比较的研究［J］. 产业经济研究，2014(2)：83-92.

[92] 安苑，王珺. 财政行为波动影响产业结构升级了吗？——基于产业技术复杂度的考察［J］. 管理世界，2012(9)：19-35.

[93] 巴曙松，刘孝红，牛播坤. 转型时期中国金融体系中的地方治理与银行改革的互动研究［J］. 金融研究，2005(5)：25-37.

[94] 蔡昉，都阳. 中国地区经济增长的趋同与差异：对西部开发战略的启示［J］. 经济研究，2000(10)：30-37.

[95] 蔡昉，王文德，都阳. 比较优势差异、变化及其对地区差距的影响［J］. 中国社会科学，2002 (5)：41-54.

[96] 曹平，王桂军. 选择性产业政策、企业创新与创新生产时间：来自中国工业企业数据的经验证据［J］. 产业经济研究，2018(4)：26-39.

[97] 曹玉书，楼东玮. 资源错配、结构变迁与中国经济转型［J］. 中国工业经济，2012(10)：5-18.

[98] 钞小静，任保平. 中国经济增长结构与经济增长质量的实证分析［J］. 当代经济科学，2011(11)：50-56.

[99] 钞小静，任保平. 中国经济增长质量的时序变化与地区差异分析［J］. 经济研究，2011，46(4)：26-40.

[100] 林善波. 开放模式转向与产业结构升级［J］. 经济学家，2011(4)：47-52.

[101] 陈佳贵，黄群慧，钟宏武. 中国地区工业化进程的综合评价和特征分析［J］. 经济研究，2006(6)：4-15.

[102] 陈建军. 要素流动、产业转移和区域经济一体化［M］. 杭州：浙江大学出版社，2009.

[103] 陈建军. 中国现阶段产业区域转移的实证研究：结合浙江 105 家企业的问卷调查报告的分析［J］. 管理世界，2002(6)：64-74.

[104] 陈诗一，徐颜玉. 从要素市场化看供给侧改革的中长期实践路径：基于随机前沿模型增长核算的分析［J］. 经济理论与经济管理，2017(11)：19-27.

[105] 陈体标. 技术增长率的部门差异和经济增长率的“驼峰形”变化［J］. 经济研究，2008(11)：102-111.

[106] 陈体标. 经济结构变化和经济增长［J］. 经济学(季刊)，2007(7)：1053-1074.

[107] 陈晓光，龚六堂. 经济结构变化和经济增长［J］. 经济学(季刊)，2005(4)：583-604.

[108] 程俊杰. 中国转型时期产业政策与产能过剩：基于制造业面板数据的实证研究 [J]. 财经研究，2015(8)：131-144.

[109] 储德银，建克成. 财政政策与产业结构调整：基于总量与结构效应双重视角的实证分析 [J]. 经济学家，2014(2)：80-91.

[110] 褚敏，靳涛. 为什么中国产业结构升级步履迟缓：基于地方政府行为与国有企业垄断双重影响的探究 [J]. 财贸经济，2013(3)：112-122.

[111] 戴宏伟. 产业转移研究有关争议及评论 [J]. 中国经济问题，2008(3)：3-9.

[112] 戴奎早，刘友金. 要素市场扭曲如何影响创新绩效 [J]. 世界经济，2016(11)：54-79.

[113] 戴觅，茅锐. 产业异质性、产业结构与中国省级经济收敛 [J]. 管理世界，2015(6)：34-62.

[114] 丹尼·罗德里克. 过早去工业化 [J]. 比较，2016(1)：80-114.

[115] 道格拉斯·C. 诺思. 经济史中的结构与变迁 [M]. 上海：上海三联书店，上海人民出版社，1994.

[116] 邓若冰，刘颜. 工业集聚、空间溢出与区域经济增长：基于空间面板杜宾模型的研究 [J]. 经济问题探索，2016(1)：66-76.

[117] 丁建军. 产业转移的新经济地理学解释 [J]. 财经科学，2011(1)：41-48.

[118] 范剑勇，朱国林. 中国地区差距的演变及其结构分解 [J]. 管理世界，2002(7)：37-44.

[119] 方红生，张军. 财政集权的激励效应再评估：攫取之手还是援助之手？ [J]. 管理世界，2014(2)：21-31.

[120] 付凌晖. 我国产业结构高级化与经济增长关系的实证研究 [J]. 统计研究，2010(8)：79-81.

[121] 傅晓霞，吴利学. 技术效率、资本深化与地区差异 [J]. 经济研究，2006(10)：52-61.

[122] 傅晓霞，吴利学. 全要素生产率在中国地区差异中的贡献分析 [J]. 世界经济，2006 (9)：12-22.

[123] 傅元海，叶祥松，王展祥. 制造业结构变迁与经济增长效率提高 [J]. 经济研究，2016(8)：86-99.

[124] 傅元海，叶祥松，王展祥. 制造业结构优化的技术进步路径选择 [J]. 中国工业经济，2014 (9)：78-90.

[125] 干春晖，余典范. 中国构建动态比较优势的战略研究 [J]. 学术月刊，2013(4)：76-85.

[126] 干春晖，郑若谷，余典范. 中国产业结构变迁对经济增长和波动的影响 [J].

经济研究，2011(5)：4-16.
[127] 干春晖，郑若谷. 改革开放以来产业结构演进与生产率增长研究：对中国1978—2007的“结构红利假说”的检验［J］. 中国工业经济，2009(2)：55-65.
[128] 高鹤. 财政分权、经济结构与地方政府行为：一个中国经济转型的理论框架［J］. 世界经济，2006(10)：59-68.
[129] 格鲁伯，沃克. 服务业的增长：原因与影响［M］. 陈彪如，译. 上海：上海三联书店，1993.
[130] 郭晔，赖章福. 政策调控下的区域产业结构调整［J］. 中国工业经济，2011(4)：74-83.
[131] 郭玥. 政府创新补助的信号传递机制与企业创新［J］. 中国工业经济，2018(9)：98-116.
[132] 韩剑，郑秋玲. 政府干预如何导致地区资源错配：基于行业内和行业间错配的分解［J］. 中国工业经济，2014(11)：69-81.
[133] 韩永辉，黄亮雄，王贤彬. 产业政策推动地方产业结构升级了吗—— 基于发展型地方政府的理论解释与实证检验［J］. 经济研究，2017(8)：33-48.
[134] 何龙斌. 区际产业转移的要素变化与现实表征［J］. 改革，2012(8)：75-81.
[135] 贺灿飞，潘峰华. 中国制造业地理集聚的成因与趋势［J］. 南方经济，2011(6)：38 - 52.
[136] 胡晨光，程惠芳，俞斌. “有为政府”与集聚经济圈的演进：一个基于长三角集聚经济圈的分析框架［J］. 管理世界，2011(2)：61-69，80.
[137] 胡佛. 区域经济学导论［M］. 王翼龙，译. 北京：商务印书馆，1990.
[138] 黄玖立，李坤望. 对外贸易、地方保护和中国的产业布局［J］. 经济学(季刊)，2006(2)：733-760.
[139] 黄亮雄，王贤彬，刘淑琳，韩永辉. 中国产业结构调整的区域互动：横向省际竞争和纵向地方跟进［J］. 中国工业经济，2015(8)：82-97.
[140] 黄茂兴，李军军. 技术选择、产业结构升级与经济增长［J］. 经济研究，2009(7)：143-151.
[141] 黄群慧. “新常态”、工业化后期与工业增长新动力［J］. 中国工业经济，2014(10)：5-19.
[142] 黄榕. 经济增长阶段转换下的结构转变及其演化［D］. 南京：南京大学，2015.
[143] 贾敬全. 财政支出对产业结构升级的空间效应研究［J］. 财经研究，2015(9)：18-27.
[144] 江飞涛，李晓萍. 当前中国产业政策转型的基本逻辑［J］. 南京大学学报(哲

学人文科学社会科学版)，2015(3)：17-24.

［145］江飞涛. 中国产业组织政策的缺陷与调整［J］. 学习与探索，2017(8)：118-126.

［146］江伟，李斌. 制度环境、国有产权与银行差别贷款［J］. 金融研究，2006(11)：119-129.

［147］焦勇，杨蕙馨. 政府干预、产业结构扭曲与全要素生产率提升［J］. 财贸研究，2019(10)：1-15.

［148］金京，戴翔，张二震. 全球要素分工背景下的中国产业转型升级［J］. 中国工业经济，2013(11)：57-68.

［149］金煜，陈钊，陆铭. 中国的地区工业集聚：经济地理、新经济地理与经济政策［J］. 经济研究，2006(4)：79-88.

［150］鞠建东，刘政文. 产业结构调整中的有为地方政府［J］. 经济学报，2017(4)：61-75.

［151］孔令池. 国内市场分割及其区域产业结构效应研究［D］. 南京：南京大学，2015.

［152］孔令池. 中国制造业布局特征及空间重塑［J］. 经济学家，2019(4)：41-48.

［153］勒施. 经济空间秩序［M］. 王守礼，译. 北京：商务印书馆，1995.

［154］李斌，陈开军. 对外贸易与地区经济差距变动［J］. 世界经济，2007(5)：25-32.

［155］李强. 地方创新政策与产业结构调整：基于地方政府相关创新政策的实证分析［J］. 产业经济，2017(8)：71-78.

［156］李尚骜，龚六堂. 非一致性偏好、内生偏好结构与经济结构变迁［J］. 经济研究，2012(7)：35-47.

［157］李世杰，胡国柳，高健. 转轨期中国的产业集聚演化：理论回顾、研究进展及探索性思考［J］. 管理世界，2014(4)：165-169.

［158］李欣泽，黄凯南. 中国工业部门要素错配变迁：理论与实证［J］. 经济学家，2016(9)：68-76.

［159］李玉梅. 中国产业结构变迁中“逆库兹涅茨化”效应测量及分析［J］. 数量经济技术经济研究，2017(11)：98-114.

［160］李占国，孙久文. 我国产业区域转移滞缓的空间经济学解释及其加速途径研究［J］. 经济问题，2011(1)：27-64.

［161］梁琦，吴俊. 财政转移与产业集聚［J］. 经济学(季刊)，2008(4)：147-170.

［162］林伯强，杜克锐. 要素市场扭曲对能源效率的影响［J］. 经济研究，2013(9)：125-136.

［163］林春艳，孔凡超. 技术创新、模仿创新及技术引进与产业结构转型升级：基于动态空间 Durbin 模型的研究［J］. 宏观经济研究，2016(5)：106-118.

[164] 林毅夫，刘明兴. 中国的经济增长收敛与收入分配［J］. 世界经济，2003(8)：3-14.
[165] 林毅夫，刘培林. 经济发展战略对劳均资本积累和技术进步的影响：基于中国经验的实证研究［J］. 中国社会科学，2003(4)：18-32.
[166] 林毅夫，巫和懋，邢亦青. “潮涌现象”与产能过剩的形成机制［J］. 经济研究，2010(10)：4-18.
[167] 林毅夫，向为，余淼杰. 区域型产业政策与企业生产率［J］. 经济学(季刊)，2018(1)：781-800.
[168] 林毅夫，张军，王勇，寇宗来. 产业政策总结、反思与展望［M］. 北京：北京大学出版社，2018.
[169] 林毅夫. 发展战略、自生能力和经济收敛［J］. 经济学(季刊)，2002(1)：260-300.
[170] 林毅夫. 新结构经济学：重构发展经济学的框架［J］. 经济学(季刊)，2010，(1)：1-32.
[171] 刘贯春，张晓云，邓光耀. 要素重置、经济增长与区域非平衡发展［J］. 数量经济技术经济研究，2017(7)：35-56.
[172] 刘楷. 我国地区工业结构变化和工业增长分析：兼论经济新常态下我国地区工业发展［J］. 经济管理，2015(6)：41-48.
[173] 刘伟，蔡志洲. 我国工业化进程中产业结构升级与新常态下的经济增长［J］. 北京大学学报(哲学社会科学版)，2015(3)：5-19.
[174] 刘伟，张辉，黄泽华. 产业结构高度化与工业化进程和地区差异的考察［J］. 经济学动态，2008(11)：4-8.
[175] 刘伟，张辉. 中国经济增长中的产业结构变迁和技术进步［J］. 经济研究，2018(11)：4-15.
[176] 刘友金，曾小明. 中国工业空间格局的演变与集聚差异：基于 EDSA 和城市面板数据的空间计量研究［J］. 区域经济评论，2016(1)：80-88.
[177] 刘志彪，张杰. 从融入全球价值链到构建国家价值链：中国产业升级的战略思考［J］. 学术月刊，2009 (9)：59-68.
[178] 刘志彪. 经济发展新常态下产业政策功能的转型［J］. 南京社会科学，2015(3)：33-41.
[179] 罗德明，李晔，史晋川. 要素市场扭曲、资源错置与生产率［J］. 经济研究，2012(3)：4-14.
[180] 罗良文，赵凡. 工业布局优化与长江经济带高质量发展：基于区域间产业转移视角［J］. 改革，2019(2)：27-36.
[181] 罗胤晨，谷人旭. 1980—2011 年中国制造业空间集聚格局及其演变趋势［J］.

经济地理，2014(7)：82-89.

［182］吕健. 产业结构调整、结构性减速与经济增长分化［J］. 中国工业经济，2012(9)：31-43.

［183］迈克尔·波特. 国家竞争优势［M］. 北京：华夏出版社，2002.

［184］毛其淋. 要素市场扭曲与中国工业企业生产率：基于贸易自由化视角的分析［J］. 金融研究，2013(2)：156-169.

［185］孟辉，白雪洁. 新兴产业的投资扩张、产品补贴与资源错配［J］. 数量经济技术经济研究，2017(6)：20-36.

［186］欧阳峣. 大国综合优势［M］. 上海：格致出版社，2011.

［187］潘文卿. 中国的区域关联与经济增长的空间溢出效应［J］. 经济研究，2012(1)：54-65.

［188］彭冲，李春风，李玉双. 产业结构变迁对经济波动的动态影响研究［J］. 产业经济研究，2013(3)：91-100.

［189］皮建材. 中国转型期地方政府行为取向及其调控策略研究［J］. 经济理论与经济管理，2010(10)：12-19.

［190］钱雪松，康瑾，唐英伦，曹夏平. 产业政策、资本配置效率与企业全要素生产率：基于中国2009年十大产业振兴规划自然实验的经验研究［J］. 中国工业经济，2018(8)：42-60.

［191］乔晓楠，杨成林. 去工业化的发生机制与经济绩效：一个分类比较研究［J］. 中国工业经济，2013(6)：5-17.

［192］邱兆林. 中国产业政策有效性的实证分析：基于工业行业的面板数据［J］. 软科学，2015(2)：11-14.

［193］渠慎宁，吕铁. 产业结构升级意味着服务业更重要吗：论工业与服务业互动发展对中国经济增长的影响［J］. 财贸经济，2016(3)：138-147.

［194］任保平. 经济增长质量：经济增长理论框架的扩展［J］. 经济学动态，2013(11)：45-51.

［195］任保平. 经济增长质量：理论阐释、基本命题与伦理原则［J］. 学术月刊，2012(2)：63-70.

［196］任保平. 新时代中国经济从高速增长转向高质量发展：理论阐释与实践取向［J］. 学术月刊，2018(3)：66-86.

［197］桑瑞聪，彭飞，康丽丽. 地方政府行为与产业转移：基于企业微观数据的实证研究［J］. 产业经济研究，2016(4)：7-16.

［198］邵宜航，步晓宁，张天华. 资源配置扭曲与中国工业全要素生产率［J］. 中国工业经济，2013(12)：39-50.

[199] 沈坤荣，马俊. 中国经济增长的“俱乐部收敛”特征及其成因研究 [J]. 经济研究，2002(1)：33-39.

[200] 施炳展，冼国明. 要素价格扭曲与中国工业企业出口行为 [J]. 中国工业经济，2012(2)：47-56.

[201] 石磊，高帆. 地区经济差距：一个基于经济结构转变的实证研究 [J]. 管理世界，2006 (5)：35-44.

[202] 舒锐. 产业政策一定有效吗？——基于工业数据的实证分析 [J]. 产业经济研究，2013(3)：45-54.

[203] 斯蒂格利茨. 增长的方法：学习型社会与经济增长的新引擎 [M]. 北京：中信出版社，2017.

[204] 斯蒂格利茨. 政府为什么干预经济 [M]. 赫特杰，译. 北京：中国物资出版社，1998.

[205] 宋建，郑江淮. 产业结构、经济增长与服务业成本病：来自中国的经验证据 [J]. 产业经济研究，2017(2)：1-13.

[206] 宋凌云，王贤彬. 重点产业政策、资源重置与产业生产率 [J]. 管理世界，2013(12)：63-777.

[207] 宋文月，任保平. 改革开放 40 年我国产业政策与产业发展的历史回顾与展望 [J]. 改革，2018(12)：42-53.

[208] 孙晓华，郭旭，王昀. 产业转移、要素集聚与地区经济发展 [J]. 管理世界，2018(5)：47-62.

[209] 孙早，席建成. 中国式产业政策的实施效果：产业升级还是短期经济增长 [J]. 中国工业经济，2015(7)：52-67.

[210] 谭真勇，谢里，罗能生. 地方保护与产业集聚：基于空间经济模型的分析 [J]. 南京师范大学学报(社会科学版)，2009(1)：55-60.

[211] 田伟，田红云. 晋升博弈、地方官员行为与中国区域经济差异 [J]. 南开经济研究，2009 (1)：133-152.

[212] 屠年松，李彦. 创新驱动产业转型升级研究：基于 2002—2013 年省际面板数据 [J]. 技术进步与对策，2015(24)：50-55.

[213] 万广华，陆铭，陈钊. 全球化与地区间收入差距：来自中国的证据 [J]. 中国社会科学，2005 (3)：17-26.

[214] 王海兵，杨蕙馨. 创新驱动与现代产业发展体系：基于我国省际面板数据的实证分析 [J]. 经济学(季刊)，2016(4)：1352-1386.

[215] 王文，孙早. 产业结构转型升级意味着去工业化吗 [J]. 经济学家，2017(3)：55-62.

[216] 王文剑，覃成林. 地方政府行为与财政分权增长效应的地区性差异：基于经验分析的判断、假说及检验 [J]. 管理世界，2008(1)：9-21.

[217] 王小鲁，樊纲. 中国地区差距的变动趋势和影响因素 [J]. 经济研究，2004(1)：33-44.

[218] 王昀，孙晓华. 政府补贴驱动工业转型升级的作用机理 [J]. 中国工业经济，2017(10)：99-116.

[219] 王忠平，王怀宇. 区际产业转移形成的动力机制 [J]. 大连理工大学学报，2007(1)：26-30.

[220] 韦伯. 工业区位论(1909) [M]. 李刚剑，译. 北京：商务印书馆，1997.

[221] 魏后凯. 产业转移的发展趋势及其对竞争力的影响 [J]. 福建论坛(经济社会版)，2003(4)：11-15.

[222] 魏后凯. 改革开放 30 年中国区域经济的变迁：从不平衡发展到相对均衡发展 [J]. 经济学动态，2008(5)：9-16.

[223] 温忠麟，叶宝娟. 中介效应分析：方法和模型发展 [J]. 心理科学进展，2014(5)：731-745.

[224] 文一. 看得见的手：政府在命运多舛的中国工业革命中所扮演的角色 [J]. 经济资料译丛，2017(2)：1-42.

[225] 吴意云，朱希伟. 中国为何过早进入再分散：产业政策与经济地理 [J]. 世界经济，2015(2)：140-166.

[226] 徐朝阳. 工业化与后工业化：“倒 U 形”产业结构变迁 [J]. 世界经济，2010(12)：67-88.

[227] 徐卫华. 科技创新与产业结构优化升级：基于我国 30 个省市 1997—2014 年面板数据分析 [J]. 金融与经济，2017(3)：15-21.

[228] 徐现祥，李郇，王美今. 区域一体化、经济增长与政治晋升 [J]. 经济学(季刊)，2007(4)：1075-1096.

[229] 许召元，李善同. 近年来中国地区差距的变化趋势 [J]. 经济研究，2006(7)：106-116.

[230] 严成樑. 产业结构变迁、经济增长与区域发展差距 [J]. 经济社会体制比较，2016(7)：40-53.

[231] 颜色，郭凯明，杭静. 需求结构变迁、产业结构转型和生产率提高 [J]. 经济研究，2018(12)：89-95.

[232] 颜色，郭凯明，杭静. 中国改革开放以来产业结构转型的影响因素 [J]. 经济研究，2017(3)：32-46.

[233] 杨继东，罗路宝. 产业政策、地区竞争与资源空间配置扭曲 [J]. 中国工业经

济，2018（12）：5-21.

[234] 杨骞，秦文晋. 中国产业结构优化升级的空间非均衡及收敛性研究［J］. 数量经济技术经济研究，2018(11)：58-76.

[235] 杨丽君，邵军. 中国区域产业结构优化的再估算［J］. 数量经济技术经济研究，2018(10)：59-77.

[236] 杨凌. 产业结构变迁对区域经济增长差异的影响研究［D］. 西安：西安交通大学，2010.

[237] 杨智峰，汪伟，吴化斌. 技术与中国工业结构升级［J］. 财经研究，2016(11)：46-60.

[238] 姚洋，杨汝岱. 政府行为与中国经济结构转型研究［M］. 北京：北京大学出版社，2014.

[239] 姚洋，郑东雅. 重工业与经济发展：计划经济时代再考察［J］. 经济研究，2008(4)：26-40.

[240] 姚洋. 中性政府：对转型期中国经济成功的一个解释［J］. 经济评论，2009(3)：5-13.

[241] 姚战琪. 生产率增长与要素再配置效应：中国的经验研究［J］. 经济研究，2009(11)：130-143.

[242] 叶宗裕. 关于多指标综合评价中指标正向化和无量纲化方法的选择［J］. 浙江统计，2003（4）：25-26.

[243] 于斌斌. 产业结构调整与生产率提升的经济增长效应：基于中国城市动态空间面板模型的分析［J］. 中国工业经济，2015(12)：83-98.

[244] 于泽，章潇萌，刘凤良. 中国产业结构升级内生动力：需求还是供给［J］. 经济理论与经济管理，2014(3)：25-34.

[245] 余明桂，潘红波. 金融发展、商业信用与产品市场竞争［J］. 管理世界，2010(8)：117-129.

[246] 袁富华. 长期增长过程的“结构性加速”与“结构性减速”：一种解释［J］. 经济研究，2012(3)：127-139.

[247] 袁富华. 中国经济结构“双重性”问题分析［J］. 经济与管理评论，2014(3)：9-17.

[248] 袁志刚，解栋栋. 中国劳动力错配对 TFP 的影响分析［J］. 经济研究，2011(7)：4-17.

[249] 张建华，何宇，陈珍珍. 国际贸易冲击与产业结构变迁：基于经济稳定视角［J］. 经济评论，2018(4)：31-44.

[250] 张杰，周晓艳，李勇. 要素市场扭曲抑制了中国企业 R&D?［J］. 经济研究，

2011(8)：78-91.

[251] 张杰，周晓艳，郑文平，芦哲. 要素市场扭曲是否激发了中国企业出口［J］. 世界经济，2011(8)：134-160.

[252] 张军，陈诗一，Gary H. Jefferson. 结构改革与中国工业增长［J］. 经济研究，2009(7)：4-20.

[253] 张军，高原. 官员任期、异地交流与经济增长：来自省级经验的证据［J］. 经济研究，2007(11)：91-103.

[254] 张军，吴桂英，张吉鹏. 中国省际物质资本存量估算：1952—2000［J］. 经济研究，2004(10)：35-44.

[255] 张军，周黎安. 为增长而竞争：中国增长的政治经济学［M］. 上海：格致出版社，2008.

[256] 张开，龚六堂. 多部门模型中的政府支出乘数［J］. 华中科技大学学报(社会科学版)，2017(3)：98-107.

[257] 张抗，Arye L. Hillman，顾清扬. 财政集权与地方政府行为变化：从援助之手到攫取之手［J］. 经济学(季刊)，2002(10)：111-130.

[258] 张培刚，张建华，罗勇，李博. 新型工业化道路的工业结构优化升级研究［J］. 华中科技大学学报(社会科学版)，2007(2)：82-88.

[259] 张曙光，程炼. 中国经济转轨过程中的要素价格扭曲与财富转移［J］. 世界经济，2010(10)：4-24.

[260] 张文武，梁琦. 劳动地理集中、产业空间与地区收入差距［J］. 经济学(季刊)，2011 (2)：691-708.

[261] 张五常. 中国的经济制度［M］. 北京：中信出版社，2009.

[262] 张晓晶，李成，李育. 扭曲、赶超与可持续增长：对政府与市场关系的重新审视［J］. 经济研究，2018(1)：4-19.

[263] 张亚军，干春晖，郑若谷. 生产性服务业与制造业的内生与关联效应：基于投入产出结构分解技术的实证研究［J］. 产业经济研究，2014(6)：81-90.

[264] 张燕华. 基于产业视角的区域经济协调发展研究［D］. 武汉：武汉大学，2014.

[265] 张银银，黄彬. 创新驱动产业结构升级的路径研究［J］. 经济问题探索，2015(3)：107-112.

[266] 章潇萌，杨宇菲. 对外开放与我国产业结构转型的新路径［J］. 管理世界，2016(3)：25-35.

[267] 赵春雨，朱承亮，安树伟. 生产率增长、要素重置与中国经济增长：基于分行业的经验研究［J］. 中国工业经济，2011(8)：79-88.

[268] 赵晶晶. 区域产业政策的制度基础、实施路径与效果测度研究 [D]. 天津：南开大学，2012.

[269] 赵秋运，李成明，胡巧玉. 地方政府干预与劳动收入份额：基于分税制的视角 [J]. 经济理论与经济管理，2017(12)：36-46.

[270] 赵晓男，代茂宾，郭正权. 科技创新与中国产业结构升级 [J]. 经济与管理研究，2019 (7)：62-75.

[271] 中国经济增长前沿课题组. 中国经济转型的结构性特征、风险与效率提升路径 [J]. 经济研究，2013(10)：4-17.

[272] 钟春平，潘黎. “产能过剩”的误区：产能利用率及产能过剩的进展、争议及现实判断 [J]. 经济学动态，2014(3)：35-46.

[273] 周辰亮，丁剑平. 开放经济下的结构转型：一个三部门一般均衡模型 [J]. 世界经济，2007(6)：27-34.

[274] 周黎安. 晋升博弈中政府官员的激励与合作：兼论我国地方保护主义和重复建设问题长期存在的原因 [J]. 经济研究，2004(6)：33-40.

[275] 周黎安. 中国地方官员的晋升锦标赛模式研究 [J]. 经济研究，2007(7)：36-50.

[276] 周业安，章泉. 财政分权、经济增长和波动 [J]. 管理世界，2008(3)：6 -15.

[277] 周一星，田帅. 以“五普”数据为基础对我国分省城市化水平数据修补 [J]. 统计研究，2006(1)：62-65.

索引

后 记

本书是在我博士论文的基础上修改而成的。经济结构变迁问题一直是经济学讨论的重点。由于后发追赶型经济体普遍存在非均衡的经济增长路径且市场机制尚不完善，解释发达国家结构变迁的模型不一定适用于发展中国家。发展经济学尽管关注了政府对地区产业发展与结构变迁的重要影响，但作为制度与公共服务供给主体，政府会随着工业化进程的推进优化调整与市场的关系，政府行为对产业结构变迁影响具有一定的阶段性与区域差异。本书聚焦伴随着制度变革的后发追赶型经济体的产业结构变迁问题，区分了不同发展阶段与要素禀赋条件下政府行为模式的差异，及其对区域产业结构变迁与增长效应的影响机制。

时光荏苒，在西北大学读书、工作的时光已有十余年。受益于经管院实行的本科生导师制，我从大二起，在学习专业课的同时，在任保平老师的带领与研究团队的帮助下，开始参与经济增长领域的相关研究。这种将专业知识学习和学术能力训练相结合的培养方式，既有利于构建系统的经济学知识体系，又有益于提升社会科学研究的素养。十多年来，任老师不仅悉心教导我思考和写作，还悉心培育我如何用经济学思维去发现和分析有意义的问题。博士在读期间，任老师更是指导把关论文的选题、撰写、修改等每一环节。任保平老师不仅指导我如何从经济学的视角去发现、思考和解释有意义的问题，还以身作则，传递着“唯真求实”的治学态度与“知行合一”的学术精神。谨对导师的辛勤培育和谆谆教诲表示最衷心的感谢！

在西北大学经济管理学院求学的十余年，我的成长离不开学院各位老师传道、授业。感谢茹少锋老师、高煜老师、钞小静老师、师博老师、田洪志老师、魏婕老师以及郭晗老师等的教导和鼓励，各位老师的谆谆教诲和言传身教使我受益良多、获益匪浅。同时，学院为学生搭建了多种学术平台，特别是通过举行论坛、讲座及报告等方式，促进了充分的学术交流与观点碰撞。这不仅有助于学生开拓思维、提高能力，更是营造“不唯上、不唯师、只唯实”的科研氛围的重要保障。同时，研究团队的帮助和鼓励也是我不断进步的关键助力。每次请教团队成员时，他们都会知无不言，当因研究进展受阻而沮丧时，他们的宽慰则是我重拾信心的重要力量。博士在读期间，有幸在国务院发展研究中心战略和区域经济研究部访学实习，侯永志老师、何建武老师、卓贤老师、贾珅老师都给予了我莫大的指导和帮助，使我意识到理论研究需与政策研究相结合，应将理论思考与现实问题更加紧密地联系起来，着眼中国发展，研究中国问题，探索中国理论。

读博期间的学术研究过程使我从一个知识的搬运工逐渐成为知识边界拓展者，其间的研究和思考，不仅使我找到了自己感兴趣的问题，确定了之后较长时期的研究方向，还磨炼了我的抗压和耐挫力。读博期间的学术研究的压力比较大，我的家人和朋友是我坚实的后盾，他们给了我最坚实的依靠、最无微不至的关心、最温暖的鼓励与无条件的支持。感谢我的父母为我提供的物质生活保障和精神财富，让我可以衣食无忧地安心学习，他们对我的支持是我坚持不懈的最大动力。感谢刘毅、杜欣颖、石佳、郝芃、黄凯、郝梦娜等朋友的鼓励与宽慰。有句话是这样讲的：“治学就像在漫长的隧道里穿行，大部分时间你的身边都只有黑暗，偶尔才会见亮光。短暂的欣喜之后，你又重新走进黑暗。”幸运的是，在这黑暗中我有多盏闪耀的“指明灯”。希望自己在以后的科研生活中，可以不忘初心、味书求是，用经济学的视角探究有意义的问题，努力做一名合格的知识边界拓展者。